其法得自前明隆庆间，
有应山老人来镇授之，
惜未记其姓字。
历今三百有年，
工日益精。
往者岁货远方，
归金数万计，
藉资生活者二三千人。

——〔清〕田宗汉

《汉川图记征实·物产·缶类》

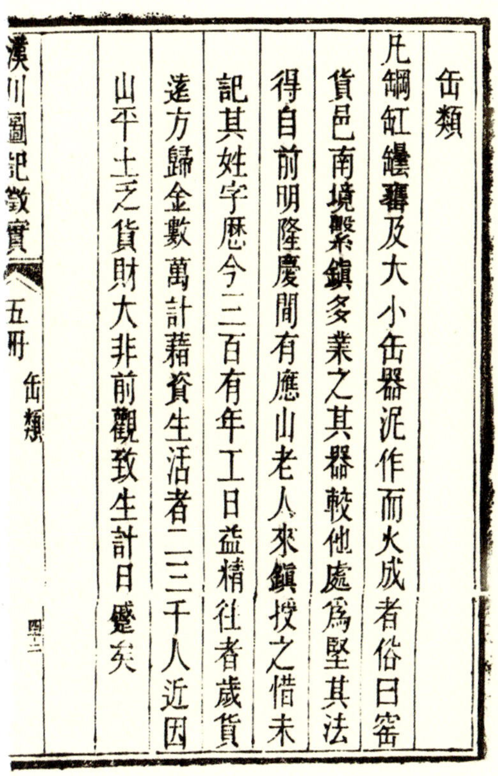

缶類

凡鍋缸罎罋及大小缶器泥作而火成者俗曰窑貨邑南境緊鎮多業之其器較他處爲堅其法得自前明隆慶間有應山老人來鎮授之惜未記其姓字歷今三百有年工日益精往者歲貨遠方歸金數萬計藉資生活者二三千人近因山平土乏貨財大非前觀致生計日蹙矣

马　口　窑

MA KOU YAO

《马口窑》编纂委员会

学术顾问

杨永善（清华大学美术学院）

邱耿钰（清华大学美术学院）

主　编

李正文

《马口窑》上卷

副主编：李　波

作　者：娄　宇　李　波　鲁志觅

《马口窑》下卷

作　者：萧　潇　李　纯　万　晴

《马口窑》编辑委员（按姓氏拼音排序）

范天宸　黄金林　蒋志祥　李　波　李　纯　李　涛　李正文
刘　姗　刘渝南　娄　宇　鲁志觅　吕枫韵　毛宗泽　万　晴
王亨发　王　逍　萧　潇　徐怀芳　徐世华　赵　虎

鸣谢单位

湖北省博物馆
武汉博物馆
武汉长庭陶瓷博物馆
系马口陶瓷博物馆
湖北陶瓷馆
马口窑艺术工作室
湖北金水窑陶艺工作室
老陶坊
岚头矶工艺陶器厂

马口窑继承了景德镇窑和磁州窑的优秀传统，并结合当地的民间艺术，广纳博采，形成以日用陶器为主的窑系。

马口窑

MA KOU YAO

上卷

主编 李正文

长江出版传媒
湖北美术出版社

序

那些深藏于农家，
一直沿用的马口系陶器，
成为藏家新宠，
特别是有精美花饰的，
更是一坛难觅。
马口窑系逐步展示出博大、
庄重、朴拙及自由的风采。

马口窑系陶器，
其数量之多，
种类之丰富，
令许多其他窑口相形见绌。

一、马口窑的源流

湖北民间陶瓷的文化源头，是发现于湖北京山的新石器时代的屈家岭文化。湖北早期的陶瓷包括屈家岭的灰陶、商周时期的原始瓷。三国时期，孙权建都武昌，某种程度上推动了越窑和该地先进的制瓷技艺在今湖北地区的传播。晚唐五代至元的湖北陶瓷文化进一步发展，以湖北湖泗为代表的瓷窑群目前有200余座遗址留存。当时湖北陶瓷的主流一直是青瓷、青白瓷，器物的造型、纹饰都受越窑与景德镇窑的影响。明代以来，湖北陶瓷逐渐有了自己的特点，以马口窑为代表的湖北民窑，在原有的乡村土陶基础上不断烧制出独具匠心的陶器。

马口窑位于汉江流域东部的湖北省汉川市马口镇。马口镇位于武汉市西部，江汉平原东部，古代属荆楚之地。在地方志的记载中，历史上的汉川陶瓷业也在今汉川市马口镇。这个距武汉仅45千米的小镇曾经商业繁盛，其岸边桅杆林立，装窑货的船千帆待发。马口镇与武汉相邻，又得汉水之利，发达的交通带来了马口镇商贸的繁荣。马口窑陶器通过汉江进入长江，远销各地。最兴旺时汉川全县有几万人，其中马口窑的从业者就有几千人。

清光绪年间的《汉川图记征实》记载：“凡鐧、缸、坛、瓮及大小缶器，泥作而火成者，俗曰‘窑货’。邑南境系镇多业之，其器较他处为坚。其法得自前明隆庆间，有应山老人来镇授之，惜未记其姓字。历今三百有年，工日益精。往者岁货远方，归金数万计，藉资生活者二三千人。”

上述记载的制陶技艺，是明代隆庆年间（1567—1572年）应山老人到系镇（今马口镇）传授的技艺。明朝隆庆年间开放海禁，扩大了对外贸易和交流。明代后期，手工业迅速发展，许多手工技艺在世界处于领先地位。随着文化的世俗化，艺术创作的环境变得更加宽松，人们的视野也随之拓宽，在这样的背景下，艺术和手工艺的繁荣是必然的趋势。

马口窑是明清以来长江流域中部地区最重要的窑口，其影响最大、延续时间最久，且为有记载、有大量的实物及准确纪年款的民窑。与马口窑同期发展的，还有另外两个重要的窑区：麻城窑和蕲春窑。这三个窑区相互影响，吸收借鉴，在清代后期形成了相似的制陶烧窑技艺和装饰产品，从而组成了湖北民间最为重要的窑系——马口窑系。

在马口窑几百年的发展进程中，其自创的装饰纹样和器型丰富多样，各个时期的陶器装饰反映了各个时期社会的观念和思想。马口窑的发展史是江汉地区的一部生动、真实的编年史。

魏晋以来，今湖北地区的陶瓷文化深受越窑与景德镇窑的影响，明代隆庆年间（1567—1572年）应山老人来系镇（今马口镇）传授制陶技艺，从这时开始，湖北陶瓷开始有了自己的特点，以马口窑为代表的民间窑，在原有的乡村土陶基础上不断烧制出独具匠心的陶器。

二、马口窑陶器的发展

马口窑系创烧于明代，制陶历史跨越了自明代以来的各个时期，主要涵盖马口窑、麻城窑和蕲春窑三个窑区，所制陶器以量大、质坚著称，日用为主，与百姓生活息息相关。在江汉地区，无论是在乡镇的屋前村后，还是家中的灶台上，都可看到泛着明黄光泽的马口窑系陶器。由于百姓的喜爱，这些陶器得以世代相传，这也是大量马口窑陶器能完好保存至今的原因。目前马口窑存世的陶器数量惊人，约有数万件。

明代马口窑系陶罐上雕刻了生动的鸟兽虫鱼，如惊鸿、望月犀牛、惊魂未定的兔子等。这些浮雕，显示了明代艺人高超的艺术水准，他们用高超的技艺和现实的表现手法，展现了民间陶器的艺术风格。

清代的马口窑系陶器，由明代的立体式绘画浮雕逐渐转向平面装饰表现，在装饰方式上，以类似中国画手卷的方式展现画面，逐步形成相对固定的程式。这一时期盛行状元打马游街、十八学士等装饰题材；在装饰技艺方面，其在明代基础上开创了在酒坛、球形罐、油罐上刻花、水花等技艺，把实用性与艺术性完美结合。同时，其无论是在化妆土、灰釉等材料的熟练应用方面，还是柴窑烧制工艺的成熟性方面，以及品种、生产规模方面都有极大的发展。清代中期是马口窑历史上的鼎盛时期。

风花雪月天

近代以来的民间陶是我国陶瓷文化的重要组成部分，但长期以来鲜有关注，部分研究也因历史原因中断。20世纪70年代之后，我国社会变革与现代化进程的推进，社会的经济结构和人们的生活方式发生了极大改变，陶器逐渐淡出人们的日常生活，导致产品滞销，窑场相继倒闭，艺人流失，技艺面临失传。面对这种状况，继承、整理和保存这部分文化遗存变得尤为紧迫和重要，因为这些遗存极有可能会在很短的时间内消失殆尽。这不得不引起我们的高度关注。

在20世纪90年代之前，由于马口窑系陶器在乡间极为常见，乡民对此并不在意，专家也因其质粗，难以与官窑器相比，认为其难登大雅之堂，从而忽视了它的价值。直到20世纪90年代中后期，大量精美的明清马口窑系陶器的出现，才结束了马口陶器长期不被重视的历史状态，人们在惊异之余，通过研究和比对，逐步认识到其艺术价值。这些明清时期以来的陶器从乡间地头被挖掘出来，拂去尘土，展现出令人瞩目的风貌，其数量之多，种类之丰富，令许多其他窑口相形见绌。马口窑长期被忽视是不幸，但又可以说是幸运，因为这使得一些珍贵的器物得以保存下来。那些深藏于农家，一直沿用的马口窑系陶器，成为藏家新宠，特别是有精美花饰的，更是一坛难觅。马口窑系逐步展示出博大、庄重、朴拙及自由的风采。

三、马口窑系陶器的特点

以马口窑为代表的湖北民间陶器自明代开始，历经400多年的岁月，在陶器形制、装饰、造型、制釉和烧成工艺等方面，都形成了鲜明的特色。其在装饰技艺上以刻、剔、刮、划为主，并针对不同的器物类型、品种，以及不同时期的需求，形成了多样的工艺技法。这些都是宝贵的遗产，值得我们深入研究、继承和发展。其特点如下：

1.全系就地取材。马口窑系采用当地的红黏土，化妆土取自附近陡埠头，釉水用汉江河泥与南漳优质草灰制成，烧窑的材料是满山生长的马尾松。马口当地的泥土资源丰富，地下一米处便可挖取。土质细腻密实，烧出的陶器敲击有声，耐腐蚀，防渗漏，储存腌菜不腐烂不变味。

2.品种多，数量大。以八仙坛为例，在窑系初创、发展、成熟时期，其产量始终庞大，目前流传于世的数量也十分可观。很多品种自成系列，大多为实用性器物，涵盖了百姓生活的各个方面，大到酒坛、水缸，小到油灯、烛台， 一应俱全。

3.工艺精美，表现形式多样。许多陶器精致繁复，不惜工本，极尽装饰之能事。一种样式经过反复加工打磨，由一代代艺人共同打造，充分发挥想象力。在陶器上综合运用多种表现手法，除了刻画人物、花鸟外，还大量雕刻唐代诗句或吉语等，如在清代陶器上刻有："出门俱是看花人""江城五月落梅花"。这种创作形式在其他窑口中很少见到，令人叹为观止，特别是清代盛期的陶器，艺术价值极高，可被视为纯粹的艺术品。

四、重新认识马口窑系的文化内涵

马口窑系继承了景德镇窑、磁州窑的优秀传统，结合当地的民间艺术，博采众长，形成以日用陶器为主的窑口。日用陶器是民窑的灵魂，马口窑是地道的民窑，它如同一位扎根在江汉平原这片古老的土地上的农夫，质朴、伟岸且胸怀开阔，但又默默无闻。马口窑就地使用当地的灰釉釉料，创造了锁口坛等器型，其装饰纹样也体现了楚文化及儒释道思想，展现了普通大众的精神追求。这也是我们还能看到许多令人震撼的优秀原作的原因，其蕴含的思想在今天仍值得研究。

麻城窑的陶器以中小型器物为主，受湖北民间剪纸与皮影戏的影响，其装饰画面自由、灵动。蕲春窑的制陶技艺高超，现存完整的古陶村落、木制陶车以及古柴窑。来到这里，仿佛回到数百年前的窑场。蕲春窑以茶壶、酒壶、烛台、酒坛等日用陶器为主。装饰工艺以刻花、水花居多，常见简笔兰花、写意花鸟题材，充满生活气息和民间特色。

数百年间，这些窑场相互依存，互通技艺，逐渐形成了各自的特色，成为密不可分的马口窑系，成就了一代代的辉煌，展现了湖北民间陶的迷人风采。

马口窑系植根于江汉平原的乡村，历经风雨，几度兴衰，见证了社会的动荡、封建统治下的黑暗时刻，以及水灾、蝗灾、战乱带给民众的苦难。百姓把有吉祥寓意的图案或文字刻在陶器上，制作出了状元打马游街坛和文字罐，暖黄的色调、刻画的吉祥图案和吉语表达了乡民对美好生活的向往。

希望通过马口窑系的陶器，能够更清楚地认识江汉平原自明清以来的陶器文化及其发展等问题，如影响陶器文化发展的因素，它在发展过程中会产生怎样的艺术样式，以及这些样式从创立、发展、完善到衰退的轨迹。

本书是国家出版基金项目和湖北省公益学术著作出版专项资金项目，分为上、下两卷，上卷介绍马口窑陶器艺术，下卷为马口窑陶器精品图鉴。湖北美术出版社长期致力于编辑和出版荆楚民间艺术类图书，此次组织团队精心编撰，对推进湖北民间非遗传承，以及深入研究民间陶文化具有重要的意义。

马口窑系拥有400多年的历史，三个窑区产的陶器种类繁多，这些陶器具有很高的艺术价值。本书在数以万计的陶器中精选出近千件最具代表性的作品加以分析、研究，汇编成书，供收藏爱好者研究、欣赏。希望本书可以起到抛砖引玉的作用，如有不当之处，敬请广大读者批评指正。

李正文

2020年

目录

凡例

一、本书为国家出版基金项目和湖北省公益学术著作出版专项资金项目，分为上、下两卷，是对马口窑系陶器进行系统研究的学术专著。

二、上卷主要对马口窑的艺术源流和文化传承，陶器的工艺、装饰、鉴藏，以及马口窑陶器代表题材进行论述；下卷是对马口窑系三个重要窑口的介绍和陶器精品图鉴。

三、下卷精品图鉴所收录的陶器为马口窑系三个窑口的代表性作品，分为坛、罐、壶、缸、其他等四类，每个类别按明代、清代、近现代、当代四个时期排序。

四、图鉴标注顺序为：器名、时期、尺寸、收藏。如：

十八学士喜鹊人物坛。时期：清代；尺寸：高36厘米，直径25厘米，口径14厘米；收藏：系马口陶瓷博物馆。

五、本书收录作品的创作时代，绝大多数为清代，也有少数明代晚期，以及部分近现代和当代作品。

六、每个作品配单幅或多幅图，多幅图有整体图和局部图，另有对作品造型的艺术性、题材的思想性，以及作品时代风格、工艺特征的描述。

MA KOU YAO

第一部分
马口窑艺术的源流

壹

第一节 『楚陶』之名

远古时期的楚地陶器以新石器时代的屈家岭灰陶为代表。晚唐至元，湖泗窑的青白瓷和青瓷受江南越窑和景德镇窑的影响。而兴盛于明清及民国时期的马口窑，具有典型的江汉平原农耕文化的特征。

湖北是春秋战国楚国的属地。楚国的地域大体上以今天湖北全境、湖南北部和河南西南部为中心，并向周边扩展到一定的范围。楚国先民最初生活在黄河流域的中原地区，南迁后给楚地带来了以姬周文明为基础的中原商周文明，并逐步形成具有自身特色的地域性文化——楚文化。

楚文化涵盖文学、音乐、美术、建筑、舞蹈等诸多领域。文学方面以楚辞为代表，其感情热烈而奔放，富有奇特瑰丽的想象力，对于整个中国文化系统具有不同寻常的重要意义，开创了中国浪漫主义文学的先河，对后世的文学、戏剧、美术等诸多艺术形式影响深远。鲁迅先生评价楚辞："其言甚长，其思甚幻，其文甚丽，其旨甚明……"[①]楚文化在工艺美术方面主要有帛画、壁画、漆画、青铜器、陶器等。与楚辞一样，楚文化的工艺美术展现了楚人文化精神上的高度自由和"独与天地精神往来"[②]的精神面貌。在留存至今的楚文化工艺美术作品中，我们常常能见到一系列具有神秘力量的意象组合，如鹿角立鹤、虎座凤鸟、漆绘上的人神一体等，展现了人神交融的浪漫意境和奇谲瑰丽的艺术面貌。

湖北在地理位置上东连安徽，南邻江西、湖南，西连重庆，西北与陕西为邻，北接河南，省会城市武汉更是九省通衢，是我国中部地区

①鲁迅．汉文学史纲要[M]．北京：人民文学出版社，1973：20.

②陈鼓应．庄子今注今译[M]．北京：中华书局，1983：939.

的中心地带。长江自西向东，横贯湖北全境1061千米。长江及其最大支流——汉江，润泽楚天，湖北水网纵横，湖泊密布，因此又有“千湖之省”的美誉。湖北的中部是被称作“鱼米之乡”的江汉平原，其土壤肥沃，农业和渔业发达。孟浩然在《望洞庭湖赠张丞相》诗中有一句“气蒸云梦泽，波撼岳阳城”，云梦泽通常就是指江汉平原及其周边湖区。处于楚文化核心地带的湖北，因其深厚的人文环境和独特的地理位置，多样的文化在这片土地上汇聚、交融和生发。

根据李正文教授《即将消逝的文明：湖北马口·麻城·蕲春民间陶艺研究》一书的观点，湖北地区的陶瓷历史按照时间跨度来分，可以分为远古时期、中古时期和明清时期。远古时期以新石器时代的枝江大溪文化、京山屈家岭文化、天门石家河文化为主，其中影响最大的是屈家岭文化，其陶器制品是这一时期的典型代表（图1-1、图

图 1-1
新石器时代
屈家岭文化灰陶壶器
湖北省博物馆藏

1-2）；中古时期以盛行于宋代的湖泗窑为代表，它是江南越窑窑系的一个分支，属于典型的青白瓷窑口（图1-3、图1-4）；而产生于明代末期，兴盛于清代和民国的马口窑则属于典型的民间陶器窑口。

据考古发现，江汉平原自新石器时代起就已经开始生产和使用陶器，在大溪文化、屈家岭文化和石家河文化遗址中都发现了红陶、黑陶、灰陶生活器具。大溪文化的陶器以红陶为主，器内为灰、黑两色，盛行圆形、长方形、新月形等戳印纹，一般成组印在圈足部位。大溪文化的彩陶纹饰有横人字形纹、曲线网格纹，明显受仰韶文化庙底沟类型的影响。

图 1-2
新石器时代
屈家岭文化红陶罐
湖北省博物馆藏

屈家岭文化因首先发现于湖北屈家岭而得名，分布区域广阔，主要以湖北江汉平原为中心，东起大别山南麓，西至三峡，北到豫西南，南抵洞庭湖北岸。屈家岭文化年代约为公元前3300年—前2600年。屈家岭陶器具备同时期彩陶的基本特征，主要是泥质黑陶、灰陶和红陶，其圈足器发达，凹底器较多，常饰以凸弦纹和镂孔，还有少量朱绘陶和彩陶，尤其以薄胎晕染彩陶最具特色。

新石器时代末期至青铜时代早期，长江中下游地区进入了石家河文化阶段。石家河文化是在屈家岭文化的基础上发展起来的。

值得注意的是，在石家河文化遗址中的邓家湾遗址个别地段，出现了大量的猪、狗、羊、鸡等小型动物泥塑，它们记录和反映了当时先民的生存状态。

位于现在的武汉市江夏区湖泗镇梁子湖沿岸的武昌窑、青山窑和相邻的鄂州鄂城窑遗址，被考古界统称为湖泗窑。湖泗窑兴盛于唐宋，发展至元明时期。湖泗窑以江南先进的越窑青白瓷的制瓷技术，成为当时周边烧制民间生活瓷器的主要窑口。湖泗窑的瓷器种类为壶、罐、碗、盘、碟等日常生活用器，以壶类最为常见。湖泗窑烧造的青白瓷执壶釉面匀净晶莹、素净淡雅，胎薄且坚实，造型规整精巧。湖泗窑是越窑窑系的一个延伸和分支，成为江南青白瓷烧制技艺在我国中部地区的中转站，其烧制技艺逐步传至北方的河南、山西及南方的景德镇等地。

到了明清时期，以位于江汉平原的汉川马口镇、麻城蔡家山、蕲春管窑镇为制陶中心的马口窑系成为湖北制陶业的主力军。其中最为瞩目的是汉川的马口窑，以当地特有的红黏土为制陶胎土，其陶器属于典型的红陶灰釉制品，在制器、造型、装饰、施釉和烧制等工艺上，广泛吸收了古今著名窑口的成熟工艺，并聘请能工巧匠。在清代和民国时期，马口窑系曾一度繁荣鼎盛，陶场林立，龙窑遍地，通过汉江和长江水域发达的水运，以船运的方式将陶器制品运往全国各地，甚至远销海外。马口窑陶器具有高古陶器古朴厚重的外在特征，同时在施釉和装饰绘画方面独具特色，与同时期的单色釉和颜色釉瓷器明显拉开距离，无怪乎北方某些地区误将流通到当地的马口窑陶器看作辽金时期的器物。

远古时期的楚地陶器以新石器时代的屈家岭灰陶为代表，晚唐至元，湖泗窑的青白瓷和青瓷受江南越窑和景德镇的影响。当然，对湖泗窑群文化价值的认识，尚有待进一步深入研究。而兴盛于明清及民国的马口窑，以长江流域和汉江流域为中心进行生产、使用和流通，有近500年的历史，具有典型的江汉平原农耕文化的特征，同时承载和彰显了楚文化的内在精神，融合了诸多的地域文化特征，是楚地工艺美术的重要组成部分。

图 1-3
宋代
湖泗窑青白瓷执壶
湖北省博物馆藏

马口窑陶器具有以下几个方面的显著特征：第一，具有深厚的文化承载价值。马口窑艺术根植于中国传统文化精髓，渗透了儒释道三家思想，具有深刻的教育意义和积极正面的文化内涵。自隋唐以后，科举制度打破了魏晋以来世袭贵族成为统治阶级的单一性，符合儒家所提倡的入世哲学。至此，读书考取功名、建功立业已然成为当时社会的共识。这一思想在马口窑陶器的装饰绘画中随处可见。在明清时期，荆楚大地佛教、道教文化盛行，寺庙、道观、宗祠、家庙遍布城乡各地。以一定的仪规祭奠文庙、武庙和祖庙、宗祠等，成为民间信仰的一部分，并发展成为规模宏大的民间活动。佛教劝世人积德行善、寄托来世的果报，道教主张天人合一、道法自然的思想，无一不体现在马口窑器物之中。马口窑艺术还将民间艺术的朴素审美引向更高的哲学境界，通过其独特的工艺和技巧，以生动的图式、纹样、绘画、文字等表现人文和宗教精神，诠释深刻的人生哲理。第二，具有深厚的楚文化艺术特

质。楚文化是马口窑艺术的灵魂，楚文化所崇尚的天真烂漫、瑰丽狂逸的精神面貌和审美倾向完全注入了制陶匠人们的血脉之中。马口窑陶器朴实厚重的特点和自由浪漫的绘画风格正是楚人性格的写照，每一件陶器都是独一无二的，饱含浓郁的楚文化气息和独具个性的艺术风格，是楚人精神的率意表达和真实反映，充溢着气韵玄妙和独具匠心的创造精神。江汉平原地处我国东西南北交会之处，使得马口窑既有鲜明的地域特色，同时又以海纳百川的气魄，吸收和继承着各地文化和艺术的思想精髓。楚人在传承中创新，在陶器生产过程中既继承经典样式，又不固守成规和盲目守旧，敢于打破束缚，不断创新，使得马口窑陶器具有样式新颖、种类丰富、令人耳目一新的艺术效果和特点。第三，鲜明的时代特征。马口窑陶器在制器、装饰绘画和思想内涵方面，均打上了历史的印记，匠人们以高超的技艺和丰富生动的文化符号、图式纹样，来表达当时人们的生活状态、精神面貌、人物事件和时代特征，记录了地域文化的传播和嬗变，是明清以来楚地历史和文明发展的见证，也是中国历史和文明的见证。第四，时间跨度大、流通范围广。马口窑作为地方民间窑口，能延续近500年的历史，在民间陶瓷史上实属罕见。在长江、汉江流域及周边省份，如四川、安徽、湖南、江西、江苏等地都能看到马口窑陶器的身影。第五，融入世俗生活，寓不朽于平凡。马口窑陶器作为普通百姓日常使用的生活器具，在无声无息中陪伴着一代又一代人的成长，以至于在人们眼中它是那么不起眼，但是，制陶匠人却赋予了它艺术之美和人文之魂，使得寻常的生活器物上升为艺术品，成就了数百年的辉煌。

图 1-4
宋代
湖泗窑青白瓷执壶
湖北省博物馆藏

贰

第二节 创烧年代

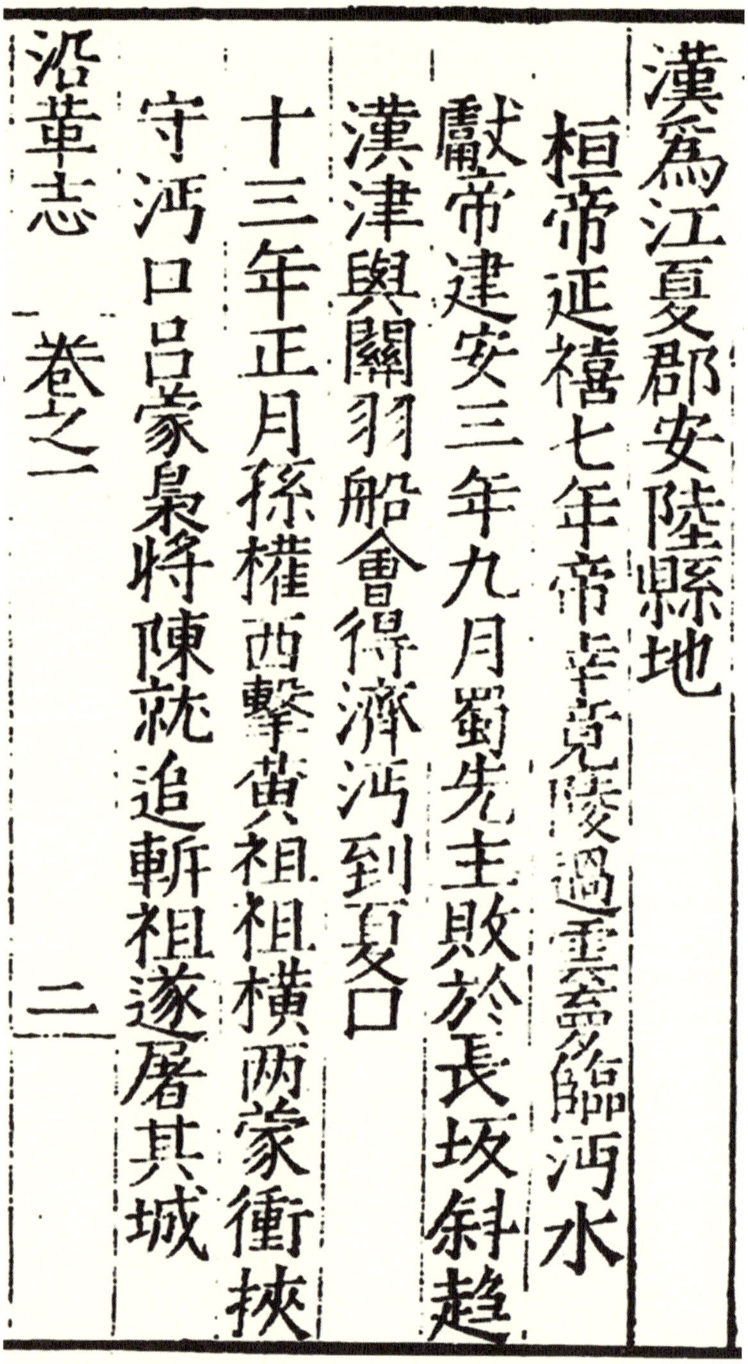
漢爲江夏郡安陸縣地

桓帝延禧七年帝幸竟陵過雲夢臨沔水

獻帝建安三年九月劉先主敗於長坂斜趨

漢津與關羽船會得濟沔到夏口

十三年正月孫權西擊黄祖祖横两蒙衝挾

守沔口吕蒙梟将陳就追斬祖遂屠其城

沿革志 卷之一 二

图 1-5
明代
《嘉靖汉阳府志》内页

图 1-6
20 世纪七八十年代
马口窑关公像浮雕

马口镇是今天汉川市南部的一个小镇，位于湖北省中部、江汉平原腹地、汉江下游。汉川在汉代隶属江夏郡，明清属汉阳府。马口镇临近汉江有较大的集市，集市附近有繁盛的水运码头。清代《同治汉川县志》称马口镇为“系马口”，光绪年间的《汉川图记征实》称之为“系镇”。其地名由来与三国名将关羽有关。明代《嘉靖汉阳府志》记载：“献帝建安三年九月，蜀先主败于长坂，斜趋汉津与关羽船会，得济沔到夏口。”[①]（图1-5）“沔”即沔阳，今为仙桃，“夏口”即今武昌。其时，关羽途经此地系马饮水，故而得名系马口，后简称马口。因此当地也多有以“关公”为主题的艺术创作（图1-6）。现在的马口窑是对喻家窑、刘家窑、熊家窑、张家窑、七屋窑、八屋窑、杨家窑、徐家窑、王家窑等分布于马口镇、马鞍乡一带烧制陶器的民间窑口的统称。时至今日，马口窑许多自然村依然保留着当时窑口的名称和风貌（图1-7-1、图1-7-2）。

清代《同治汉川县志》的序一记载：“江汉古为泽国，而汉水源出武都，委折数千里至汉川，汇诸湖为巨浸，每一泛滥，田禾庐舍恒沃荡于波涛浩渺中。”[②]（图1-8）可见汉水对于汉川民生的影响巨大。由于汉江水灾频发，文献多散佚，对当时制陶业的了解，仅能从清代《同治汉川县志》、清代光绪年间《汉川图记征实》以及1992年版《汉川县志》等资料中略窥一二。

①朱衣．嘉靖汉阳府志[M]// 天一阁藏明代方志选刊．影印本．上海：上海古籍书店，1963.

②德廉，袁鸣珂，林祥瑗．同治汉川县志 [M]// 中国地方志集成·湖北府县志辑 9. 南京：江苏古籍出版社，2001:1.

图 1-7-1
马口镇马口窑址
一角

图 1-7-2
马口镇马口窑址
一角

《同治汉川县志·卷六·物产》云：“东南之陶器远利民用已也。”[①]（图1-9）说明此时马口镇生产的陶器远近闻名，其生产规模非同一般，除了江汉平原之外，还覆盖到周边区域，并且在民间生活中扮演着非常重要的角色；《汉川图记征实》云：“邑南境系镇多业之，其器较他处为坚。……往者岁货远方，归金数万计，藉资生活者二三千人。”[②]可见当时陶器的质量上乘，远销各地，制陶业规模庞大；1992年版的《汉川县志》记载汉川县输出商品以棉花、豆、麦、食油、蚕丝、陶器为主。陶瓷业则分布在系马口，民国时期龙窑最多时达三十六条，生产坛、壶、钵、罐、缸、盆、烘炉等日用陶瓷。[③]

汉川与外界的交通主要依赖水运码头，马口镇陶器的运输和对外销售主要依赖水运。当时的商业集市多分布在汉水、襄河两岸，大部分集市滨河而立，依堤而建。马口镇有两个码头，一个上码头，一个下码头，每逢马口镇的窑场出窑之时，附近码头上车水马龙，货船载满窑货，船桅林立，蔚为壮观。（图1-10、图1-11）

从当地流传的两句歇后语中，我们可以窥见当时窑火的兴旺。第一句是“马口的院墙——烂坛（乱弹）”。当地方言“烂”字和普通话的“乱”字发音一样，“烂坛”谐音即“乱弹”。这句话的本意，是说马口镇居民的院墙是用废弃的

①德廉，袁鸣珂，林祥瑗．同治汉川县志 [M]//中国地方志集成·湖北府县志辑 9. 南京：江苏古籍出版社，2001:176.

②田宗汉．汉川图记征实 [M]. 刻本．汉川对古楼藏版，1895（清光绪二十一年）.

③湖北省汉川县地方志编纂委员会．汉川县志 [M]. 北京：中国城市出版社，1992.

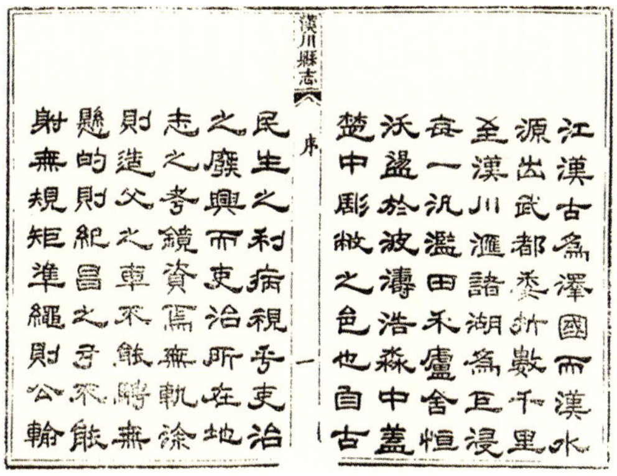

图 1-8
清代
《同治汉川县志》序一

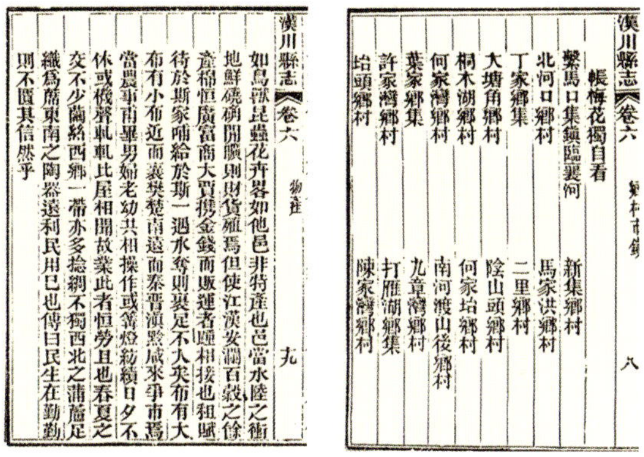

图 1-9
清代
《同治汉川县志》内页

图 1-10
1930 年汉江码头老照片

坛、罐和匣钵、陶器碎片等堆砌而成。第二句是“马口发了火——窑烟（谣言）”。当时窑场用芦苇、黄豆秸秆和松柴等烧窑，周边方圆数里之内窑烟弥漫，百姓便借“窑烟”谐音“谣言”。

马口镇制陶业的产生和兴盛得益于诸多有利条件。制陶的原材料、地理环境、交通运输、粮食生产、地方民俗和生活需要等多方面为当地制陶业的繁荣起到了促进作用。第一，当地具备丰富的制陶原材料资源。马口镇北边的新集、马鞍一带的小山丘，其土质为细腻的红黏土，是烧制红陶制品的绝佳胎泥；陶器坯体装饰必不可少的化妆土，选用的是附近武汉市汉南区陡埠头山区的白色高岭土，其土质细腻、洁白、耐高温，品质优良；汉江河底和岸边经河水冲击和淘洗后沉淀的漕泥，与附近南漳县山区的栗木树烧制而成的草木灰调配而成的釉料，具有透明和无铅无毒的特性，施于陶器上经过高温烧制后，使之具备陶器的坚实耐用和瓷器的光洁细腻，既能保证器物透气而不透水，利于食物存储，又安全环保。丰富的天然原材料为马口窑陶器的烧制提供了坚实的物质保障。第二，汉江流经马口镇，境内河道众多，发达

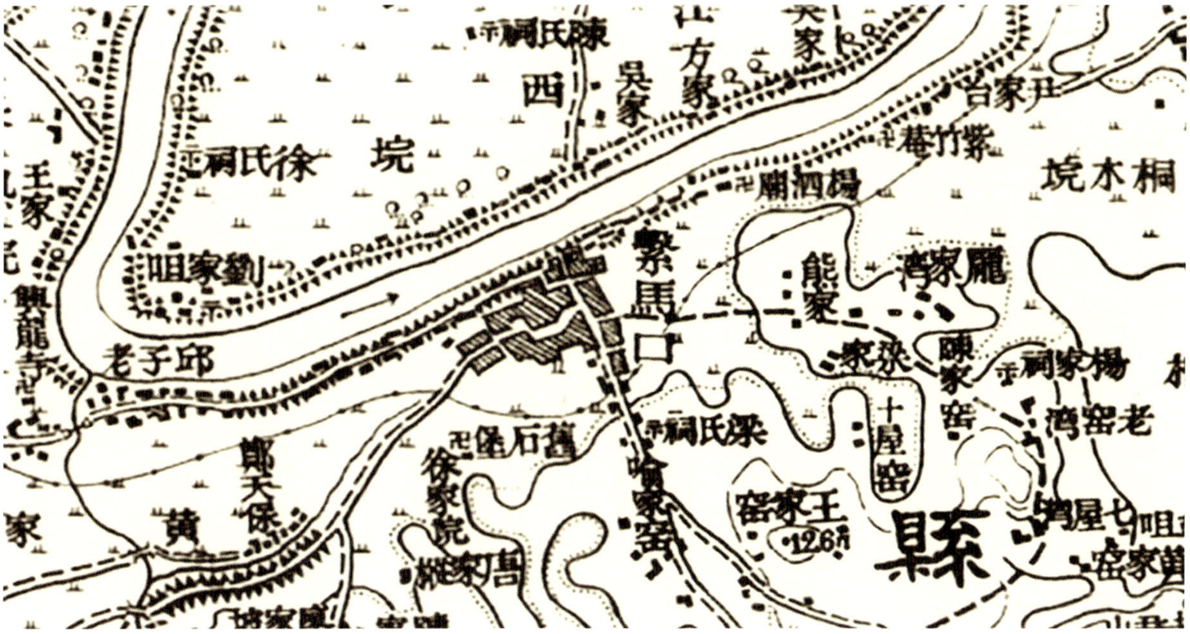

图 1-11
1920 年汉川县的
马口镇位置

的水系和当地繁荣的水运码头，为陶器制品的销售和运输提供了便利，也便于来自南北制陶艺人的交流和聚集。第三，当地的市场经济意识较强，粮食生产相对富足，百姓生活较殷实，商业和酿酒业的发展带动了制陶业的兴盛。明清之际，汉川虽有水患之忧，但当地人善于经营，市场和集市活跃，市场经济较繁荣。汉川周边的荆门、天门、仙桃一带为长江和汉江的冲积平原，耕种面积相对较小，但土地平整肥沃，加上境内湖泊众多，农业灌溉便利，粮食种植和渔业发达，是远近闻名的鱼米之乡。笔者的老师吴正奎先生在20世纪70年代任职于汉川文化馆，据先生回忆，1949年前后，遍布汉川城乡、集市的酒坊众多，1949后成立了国营满湖春酒厂，以酿造高粱、大米等粮食酒为主，曾经兴盛一时。酒坊、酒铺林立，酒的酿造、运输和存储，需要大小不一的各类酒缸、酒坛、酒壶等酒器，促进了制陶业的发展。第四，民间的婚丧嫁娶、节日庆祝、祭祀活动等需要大量盛酒用的陶器和陶制的祭祀礼器，也间接地促进了马口窑酒器、礼器类陶器的生产。江汉平原俗称女儿为“坛子”，以“坛子酒”借喻新娘，可

①中国进出口商品交易会（英文：China Import and Export Fair）亦称广州交易会，简称广交会，创办于1957年春季，每年春秋两季在广州举办，由商务部和广东省人民政府联合主办，中国对外贸易中心承办。

见酒坛在当地婚嫁场合中的重要性。而在祭祀、生辰、寿诞、节日等喜庆的日子里，一坛坛的美酒更是必不可少。祭祀用的器皿如香炉、香筒、烛台等也是马口窑陶器的品种之一。第五，民间日常生活的需要。明清时期，我国南方及中部地区城乡居民的生活器皿主要为景德镇生产的青花瓷器和彩绘瓷器。但是，由于其产地相对较远、运输成本高，且轻薄易碎、价格相对昂贵等原因，江汉平原及其周边地区的居民多以马口镇生产的陶器作为日常生活用器，如米缸、水缸、油壶、盐罐、烘炉、油灯、陶枕等，都是马口窑陶器的主要产品。此外，马口窑陶器具备坚实耐用，透气而不透水的特点，可保证腌菜不腐烂、不变质，在腌制蔬菜方面有着瓷器无法替代的功用。

马口窑从最初的创烧到后来的衰败、消亡，先后历经了明代末期、清代、民国、中华人民共和国成立至改革开放初期等几个时期。中华人民共和国成立以后，先后经历了联营、公私合营和国营的体制改造等阶段。当时生产的陶器的售卖范围不仅限于湖北省内，已经扩展至湖南、江西、安徽、四川、浙江、江苏等地。1956年组建了国营汉川马口陶瓷厂，20世纪60年代初期，年轻有为的林斌任厂长，带领大家花大力气恢复和继承传统工艺，对明清时期一系列精品进行仿制，有效地继承和弘扬了传统技艺。据当年的青年技术人员、现马口窑非遗传承人胡圣幼先生回忆，在20世纪六七十年代，马口陶瓷厂曾带着名品“西游记”“九龙坛”“八仙人物坛”等参加过“广交会”①，深受国外客商的欢迎，并接受了大批的国外订单，为我国出口创汇做出了贡献。20世纪80年代成立了鄂川陶瓷厂，生产了大量的新型陶制工艺品和工业用品。

早期马口窑属于地方民间窑口，因此和诸多地方民间手工艺一样，缺乏详尽的官方文献的记载。加之明清以来的社会动荡、时势变迁，考察马口窑的源头和创烧是一个难题。不过，我们依然可以通过以下几个途径进行综合考证：第一，汉川地方志的文

献记载；第二，相关历史时期人口迁徙的文献记载；第三，当地民间的文献资料、出土的器物、碑刻、墓志及地方姓氏族谱等；第四，关于周边影响较大的窑口技术工艺和窑工流动的记载；第五，借助现代科技手段，对留存至今的实物及窑口遗址进行鉴定和断代。

马口窑究竟创烧于哪一时期，学术界和民间收藏界一直都有着不同的看法。个别收藏者和专家认为马口窑始于北宋，但此观点缺乏相应的文献资料和公认留存的实物等证据支撑，基本上不能成立。目前普遍认可的观点是马口窑创烧于明代。中国国家图书馆和湖北省图书馆古籍部均藏有清代光绪二十年（1894年）邑人田宗汉撰写的《汉川图记征实》一书，此书专门辟《物产·缶类》一卷，对马口镇陶器和制陶业作了较为详尽的介绍，并特别说明了马口镇烧制陶器的由来和历史规模。（图1-12）1992年版的《汉川县志》引用此文献。李正文教授在《即将消逝的文明：湖北马口·麻城·蕲春民间陶艺研究》一书中也持此观点。[①]现今马口镇健在的老窑工也认为，马口镇现存的龙窑遗址属于明清时期的窑口。2008年，湖北省政府在马口窑址竖立了保护碑，将其年代标注为“明清”。

《中国考古学年鉴2009》刊载了李桃元、汪艳明撰《湖北省汉川市马口黄家窑窑址》一文，该文记载了在2008年4—6月，湖北省文物考古研究所、孝感市博物馆、汉川市博物馆联合对修建汉宜铁路线时发现的黄家窑遗址进行了调查发掘，证实了此窑址为汉川马口镇36座龙窑之一。“在窑址内出土的遗物多为日用陶器，有罐、缸、钵、坛、壶、管、火坛（烘炉）等。这些日用陶器的装饰纹样包括万字纹、寿字纹、双喜纹、波浪纹、锯齿纹、折带纹、卷草纹、花卉纹等。从出土的遗物看其时代应为清末至20世纪70年代早期。”[②]笔者认为该文献描述的出土器物类型和纹饰特点，符合其年代特征，其断代确定无疑。

①李正文．即将消逝的文明：湖北马口·麻城·蕲春民间陶艺研究 [M]. 武汉：湖北美术出版社，2005：14.

②李桃元，汪艳明．湖北省汉川市马口黄家窑窑址 [M]// 中国考古学会．中国考古学年鉴 2009. 北京：文物出版社，2010：340.

①德廉，袁鸣珂，林祥瑗．同治汉川县志[M]// 中国地方志集成·湖北府县志辑 9. 南京：江苏古籍出版社，2001：56.

在马口镇有一则传言，说的是明朝末年，在京城为官的汉川人王道直返乡期间因故封堵了一条龙窑。据清《同治汉川县志》记载，王道直为天启二年（1622年）壬戌科进士，崇祯年间曾任都察院左都御史兼兵部左侍郎，为朝廷大员。[①]据史料记载，王道直为官正直，后人作有传记以记其功德。这样一位典型的儒生官员，因小事而迁怒于一个小窑场几乎不太可能，可见此传言并不足信。

目前来看，《汉川图记征实》一书有关马口窑的记载最为翔实，可信度最高，马口窑创烧于明代隆庆年间的观点也普遍为学术界所认可。

需要注意的是，尚有几点疑问仍值得我们探讨和进一步研究。首先，目前公认的明代马口窑陶器实物的认定争议较大；其次，黄家窑遗址是目前唯一有记载的一次马口窑遗址发掘，遗址中无明代的器物遗留；最后，《汉川图记征实》的作者田宗汉所生活的时代为清代末期，其时距离书中所载明代隆庆年间已有300多年，所载内容或许是经口述或传闻而来，并没有引述相关的文献和资料作依据，其判断是否真实可靠，还有待考证。

明清时期的人口大迁徙对马口镇制陶业的形成和发展也起到了不可忽视的重要作用。据史料记载，元末爆发了农民大起义，汉川地处陈友谅起义的核心区域，战乱使得当地人纷纷背井离乡，江汉地区人丁锐减，加上当地河汊纵横，水灾频发，可耕种的土地面积较少，以致人烟稀少。明初朱元璋施行了“江西填湖广”的强制性移民政策。据《明史》《明太祖实录》等史料记载，在洪武年间（1368—1398年），从江西向湖北、安徽、湖南和江苏共移民210多万人。而江西向湖北迁徙的移民集散地就是瓦屑坝。从明朝初期开始的“瓦屑坝大移民”历时48年，从江西迁徙到湖北的移民有数十万人之多。瓦屑坝是江西鄱阳湖畔的一个古渡口。瓦屑坝原本就是一处古窑场，据《新洲县志》引用

的《姜氏宗谱》中的记载："则瓦屑坝名村，应在五季以后。其屑坚厚近寸，虽历风霜不泐，土中掘出，则有如盆者，如百壶罂者，如瓮者，而罂为多，间有如今宫殿所用琉璃瓦者。"[①]按其记载，早在五代十国时期瓦屑坝便是制陶工场，原为江南姑苏人在此地烧制陶器。

据汉川当地的《张氏宗谱》记载，其始祖系明洪武时期从江西饶州今上饶市迁徙而来，定居张家大咀、旧港一带。汉川出土的部分墓志铭也称当地一些姓氏宗族的原籍在江西，如南河乡出土的"何志远墓志"称"先世由江右徙居汉川之南河渡"。另《汈汊黄氏宗谱》记载："明初武汉经兵燹之余，土著毕逃亡，故鄂籍多来自江西。"[②]非遗传承人胡圣幼先生口述，其先祖自明代初期自江西迁入汉阳阅马场附近后便开始烧制陶器，其后有子孙散落到马口镇并从事制陶业。大量江西移民的迁入，无疑对马口镇制陶业的产生、发展和兴盛起到了很大的促进作用。

①新洲县志编纂委员会．新洲县志 [M]. 武汉：武汉出版社，1992：783.

②汈汊黄氏宗谱编委会．汈汊黄氏宗谱 [M]. 汉川：祁承欢承印，2001.

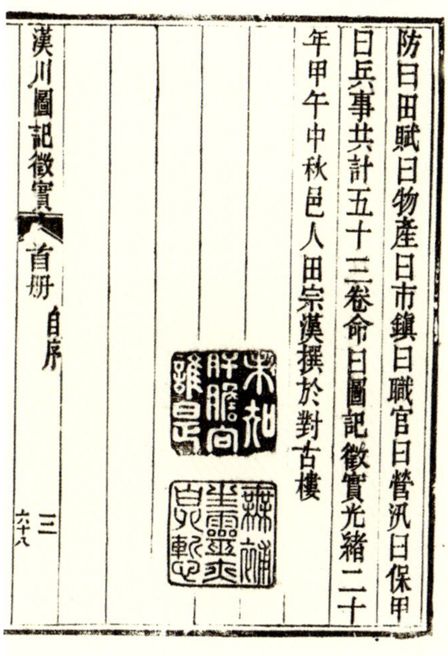
防曰田賦曰物產曰市鎮曰職官曰營汛曰保甲
曰兵事共計五十三卷命曰圖記徵實光緒二十
年甲午中秋邑人田宗漢撰於對古樓

漢川圖記徵實 首冊 自序 三

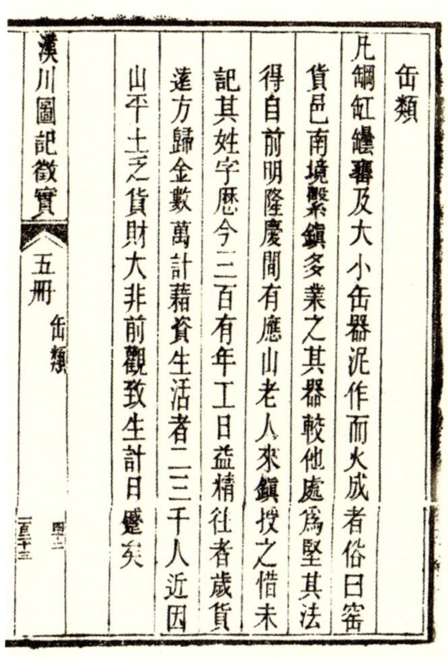
缶類
凡甌缸罎罋及大小缶器泥作而火成者俗曰窑
貨邑南境繫鎮多業之其器較他處爲堅其法
得自前明隆慶間有應山老人來鎮授之惜未
記其姓字歷今三百有年工日益精往者歲貨
遠方歸金數萬計藉資生活者二三千人近因
山平土乏貨財大非前觀致生計日蹙矣

漢川圖記徵實 五冊 缶類

图 1-12
清代
《汉川图记征实》自序及内页

叁 第三节 艺术缘起

图 1-13
新石器时代
马家窑文化彩陶旋涡纹双系壶
故宫博物院藏

图 1-14
新石器时代
马家窑文化蛙纹彩陶罐
武汉博物馆藏

马口窑烧制的陶器以坛类器物为主，因此有“坛子窑”之称。《现代汉语词典》第七版将“坛子”一词解释为“口小腹大的陶器，多用来盛酒、醋、酱等”。“坛”字作为盛器的本字为“罎”，从缶，曇声；“缸”字同样也从缶；古代作为乐器的“罄”字，也从缶。《说文解字》“缶”条为“瓦器，所以盛酒浆，秦人鼓之以节歌，象形。凡缶之属皆从缶”。孔《疏》：“缶是瓦器，可以节乐，若今击瓯；又可以盛水盛酒，即今之瓦盆也。”《急就篇》：“缶即盎也，大腹而敛口。”“坛”本字“缶”，是以陶土烧制的陶器。在陶器实用性功能和装饰特点方面，马口窑陶器展现了远古彩陶之间跨越千年的内在关联。

马口窑艺术受到原始彩陶艺术深远的影响。这种影响来自中华文明和远古艺术的母体，具备超越时空的魔力，连绵不绝。原始彩陶艺术文化深入和根植于马口窑艺术之中并在这一特定的区域、特定的时代绽放异彩。

陶器作为新石器时代的重要标志，是人类社会早期艺术成就的集中体现。彩陶的出现更是被誉为中国美术史上的第一次艺术创作高峰。这一时期的彩陶制品不仅仅是简单的生活器皿，而且是实用与艺术的结合体，以其装饰纹样与器物造型的高度统一集中体现了人类创造性智慧和审美意识的萌芽。（图1-13、图1-14）

李泽厚先生在《美的历程》一书中写道："仰韶、马家窑的某些几何纹样已比较清晰地表明，它们是由动物形象的写实而逐渐变为抽象化、符号化的。由再现（模拟）到表现（抽象化），由写实到符号化，这正是一个由内容到形式的积淀过程，也正是美作为'有意味的形式'的原始形成过程。"[①]彩陶成为中国原始社会陶器发展成熟的标志，其装饰纹样代表了中国后世所有视觉艺术（包括绘画、工艺美术）最初的源头。这种源头不仅仅成就了后世中国艺术的独特样式，更影响了中国绘画、工艺美术的艺术功能以及审美形态。

彩陶艺术在中国文化中流行的时间长达五千年，见证着中华文明的历史，同时也承载着中华民族千百年的生活面貌和精神追求。我国新石器时代的彩陶艺术，尤其注重立意和意象观念的表达。其在装饰绘画方面不是简单地模拟物象的自然形态，而是把物象的本质特征概括为规则和抽象的几何纹样，并按一定规律重新组合，成为一种符号化的新形态，以表现生命的律动和形式的意味，具有典型的图式化和精神性特征，体现了艺术创造过程中主观意识的作用。中国原始彩陶的颜色以红、黑、白为主，色彩简单强烈，以简洁疏朗的装饰呈现一种自然、古朴、简洁、明朗的风格特征。可以说彩陶艺术文化是后世美术发展的基础和核心，也显示了中国传统艺术发展的动力和方向。

①李泽厚．美的历程：修订彩图版 [M]. 天津：天津社会科学院出版社，2002：26.

①石涛．石涛画语录[M]．俞建华，注释．南京：江苏美术出版社，2007：1.

马口窑陶器的装饰和绘画同样具备明显的符号化特征和主观创造精神，以意象和观念将装饰纹样和绘画造型赋予独特的文化内涵，或寓意美好，或表达精神追求，或蕴含宗教情怀，以楚人的精神追求天、地、人的精神一体性和个性化的创造，具备高度的主观能动性和创造力。马口窑陶器的釉色以简洁单纯的黄褐色为主，运用釉下刻花技巧，装饰有象征意义的符号化纹样和绘画，形成了朴素、厚重、大方、简练的艺术风格，延续了远古彩陶的审美观念。

中国传统美学强调主观和客观相统一的整体意识，认为万事万物都是一个和谐统一的整体，都遵循着同一个本质规律。我国古代的匠人们始终致力于以整体为美的创作，将天、地、人、艺术、道德和观念看作一个生气勃勃的有机整体，把人的情感赋予外化的形式，借物抒情，以形写意，形神兼备。

自魏晋以来，中国艺术的自身功能得以觉醒，摆脱了单一的神权和皇权的禁锢。东晋顾恺之提出的“传神论”，成为中国绘画史上重要的美学思想。此外，中国传统艺术又是“尚简、尚朴”的典型代表。言有尽而意无穷的中国文人绘画，虽寥寥数笔却寓万物于笔端，一笔一墨融万彩之变。正如清代《石涛画语录》中所言：“一画者，众有之本，万象之根。”[①]后世的中国艺术重神韵，崇尚简朴、素雅的审美形态也是对中国原始彩陶艺术文化的延续。

两汉和魏晋时期的艺术成就同样灿烂辉煌并影响深远。以汉代画像（图1-15）为代表的汉代艺术所蕴含的大汉雄风对后世艺术的影响尤为深刻，还有石雕、石刻、书法、篆刻、陶器等，都从不同方面，用不同方式和不同载体展现出共同的艺术特征，诠释着这个时代集体的审美意识，并以天人合一、雄浑博大的艺术精神，展现出大汉帝国的勃勃生机和放眼于四海的广阔视野。

图 1-15
汉代
陕西神木大保当彩绘画像石
陕西历史博物馆藏

西汉的线刻作品多采用阴刻线，或印模压印，前者给人以简洁明快之感，后者浅浮雕与阳线相结合，繁密朴拙。东汉的画像砖所用技法则是浅浮雕、高浮雕，阴线与阳线交替运用，根据题材而灵活多变。随着东汉末年佛教的传入，佛教文化逐渐在北方和中原大地兴盛。魏晋南北朝时期，社会动荡，战乱频繁，生灵涂炭，佛教给予了人们极大的精神慰藉。这一时期以宗教为题材的雕刻、绘画作品大量出现（图1-16、图1-17）。其佛教题材的线刻作品整体面貌单纯而稚拙，以刀代笔，多以繁密、重复或者平行的曲线表现人物衣纹、佛光、火焰等，线条简洁凝练，气韵生动。北魏时期佛造像线刻多以阴刻线为主，也有在阴刻线基础上保留人物外轮廓造型并将背景剔除的形式，具有浅浮雕的艺术效果。同时，在西北的贵族墓葬中出土的大量魏晋时期彩绘砖，以毛笔墨线勾勒，线条简练传神，黑色的墨线和单纯而热烈的赭色互相映衬，承袭了原始彩陶的色彩（图1-18）。两汉魏晋这种线刻的形式，后来成为宋元时期磁州窑装饰绘画的主要表现手法，而马口窑陶器装饰的刻花剔地技法，从形式和技巧上都受磁州窑装饰绘画的影响。单纯而简练的线条，成为马口窑陶器装饰绘画的基本面貌。

到了明清两代，中国绘画在风格面貌上已经发生了重大的转变，跳出了唐宋以来注重写实的观念。萌芽于宋代士大夫阶层的文人绘画，在明清时期达到鼎盛，逐渐取代了崇尚工细写实的院体绘画

图 1-16
北魏
邑子六十人造像碑（局部）
西安碑林博物馆藏

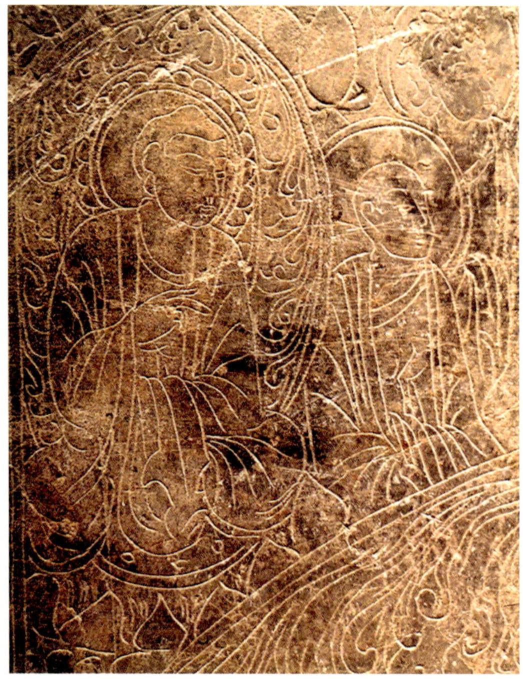

图 1-17
北魏
佛造像线刻
西安碑林博物馆藏

图 1-18
魏晋 ，
甘肃酒泉西沟墓室彩绘砖
酒泉市博物馆藏

而占统治地位。明末以陈淳、徐渭为代表，清代有“四僧”和“扬州画派”，在观念上更加强调“以形写神”，追求以少胜多和大写意的艺术面貌，在精神上又回归到了原始彩陶艺术最为核心的“尚简、尚朴”的理念。明清以后，大写意绘画成为中国绘画的主流，文人绘画和写意精神成为这一时期的共同审美趋向，对同时期的工艺美术也产生了深远影响。

马口窑装饰绘画的审美形态是重视神韵的表达以及崇尚简朴的美学思想，是中国远古先民朴素的审美观对后世艺术深远影响的结果，更是远古文化的延续和一种重新诠释。无论是画面的气韵生动，还是注重意象表达的造型观，或者是大刀阔斧、简洁凝练、骨力洞达的线条表现，马口窑装饰绘画传达出浓厚的文人绘画和大写意精神的审美趣味。在装饰形式上，马口窑对宋元以来的陶瓷装饰艺术进行广泛吸收，尤其是元代青花大罐多层次的装饰样式；在技巧上，其承袭宋元以来陶瓷刻划花的装饰传统，又不乏两汉和魏晋石刻、线刻的表现手法。

明清时期，瓷器的主流审美趋势倾向于精巧和华丽之风，尤其以彩绘瓷为最。而马口窑以其独特的美学品格和审美特征，呈现出一种难能可贵的古朴和厚重之风。正如李白诗《古风》中所云：“大雅久不作，吾衰竟谁陈？……自从建安来，绮丽不足珍。圣代复元古，垂衣贵清真。”马口窑陶器在制器、造型、装饰纹样以及绘画的内容、形式和技巧方面，都秉承和接续了中国彩陶艺术的精神，注重符号化、装饰性和精神性，注重主观情感、情绪的抒发，并且接续了两汉、魏晋雕刻艺术以及宋元陶瓷和明清文人绘画的传统，崇尚以线条为表现手段的写意精神。

马口窑的装饰绘画，既有远古艺术的浑厚古朴和文人绘画的率意表达，又不失民间艺术鲜活、纯朴甚至稚拙烂漫的山野气息。这些作品贴近世俗，源于现实生活，又不乏天马行空的想象力和创造力，通过匠人们高超的技艺和匠心独运，马口窑的装饰绘画展现出了超越时间、空间和功能的独特艺术魅力。

肆

第四节 渊源及流变

马口窑陶器的造型、制器工艺、装饰绘画、釉料工艺和烧制方法等，受到各地窑口的综合影响。马口窑在发展过程中，也对周边窑口产生了影响。

图 1-19
元代
景德镇窑青花云龙纹梅瓶
故宫博物院藏

一、历代名窑的影响

任何新兴的艺术门类都有来自远古母体艺术和传统艺术的文化渊源，并受到从古至今相同或不同艺术门类的影响。同时，随着自身的发展和成熟，它也反过来对周边相近的艺术形式产生影响和辐射。

马口窑陶器的造型、制器工艺、装饰绘画、釉料工艺和烧制方法等，受到各地窑口的综合影响，其中包括南北诸多著名窑口，南方的以景德镇窑为代表，北方的以磁州窑为代表。

宋代五大名窑正式开创了烧制实用器皿与观赏器皿的瓷器时代。北宋末年，由于政治、经济和交通运输等诸多原因，制瓷工匠大量南迁，五大名窑开始衰落。后来，景德镇借鉴了五大名窑大量仿制的先秦两汉时期青铜器的鼎、炉，以及玉壶春瓶、胆式瓶等造型，制成的陶瓷造型多达数百种。此外，景德镇制瓷匠人借鉴了定窑的刻花和印花技巧，创造出了影青釉刻花瓷和更为精美的印花瓷。元代青花瓷装饰借鉴了丝织品图案，大量使用的垂云纹和如意云头纹便是由披肩演变而来的（图1-19）。到了明清两代，官府均在景德镇设立御窑，专供皇家用瓷，同时也促进了景德镇民窑的长足发展，景德镇逐渐成为全国的制瓷中心。

明清时期，随着社会经济的不断发展和商业的繁荣，大量从事手工制作的劳动力向城市聚集，带动了陶瓷业的发展兴盛。这个时期的景德镇青花瓷特色鲜明。在官窑中，最著名的是明代永乐、宣德、成化三朝和清代的康熙、雍正、乾隆三朝的青花，无论是原料质地、制瓷工艺，还是釉料的配制加工等无不精益求精。装饰纹样主要以表示皇家尊贵的龙凤等特殊纹样为主，整体风格趋于富贵华丽。绘画方面强调描绘工整细致，画工丰富繁杂。而同时期的民窑青花在胎釉和颜料质地上，绝大部分都次于官窑，但在装饰和绘画方面，题材更加丰富，形式更加多样，在满足平民百姓日常生活需要

的同时，在造型上更加注重其功能性特点，体现了广大普通民众的审美追求。这一时期的景德镇陶瓷器物造型已经完全定型，生活用器、赏器成为陶瓷器物主要品种，装饰和绘画的题材也极为丰富，可谓集历代陶瓷和各大名窑之大成，人物、山水、花鸟无所不包，对同时期的地方民窑有着巨大的影响，南北各地的地方窑口竞相模仿和借鉴。

磁州窑位于今天的河北省邯郸市彭城镇和磁县的观台镇一带，创烧于北宋，元明清仍继续烧制，是中国古代北方最大的民窑体系，其影响力巨大，与景德镇窑南北呼应，有“南有景德，北有彭城”之说。

图 1-20
宋代
磁州窑白地黑剔花牡丹纹瓶
日本永青文库美术馆藏

图 1-21
宋代
磁州窑白地黑剔花牡丹纹罐
邯郸市博物馆藏

磁州窑以生产白釉黑彩瓷器著称于世，黑白对比强烈鲜明，图案十分醒目，刻、划、剔、填彩兼用，并且创造性地将中国传统绘画技法以图案化和装饰化的构成形式，巧妙而生动地运用在瓷器装饰上，具有强烈、醒目的艺术魅力。（图1-20、图1-21）

磁州窑的装饰突破了当时流行的五大名窑的单色釉局限，创造出丰富多彩的装饰技法，具有传统水墨画的艺术效果。其历史悠久、烧制地域广，有大量各年代的瓷器流传至今。明代的《格古要论》、清代的《磁州志》等对磁州窑的烧制工艺有详细描述。宋金时期是磁州窑发展的鼎盛时期，窑厂分布广，品种与产量均有大幅提升，日用瓷器覆盖了北方民间市场，此时的磁州窑已经发展到一个很高的水平。马口窑酒坛造型与磁州窑酒坛有类似之处，具有矮口、圆腹和体形硕大等共同点。马口窑陶器最典型的装饰绘画技法——刻花剔地法，也是受到磁州窑刻划花技法的影响。

明清时期，江苏的宜兴均陶流行堆花工艺，被称为均堆。大约在明代末期，马口窑也出现了用陶土、化妆土在陶器表面进行装饰的堆贴工艺，主要装饰于缸、盆等大型器物。清代继承和发展了这一工艺，堆贴的工艺和形制有了更加丰富的变化，工艺水平趋于成熟。宜兴堆花陶器和马口窑堆贴陶器在器型、胎骨、釉色和装饰工艺上都极为相似。虽然目前没有可靠的文献资料记载，但是从工艺角度和现存实物来看，马口窑堆贴和宜兴均堆存在着某些内在联系。相比较而言，均堆陶器的胎骨较单薄，器型单一，装饰和绘画偏向于图案化，纹饰趋于细腻纤巧，釉色鲜亮。而马口窑堆贴陶器的绘画更加写实，绘画生动传神，胎骨色泽较深，呈暗红色，胎体较厚重，釉色更加深沉。

二、对周边窑口的影响

马口窑的兴盛和发展毫无疑问也会对周边的窑口产生辐射和影响。在我国古代交通不便、运输成本较高的情况之下，各地都有开窑烧造日用陶器的情况。如距离马口镇不远的云梦、应城、大悟等地，在20世纪中叶前后仍有不少烧制各类实用陶器的窑口，分布在湖北境内的小窑口则不计其数。而最为著名、规模最大的当数麻城窑和蕲春窑。

麻城窑位于湖北麻城市宋埠镇蔡家山，包括龙井乡、野鸡乡、大塘乡等窑场，主要烧制刻花红陶等生活用器。麻城窑陶器的器形不像马口窑陶器那样硕大，造型相对单一，胎体较为单薄，以中小型圆腹的罐类器物为主，以及厨房常用的小型器皿如盐罐、油壶、茶壶、筷笼等。其烧成温度较低，大约在700~900℃，釉料较单薄，没有马口窑陶器釉面厚重的玻璃质感。其装饰风格有两类，一类是刻花风格的花鸟和戏曲人物，另一类是具有釉下水花风格的写意花鸟。在装饰题材方面，多以戏曲、花鸟为主，偶尔也有八仙题材的内容，其风格深受湖北地方皮影戏和民间剪纸的影响，画面图案化、装饰化、平面化倾向尤其明显。（图1-22、图1-23）

图 1-22
民国
麻城蔡家山窑刻花花鸟筷笼
私人藏

图 1-23
民国
麻城蔡家山窑刻花褐底金绘戏曲人物罐
私人藏

蕲春窑位于今天的湖北蕲春县管窑镇，包括李窑、管窑、卢窑和岚头矶陶场。其陶器以水缸和普通生活器皿如腌菜坛、烘炉、酒壶、小油壶为主。装饰工艺受马口窑和麻城窑影响较大，以刻花、水花居多，绘画题材相对比较简单，其酒坛、腌菜坛以简笔兰草和写意花鸟为主。

从地理位置上来看，汉川马口窑、麻城窑、蕲春窑三个窑口相距大约在两百千米之内（图1-24）。相较于麻城市、蕲春县、管窑镇，马口镇距武汉最近，紧邻汉江，又因其制陶历史最为悠久，工艺技术最为成熟完备，装饰风格和绘画题材最为丰富多样，艺术水平最高，因此对两个窑口的影响不言而喻。

马口窑有“状元打马游街”“十八学士”“八仙”“瓜瓞绵绵”等题材的陶器名品，以独特的刻花剔地工艺和锁口酒坛、提梁酒壶造型及动物纽陶盖著称，其声名远播，并与附近的麻城窑、蕲春窑三地窑口交相辉映，共同造就了马口窑系这一大窑系的整体风格和面貌。这三大窑场各有特色，同时它们之间也互相影响、互相吸收，在整体风格和艺术上有许多相似之处。如麻城窑的八仙人物坛装饰题材和形式便是来自马口窑的八仙对坛。所不同的是，麻城窑将马口窑八仙的八位人物形象刻画在一个器物上，在装饰纹样上也将马口窑底足宽大的莲瓣纹改为细密的莲瓣纹。麻城窑的这一手法后来也被马口窑所吸收，20世纪七八十年代马口窑烧制的小八仙坛就是一例。麻城窑的刻花工

艺基本上是对马口窑刻花工艺的沿用。而在民国时期，由于批量化生产的需要，马口窑传统的釉下刻花剔地工艺相对繁杂，耗时费工，因此马口窑的工匠们也借用麻城窑釉下水花这种相对便捷迅速的装饰技法。这种互通有无的学习和借鉴是对麻城窑釉下水花技法的一种再创造。当然，大批量生产，马口窑抛开了自身独特的传统工艺，运用水花这一便捷的装饰技巧，是导致其工艺和艺术水平走下坡路的原因之一。可见，失去自身的优秀传统，可能导致一门技艺的衰败和没落。

安徽的界首窑陶器的装饰盛行刻花人物，可以看到它和麻城窑、马口窑内在的一些联系。此外，与湖北相邻的长沙铜官窑，在民国前后烧制了大量绿釉的坛类和罐类器物，以开光的形式装饰以刻花或水花的简笔兰草、花卉和诗文，与马口窑、麻城窑、蕲春窑的装饰手法极其相似。

马口窑的产生、发展、兴盛再到衰落和消亡，让我们清晰地看到传统民间工艺的发展脉络，也由此引发我们对传统民间技艺的挖掘、保存、延续和再创新的思考。传统技艺只有在继承优秀传统，坚持艺术性的前提下，承载民族的、地域的文化内涵并融入普通百姓的日常生活，为人们提供生活和审美的双重价值，满足物质生活和精神生活的双重需求，才能真正焕发出长盛不衰的生命力。

图 1-24
汉川、麻城、蕲春
地理位置示意图

光阴荏苒，它把自己
站成一堵墙，
慢慢碎裂，
回到最初的模样。
——燕七

MA
KOU
YAO

第二部分 马口窑陶器的文化传承

壹

第一节 物质和精神的双重属性

包括马口窑陶器在内的中国陶瓷艺术具备物质和精神的双重特征，是人类文明的精神载体。

任何艺术形式都根植于特定的历史、文化和时代背景，是具有民族特色和区域特色的思想情感的展现，更是揭示一个民族、族群或区域的哲学思想、宗教意识、文化现象的载体。马口窑艺术产生于江汉平原的一个普通小镇，扎根于底层民间生活，其根基同样源于几千年的中国传统文化，漫长的历史背景和当时特定的社会现实、地理环境等都对其产生了深刻影响，打下了民族的、时代的、地域的烙印。作为民间工艺美术的一部分，它也或多或少地受到了过去的和同时期的诸多艺术门类的影响。

马口窑陶器首先是世俗生活的产物，其特点是实用的功能性，这一物质属性是其精神性和艺术性产生的前提。

物质与精神的关系问题是哲学的基本问题之一。唯物主义哲学认为："物质第一性，意识第二性，物质决定意识，意识是物质世界发展的产物，它是人脑对客观事物的反映。"[①]中国古代哲学强调的是物质和精神的统一性，认为精神和物质是一体两面，在宇宙诞生之初，宇宙精神和宇宙物质就已经不可分割，你中有我，我中有你。在中国古代哲学史上，无论是儒家还是道家都强调"天人合一"。现代量子力学也证实了这一点：宇宙是个不可

①戴晓仪，邱月明，刘云平．马克思主义哲学原理[M]．北京：北京工业大学出版社，2002：43.

分割的有机整体。天人合一即肯定人与自然的统一而非对立，即事物的两方面是相互依存的关系。

从中国的汉字造字法也能看出物质和精神的关系。如《说文解字》："美，甘也。从羊从大。【注】臣铉等曰：羊大则美，故从大。"清代段玉裁《说文解字注》："甘者，五味之一。而五味之美皆曰甘。引申之凡好皆谓之美。从羊大。羊大则肥美。""大"属于视觉，"五味"则属于味觉，羊大而肥则味美，"美"这一意识是在客观事物的物质属性——味觉、视觉的基础上产生的。陶器也是如此，它最初的物质属性诸如方便、顺手、适用等，也是"美"意识产生的基础。随着陶器造型、装饰的成熟并形成了"有意味的形式"，便产生了审美的意识。当审美成为一种具有广泛意义的共同认知以后，也就产生了自觉的美的创造。

生活陶瓷器的产生和发展与农耕时代的生产劳动、社会生活息息相关，它在人们的日常生活中起到不可或缺的重要作用，满足人们物质生活的需要。人们在长期使用这些生活陶器的过程中，逐渐赋予了它们更多的精神属性，并在此基础上产生了"美"的意识。包括马口窑陶器在内的中国陶瓷器是中国古代物质文明长期发展的产物。（图2-1至图2-7）

从不同时期的陶瓷艺术审美中，我们可以清晰地了解一个时代的精神追求和审美取向，以及一个国家的民族文化精神，这种精神是依

图 2-1
汉代
原始瓷青釉划花双系壶
故宫博物院藏

图 2-2
汉代
凸雕龙凤纹彩绘陶壶
故宫博物院藏

①矫克华. 中国陶瓷艺术史图鉴[M]. 青岛：青岛出版社，2017: 12.

托于陶瓷的物质特征而产生的，或者说，以陶瓷的物质属性为前提，并将陶瓷的物质属性和精神属性融为一体。中国传统文化精神也成为中国陶瓷历史发展的内在思想源泉，陶瓷的物质属性和精神属性达到了高度的统一，成为人们在长期生产实践中物质文明和精神文明的凝聚和升华。

马口窑陶器艺术体现了人们的伦理道德情操、审美意识以及精神世界的内在追求，并使之上升到哲学的境地，其展现出来的精神内涵融合了科学（技）、艺术（艺）、道德与审美的多维度和谐之美。包括马口窑陶器在内的中国陶瓷艺术具备物质和精神的双重特征，是人类文明的精神载体，它以强调伦理道德、主张天人合一、追求中和之美的基本特征而成为中国传统文化精神的独特表现形式和载体，以其多变的造型、丰富多彩的装饰和缤纷斑斓的色彩记述着中华文明的历史进程，将生生不息的人类智慧和历史文化世代沿袭、薪火相传，并以其特有的民族、地域文化印记与璀璨的艺术之光，继续启迪和照亮人类文明的进程[①]。

图 2-3
五代
越窑青釉执壶
故宫博物院藏

图 2-4
宋代
官窑粉青釉方花盆
故宫博物院藏

图 2-6
元代
青花缠枝牡丹云龙纹罐
故宫博物院藏

图 2-5
金代
磁州窑白地黑花花卉纹梅瓶
故宫博物院藏

图 2-7
明代
青花八仙庆寿纹罐
故宫博物院藏

贰 第二节 地域文化的折射

①李泽厚 . 美的历程：修订彩图版 [M]. 天津：天津社会科学院出版社，2002：88.

楚地自古以来文化底蕴深厚。早在春秋战国时期，楚国的先民便在这个地区建立了璀璨的文明，楚文化辉煌灿烂。楚文化是我国春秋战国时期南方诸侯国楚国的物质文化和精神文化的总称，是华夏文明的重要组成部分。从文化性质来看，楚文化更多地保留了中原姬周文明的特色，同时也吸收了少量蛮夷文化的特点。其后，汉代延续了楚文化的脉络，楚汉文化不可分。“楚汉文化（至少在文艺方面）一脉相承，在内容和形式上都有其明显的继承性和连续性，而不同于先秦北国。楚汉浪漫主义是继先秦理性精神之后，并与它相辅相成的中国古代又一伟大艺术传统。它是主宰两汉艺术的美学思潮。”[①]

楚文化中的青铜器成就辉煌，它的发展经历了早期、中期和后期三个阶段。随州市擂鼓墩1号墓（曾侯乙墓）出土的65件编钟和繁复剔透的盘、尊等青铜器物极为精美，是楚国青铜文化中期的代表作品，这些作品多繁缛的浮雕状纹饰和立雕状的附加装饰，达到了青铜器制作的顶峰，其风格明显早于中原地区，显示出鲜明的楚文化特色。在青铜钟磬中镌刻着大量的乐理、乐律铭文，其文字具有强烈的装饰性特点，并出现了鸟虫书的雏形，逐步形成了不同于中原及其他诸侯国文字的特点。

作为礼器的青铜器后来逐渐朝着生活实用器的方向发展，并演变为漆器和楚式陶器。楚国后期，轻巧、耐腐蚀、易于装饰的漆器取代了青铜器占据统治地位，迎来了中国漆器史上的高峰。源自《楚辞》《山海经》等神话传说中的羽人形象，呈现出楚人遨游太空、探索宇宙、追求自由的美好愿望，是楚人特有的浪漫思想与求索精神的再现。楚文化中向来有崇拜凤的传统，现藏于湖北省博物馆的虎座凤鸟漆木架鼓就是一例，其造型别致，设计巧妙，融形、声、色于一体，表现出楚人绝妙的想象力和高超的艺术表现力。湖北荆州出土的一件龙鸟鱼形玉佩，将龙、鸟、鱼等动物形象重构组合为新的艺术形式，展现了楚文化浪漫诡奇的特质，同时也体现了东周时期自然主义思想逐渐代替神秘的宗教氛围，人们开始通过造型艺术表达对客观世界的观察和感悟。楚式陶器同样显示出独特的楚文化特征，既有仿照前期青铜器礼器形制的器物，也有大量以日用为主的器物，其造型大方，装饰和纹样简洁。楚文化和楚地工艺美术所具备的艺术特征，对马口窑艺术产生了深远的影响，并且成为马口窑艺术深层次的内在精神追求。（图2-8）

图 2-8
东周
曾侯乙墓铜鹿角立鹤
湖北省博物馆藏

作为生活器具的马口窑陶器，它服务于普通百姓的日常生活，也从不同的侧面反映和记录着百姓生活的点点滴滴。在古代社会，除儒家典礼之外，民间的祭祀活动更为广泛。各类祭祀活动和传统的重大节日形成了民间广泛参与的民风和民俗。通过祭祀活

动，古人将天地、神灵、祖先与时人的世俗生活紧密联系在一起，这些内容无一例外地反映在民间工艺美术作品中。祭祀活动中大量的礼器及酒的使用，更加有力地促进了制陶业和酿酒业的发展。

在马口窑陶器的代表性器物中，作为酒器的酒坛、酒缸、酒壶一类占绝大多数，成为酒文化的物质载体。中华大地是酒的故乡，酒文化内涵丰富且源远流长。古人云："酒以成礼。"（刘义庆《世说新语》）酒的最初功能是用于祭祀，后受儒家礼乐思想的影响，形成了"无酒不成礼"的酒文化，因此酒器在诸多的生活实用器具中具备了"礼"的功能。中国古代的酒器种类繁多，随州曾侯乙墓出土的青铜器中，就有大量造型和功能不一的酒器，有的器形硕大，有的装饰精巧繁复，皆制作精良。如大型铜鉴，就是当时用于存储的酒器，可置冰于其间贮酒，故而又称之为"冰鉴"。后世的一些陶瓷酒器模仿了古代青铜礼器的造型，在彰显其礼仪功能的同时，也赋予其厚重的历史和文化的余韵。宋辽时期有以梅瓶造型的器物作为盛酒之器，如辽天庆六年的张世卿墓后室南壁《侍者进食图》壁画中的器物。

酿酒业的兴盛离不开粮食生产的丰收。位于江汉平原的汉川、荆门、京山、仙桃等地，其土地平整肥沃，水资源丰富，因此粮食生产较为富足，酿酒业也较兴盛。酿酒和存储用的酒缸、酒坛、酒壶的大量使用，直接促进了马口窑酒器的生产。（图2-9、图2-10）

图 2-9
清代
八仙人物坛
私人藏

图 2-10
清代
寿字纹提梁酒壶
私人藏

酒坛和酒壶是马口窑陶器物质和精神双重属性的代表。这些酒器除了大量的普通产品外，最具艺术价值的要数存世量极少的定制类器物，这类器物一般是由窑场出于某种需要而专门烧制，或为了产品推广，或为商号、酒铺及大户人家定制，或为婚嫁之用，或为长者祝寿，或作为礼品馈赠亲友等。这些器物造型圆润饱满，尤其以装饰精美、釉水肥厚鲜亮著称。个别器物上的诗词、文字内容带有明显的酒文化特色，如诗文坛“李白斗酒诗百篇”（杜甫《饮中八仙歌》）、“秋饮黄花酒，冬吟白雪诗”（汪洙《神童诗》）、“贾岛醉来非假倒，刘伶饮尽不留零”等，也有“汾酒”“山西汾酒”“状元红”等字样，这些都是江汉平原酒文化的见证。据当地老人回忆，民国时期马口镇和汉川集市的酒坊、酒肆众多，有的窑场专门为酒坊烧制带商号款的酒缸、酒壶、酒坛，现存的文字款“王泰记”“王富记”等提梁酒壶就是很好的例证。今天的汉川当地人多以善饮而远近闻名，足见当地的酒文化之盛。（图2-11）

湖北自古便有丰富的戏剧文化，代表剧种有黄梅戏、楚剧。黄梅戏起源于湖北黄梅，发展壮大于安徽安庆。黄梅戏与京剧、越剧、评剧、豫剧并称中国五大剧种，广泛流行于湖北、安徽、江西、福建、浙江等地。黄梅戏的传统剧目《天仙配》，其剧情来自董永和七仙女的传说，传递出“孝行感天”的主题。楚剧原称“黄孝花鼓”，是清代中期以来流行于黄陂、孝感、黄冈、黄梅一带的花鼓戏，黄陂、孝感一带称为“西路子花鼓”，黄冈、黄梅一带称为“东路子花鼓”。黄孝花鼓最早由民间的划旱船、踩高跷、打架子鼓等艺术形式演变而成，因多在春节后赏灯时演出，民间又称之为“灯戏”[①]。清代和民国时期的马口窑陶器，戏剧人物成为其独立的装饰绘画题材，以开光的形式表现某一剧目的某一场景，称为“折子戏”，从目前见到的实物来看，其表现的剧目极其丰富，具有鲜明的地方戏剧文化特色，在中国陶瓷绘画史上也别具一格。当然，马口窑陶器所表现的戏剧题材并不只限于湖北本地的剧种和剧目。事实上，许多传统的剧目为我国各地方戏剧所共有，如马口窑陶器戏剧人物类常见的“打金枝”题

①饶嵩乔．孝感鸿泥 [M]. 北京：团结出版社，2019: 45.

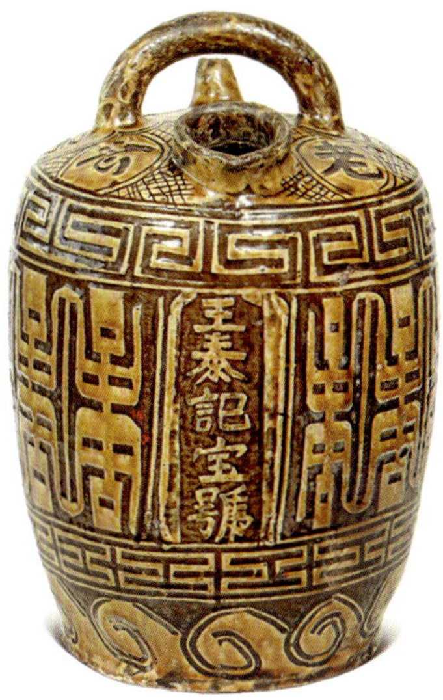

图 2-11
清代
王泰记寿字纹提梁酒壶
系马口陶瓷博物馆藏

①饶嵩乔．孝感鸿泥 [M]. 北京：团结出版社，2019：111.

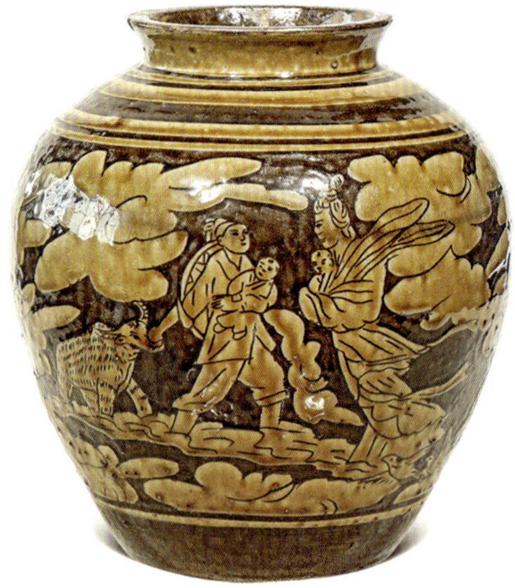

图 2-12
20 世纪七八十年代
天仙配人物坛
私人藏

材，就是豫剧、晋剧（山西梆子）、山东梆子、京剧等剧种常演的剧目。《贵妃醉酒》是京剧经典剧目，民国时期经梅兰芳先生的演绎成为京剧史上的不朽经典，同时期在马口窑陶器装饰中也反复出现这一题材。取材于《三国演义》故事里的《空城计》是京剧剧目，同时也是百姓耳熟能详的文学题材和民间故事，在民国时期的马口窑陶器装饰中也有出现，体现了戏剧的广泛传播性及文学、民间故事的相通性。（图2-12、图2-13、图2-14）

闹元宵、龙灯会是江汉平原正月十五节庆活动的高潮。这天不论男女老少均同游同乐，有舞龙狮、踩高跷、划旱船、骑竹马、玩龙灯等活动，城乡大街小巷人头攒动，热闹非凡。民国年间，乡村老少都会在这一天夜里相约进城观灯拜神，称为“走百戏”[①]。这些内容在马口窑绘画中极为常见。端午节也是我国传统的重大节日，各地除了赛龙舟、插艾草、饮雄黄酒之外，江汉平原还有“送节礼”的习俗，即新女婿到岳父母家送大礼，除了粽子之外，成双成对的“坛子酒”必不可少。

我国传统的婚嫁习俗地域性的区别非常明显，每个地区一般都有提亲、哭嫁、回门的习俗。在汉川、应城、荆门、京山等地，民间俗称女子为“坛子”，因为在婚嫁活动中需要用到大量的“坛子酒”，马口窑烧制的酒坛在婚嫁活动中扮演着极其重要的角色。此外，江汉平原的方言也在马口窑陶器上打下了烙印。如马口窑陶器上的刻画文字“这个好，么说贵了伙计”，“伙计”一词为汉川方言的常用口语，即兄弟、伙伴的意思。

马口窑陶器体现了地方普通大众和劳动阶层的审美取向和价值观念，打下了地域文化和民风、民俗的烙印。楚文化追求自由浪漫的精神贯穿在制陶匠人的骨髓里，成为马口窑陶器的内在灵魂，而当地的民风、民俗、地方戏剧等直接成为马口窑陶器的装饰绘画元素，使得这些生活陶器成为楚地物质文明和精神文明的载体。

图 2-13
民国
打金枝戏曲人物坛
私人藏

图 2-14
民国
空城计戏曲人物坛
私人藏

叁 第三节 儒释道思想的浸润

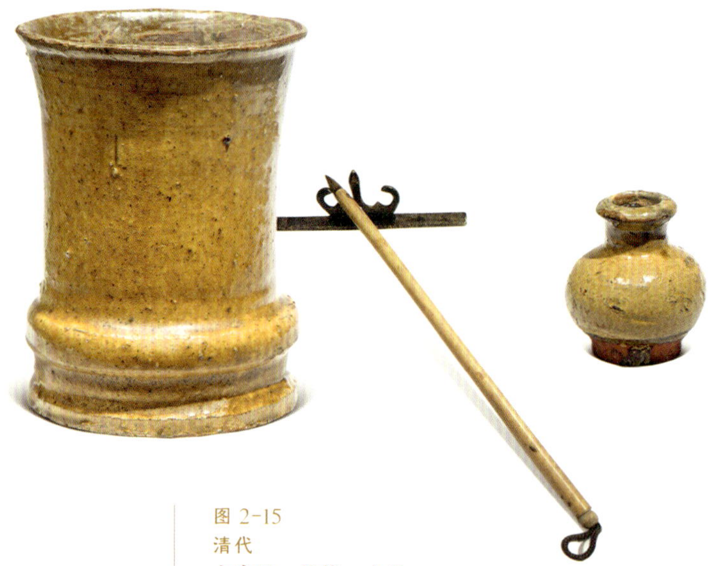

图 2-15
清代
文房器：笔筒、水盂
私人藏

儒释道思想作为中国传统文化的集中代表，渗透在中国人精神、文化和现实生活的方方面面。在整个中国文化艺术的长河中，处处闪耀着儒家思想的光辉，历代的文艺经典均不同程度地受到儒家思想的影响。

儒家“以人为本”的价值观念，是中国陶瓷文化几千年来艺术创作的根基和宗旨。儒家充分肯定人的价值，强调“人最为天下贵”（《荀子·王制》），认为“天、地、人”三才之中，人处于最为重要的地位。儒家以人为本的文化思想对中国的陶瓷艺术的发展产生了深远而持久的影响，赋予了后者深刻的精神文化内涵。

受儒家思想影响的中国陶瓷艺术，形成了以人的道德教育替代宗教教化的传统理念。如历代陶瓷的装饰题材中的“君子如玉”的精神，以常见的“梅兰竹菊四君子”“岁寒三友”来表现，以及对陶瓷釉色的“玉质”的追求等，这些都是孔孟自然美学观的体现，将人的伦理、道德规范、思想情感予以物化。（图2-15、图2-16）

儒家思想的核心要义包含了孔子所主张的“仁”。在《论语》中“仁”字出现过百余次，对“礼”“乐”具有统摄的作用。对于个人的品德，孔子强调仁和义，尤其是仁。孔子用“仁”字时，有时不是仅指一种特定的品德，而是泛指人所有的德行，这便是“仁人”一词的含义。在此场合下，“仁”的含义是“品德完美”[①]。儒家入世哲学的最高目标是成为“仁人”，并以此为基础由己及人，“己欲立而立人，己欲达而达人”（《论语·雍也》），成为为人、为学、为政的道德楷模。在这一思想体系的影响下，中国古代围绕树立道德和精神楷模创作的艺术作品层出不穷。

“儒家思想不仅是中国的社会哲学，也是中国人的人生哲学。儒家思想强调个人的社会责任，道家则强调人内心自然自动的秉性。”[②]《礼记·大学》强调修身齐家治国平天下，从“身”到“家”到“国”再到“天下”这一循序渐进的过程，也正是儒家强调的积极进取的入世哲学。由“万般皆下品，唯有读书高”（汪洙《神童诗》）、“一品当朝惟书山”（马口窑笔筒文字），可见这一思想在民间具体表现为鼓励子孙发奋读书，期待有朝一日金榜题名，便能“朝为田舍郎，暮登天子堂”（汪洙《神童诗》），亦即“学而优则仕”（《论语·子张》），从而实现建功立业的人生理想。作为民间生活用器的马口窑陶器，由于其使用和流通的长久性和广泛性，具有传播思想和宣扬教化的功能，因此也就具备了与同时代的主流绘画相同的社会功能，即“成教化，助人伦”（张彦远《历代名画记》）。中国古代绘画强调艺术的社会功能，特别是道德教育的意义，这也是儒家思想在艺术的功能性方面最为直接的表现，同样渗透在民间的工艺美术作品之中。

儒家的入世哲学和教化观念，给中国艺术带来了政治热情、进取精神和社会使命感。

①冯友兰．中国哲学简史：插图珍藏本 [M]. 赵复三，译．北京：新世界出版社，2009：37-38.

②同①：19.

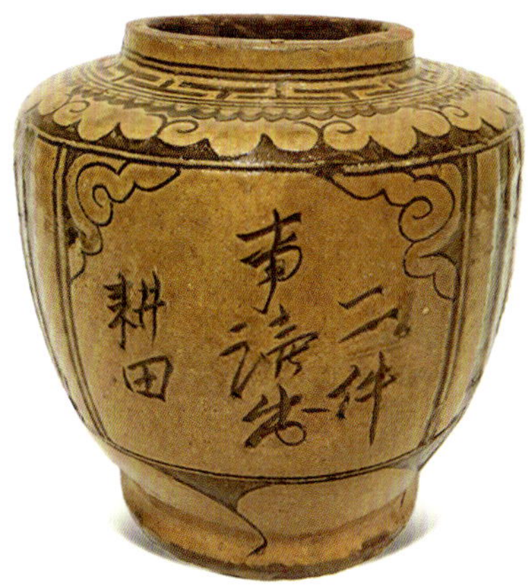

图 2-16
清代
读书耕田刻花罐
私人藏

在马口窑陶器的绘画题材中，许多作品都体现了这一特征。如“状元打马游街坛”“十八学士人物坛”，文字坛“五子登科”“状元及第”“状元归去马蹄香”等，表现的就是民间所渴求的金榜题名的美好愿望，体现了当时社会的主流价值观。“状元打马游街”是指皇帝在金銮殿传胪唱名，钦点状元、榜眼、探花和进士后，状元率领诸进士拜谢皇恩，再骑马巡游的过程。北宋时期，宋真宗钦点了新科状元蔡齐并赐他跨马游街，状元打马游街的殊荣就是从他开始的。黄梅戏经典剧目《女驸马》中有这样的唱词：“我也曾赴过琼林宴，我也曾打马御街前”，可以看作是马口窑“状元打马游街”和“十八学士”题材早期的粉本。刘成禹的笔记小说《世载堂杂忆》，记载了清代咸丰年间在武昌城内的一次状元游街的盛况。“学士”一称最早出现在《周礼·春官》的记载：“帅学士而歌《彻》。郑玄注：学士，国子也。孔颖达疏：此学士谓乡庠、序及国之大学、小学之学士。”是指在学校读书的人。魏晋时期学士是官职名，负责掌管典礼、编撰事宜，唐以后指翰林学士，成为皇帝的秘书、顾问并参与机要，有“内相”之称。“十八学士”题材表现的就是“登瀛洲”的翰林学士骑马巡游的场景。状元和学士均为古时科举时代的佼佼者，正所谓“洞房花烛夜、金榜题名时”（汪洙《神童诗》）、“春风得意马蹄疾，一日看尽长安花”（孟郊《登科后》），这些诗句表现了当时读书人最高的人生理想和精神追求。

图 2-17
五开光鲤鱼跳龙门坛
（局部）

图 2-18
五开光鱼化龙坛
（局部）

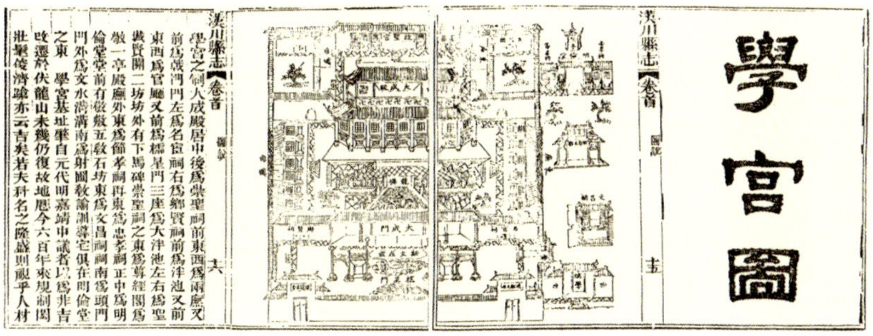

图 2-19
清代
《同治汉川县志》
学宫图

在马口窑陶器绘画的吉祥图案中，“鲤鱼跳龙门”（又称鱼化龙）的图案时常出现（图2-17、图2-18）。《太平广记》卷第四六六龙门条引《三秦记》：“龙门山在河东界，禹凿山断门，阔一里余。黄河自中流下，两岸不通车马，每暮春之际，有黄鲤鱼逆流而上，得者便化为龙。”[①]唐代大诗人李白《赠崔侍郎》诗“黄河二尺鲤，本在孟津居，点额不成龙，归来伴凡鱼”[②]，即用此典。在科举时代，参加会试获得功名的，也被称作“登龙门”。鲤鱼跳龙门这一题材在马口窑陶器绘画中反复出现，即这一理想的形象表述，寄托着飞跃高升、一朝交运的美好愿望。民间的普通家庭或族群，期望子弟靠读书应试来博取功名前程，并将此看作是光宗耀祖的不朽功德。

明清之际，朝廷极为重视科举制度。除了设立国学（又称太学、国子监）之外，还在府、州、县三级设立专门的学校，《明史》载：“学校有二：曰国学，曰府、州、县学。”其时，汉川文风昌盛，县府所在地除了衙门官署之外，县学的学宫就是最为重要的建筑，它是由朝廷兴办的唯一的官方教育机构，与之相补充的是分散于乡村各地的民间私塾。紧邻学宫还建有文昌阁、文庙，足见儒学在当时的地位（图2-19）。据《同治汉川县志》记载，自明代永乐二十二年（1424年）至同治九年（1870年）的446年间，汉川当地先后考取进士42人，如胡敬（永乐二十二年甲辰

①李昉．太平广记：卷第四六六 [M]. 北京：中华书局，1961：3839.

②彭定求．全唐诗：卷一百六十八 [M]．北京：中华书局，1960：1736.

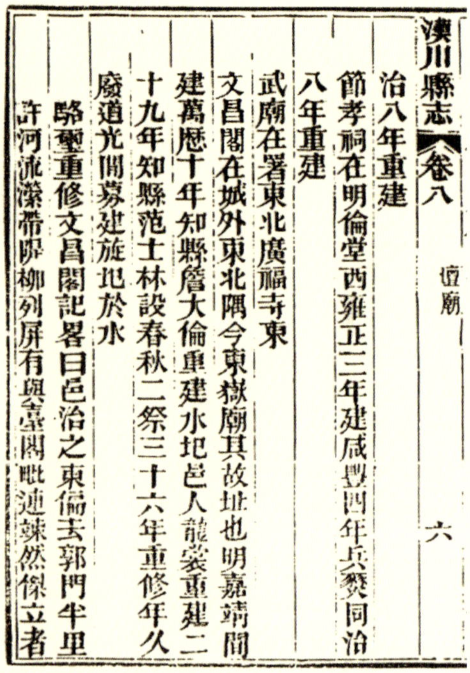
漢川縣志卷八 壇廟 六
治八年重建
節孝祠在明倫堂西雍正三年建咸豐四年兵燹同治
八年重建
武廟在署東北廣福寺東
文昌閣在城外東北隅今東嶽廟其故址也明嘉靖間
建萬歷十年知縣詹大倫重建水圯邑人龍褎重建二
十九年知縣范士林設春秋二祭三十六年重修年久
廢道光間募建旋圯於水
駱璽重修文昌閣記畧曰邑治之東偏去郭門半里
許河流瀠帶隄柳列屏有與臺閣毗連棘然傑立者

图 2-20
清代
《同治汉川县志》
关于文昌阁的记载

图 2-21
民国
家具构件文官像

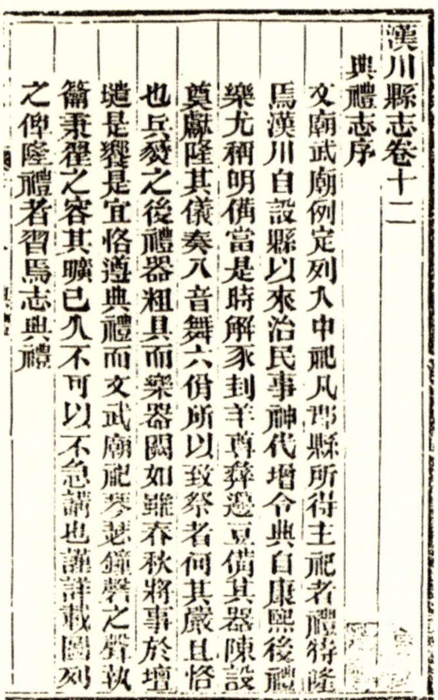
漢川縣志卷十二
典禮志序
文廟武廟例定列入中祀凡郡縣所得主祀者禮特隆
焉漢川自設縣以來治民事神代增令典自康熙後禮
樂尤稱明備當是時解豕封羊尊彝籩豆備其器陳設
奠獻隆其儀奏八音舞六佾所以致祭者何其肅且恪
也兵燹之後禮器粗具而樂器闕如雖春秋將事於壇
壝是饗是宜恪遵典禮而文武廟祀琴瑟鐘磬之聲執
籥秉翟之容其曠已久不可以不急講也謹詳載圖列
之俾隆禮者習焉志典禮

图 2-22-1
清代
《同治汉川县志》
关于祭祀的记载

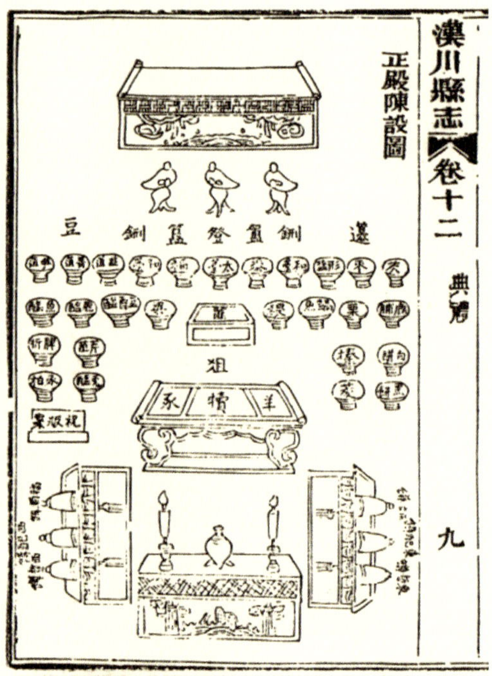

图 2-22-2
清代
《同治汉川县志》
关于祭祀的记载

科，浙江道御史历升都察院左都御史）、邓栋（嘉靖二十九年庚戌科进士，给事中、太仆寺卿）、王道直（天启二年壬戌科，兵部左侍郎）、龙纳箴（崇祯十五年壬子科，赐特用出身、江南宁国知府、贵州驿传道）、程廷栋（乾隆二年丁巳科，翰林院庶吉士改刑部主事升户科给事中）等。[①]这些读书人在获取功名和官职之后，更加促进了当地的读书风气。

在儒家礼仪中，最重要的是祭祀，祭即祭神，祀即祀祖先。在儒家经典中，有两部书专谈仪礼。一部是《仪礼》，叙述举行祭祀时的仪式细节。另一部是《礼记》，其内容是对仪式的解释[②]。“礼”是典章、制度、仪节、习俗，以礼乐制度为准绳的行为规范，是修身齐家治国平天下的准则，也是对于“仁”的体现与实施。子曰：“人而不仁，如礼何？人而不仁，如乐何？”（《论语·八佾》）[③]明清时期的朝廷和地方衙门都非常重视作为礼仪重要组成部分的祭祀制度，地方祭祀以文庙和文昌帝君最为重要（图2-20、图2-21）。“文庙武庙例定列入中祀，凡郡县所得主祀者，礼特隆焉。汉川自设县以来，治民事神代增令典，自康熙后礼乐尤称明备。”[④]中祀是仅次于大祀的祭礼，是地方最为重大的祭祀活动。明清两代，官方和民间的祭祀极为隆重，在祭祀活动中用到大量的礼器、祭品、香烛等，促进了包括制陶业在内的手工业发展。（图2-22-1、图2-22-2）

两汉之际，佛教的传入是中国历史上的一个重大事件。它自传入以后，便成为中国文明的一个重要因素，对宗教、哲学、艺术和文学都产生了巨大的影响[⑤]。在政治变幻、社会动荡不安的情况下，底层百姓渴求精神寄托，借助宗教的慰藉，佛教在中国社会获取了广泛的信众。佛教不仅为中国艺术带来了精神追求，也丰富了艺术表现的形式、题材和内容。在中国历代的经典美术作品中，佛教题材占有相当大的比重，如佛教故事、佛教高僧形象以及与佛教相关的图案、纹样等。清《同治汉川县志》记载了汉川境内的诸多寺庙，如东岳庙、仙女庙、千佛寺等，包括修建于唐代建元末年的广福寺。

①德廉，袁鸣珂，林祥瑗．同治汉川县志 [M]// 中国地方志集成·湖北府县志辑 9. 南京：江苏古籍出版社，2001：50-75.

②冯友兰．中国哲学简史：插图珍藏本 [M]. 赵复三，译．北京：新世界出版社，2009：130.

③杨伯峻．论语译注 [M]. 北京：中华书局，1980：24.

④德廉，袁鸣珂，林祥瑗．同治汉川县志 [M] // 中国地方志集成·湖北府县志辑 9．南京：江苏古籍出版社，2001：269.

⑤同②：209.

就装饰纹样和图案而言，中国工艺美术在先秦两汉时期变化不大，多是传统的纹样，如云纹、如意纹、龙凤纹及其他常见的动物纹样。佛教传入之后，装饰图案的种类和样式极大丰富，出现了狮子纹、忍冬草纹、锯齿纹、莲花纹、万字纹等。莲花纹和万字纹作为佛教的标志性符号，大量地运用于各类建筑、雕刻、陶瓷中，增强了宗教艺术的表现力。在马口窑陶器中，以万字纹作为陶器装饰的底纹图案的形式十分常见（图2-23-1、图2-23-2）。在佛教中，莲花代表净土，象征纯洁，寓意吉祥，因此莲花在佛教艺术中成了主要的装饰题材。南北朝时期，莲花装饰常出现在石刻、陶瓷、铜镜和彩绘上。在马口窑陶器中，以宽窄不一的莲瓣纹作为器物底部的装饰成为主要形式，虽然这一形式延续了元代和明代青花大罐的装饰手法，宗教的意义已经逐渐淡化，但依然可以看出这种形式背后的思想渊源（图2-24-1、图2-24-2）。此外，佛教带给了中国传统艺术全新的理论和技法。受佛教美术的影响，魏晋南北朝时期佛教题材的线刻、绘画作品中的人物造型更加生动，表现手法更加多样。特别是线描、线刻和浅浮雕凹凸法的运用，使得画面具有了更强的浮雕效果。隋唐时期，佛教雕刻犍陀罗艺术风格的影响，成就了云冈石窟、龙门石窟、敦煌石窟等佛教艺术瑰宝。佛教在绘画、雕刻等主流艺术方面的影响也辐射到后来的民间艺术。马口窑装饰图案的造型也受到了影响。

图 2-23-1
清代
万字纹花鸟罐
私人藏

图 2-23-2
清代
万字纹花鸟罐
私人藏

图 2-24-1
清代
四开光花鸟罐
私人藏

图 2-24-2
清代
四开光花鸟罐
私人藏

“中道宗与道家思想的相互作用导致‘禅宗’的兴起，它是佛家，而在思想上又是中国的，并形成中国佛教的一个宗派。”[①]“中唐以来禅宗盛行不已，压倒所有其他佛教宗派，哲学与艺术恰好并行。”[②]禅宗对中国艺术产生了深远的影响。其一，禅宗和绘画都以表现人的自我意识为目标。禅宗的“自性论”与艺术创作的主体意识有着高度的一致性，“归源知自性，自性即如来”（黄庭坚书《寒山子庞居士诗》）。禅宗的“自性论”是人类对自我意识的自觉追求和认知，而艺术创作也是从自我意识出发，尊重主体感受。由于禅宗倡导从人的内心寻求深层的自我意识，使得它与艺术创作中主体意识的相互交融有了可能。其二，文人绘画中的禅境思想。文人绘画把禅宗的美学思想作为绘画创作的理论指导，开拓了高远淡泊、空灵散淡之风。王维最早将禅的思想和禅的意境融入中国绘画，并运用禅的“澄心观照”的审美态度进行创作，追求“空灵”之境，使绘画具有了意境、画境、诗境三境一体的艺术面貌。其三，禅宗与中国传统绘画思想境界追求的共通性。宋元以降，文人绘画在不同程度上受禅宗思想的启迪和熏陶，这样的时代风气深刻影响着民间美术的审美和创作观念。马口窑装饰风格质朴，其简约的美学风格与禅宗理念相契合。而莲花纹、莲瓣纹等禅宗的象征符号，则被广泛应用于马口窑的装饰中。（图2-25、图2-26、图2-27）当然，佛教和禅宗思想对中国艺术的影响是流而不是源。因为早在佛教的传入和禅宗兴盛之前，中国艺术已然灿烂辉煌。确切地说，佛教和禅宗思想丰富和促进了中国艺术的发展，使之具有更加深厚和丰富的精神内涵。

①冯友兰．中国哲学简史：插图珍藏本[M]．赵复三，译．北京：新世界出版社，2009：210.

②李泽厚．美的历程：修订彩图版[M]．天津：天津社会科学院出版社，2002：152.

图 2-25
民国
瓜瓞绵绵罐
私人藏

图 2-26
清代
“状元红”万字纹花卉四系酒壶
私人藏

图 2-27
民国
四开光花卉罐
私人藏

图 2-28
清代
八仙人物坛
私人藏

道家思想是中国本民族的哲学，深深地影响了中华民族的政治、经济、文学、艺术等领域。道家崇尚朴素、追求自然的思想，对中国绘画和工艺美术起到了积极的指导作用，影响了中国艺术的审美意识和审美取向，并形成了后来中国艺术的独特面貌。老庄哲学是道家学说的雏形，其“清静无为”“道法自然”的思想影响巨大。传统的艺术创作向来把刻苦的技巧训练与不露斧凿痕迹的境界结合起来，所谓“看似寻常最奇崛，成如容易却艰辛”（王安石《题张司业诗》）。这些观念渗透在画家和民间匠人们的一笔一刀之中，在寻常和不经意之间赋予了艺术品不朽的灵性光辉。

道家思想对马口窑陶器的影响属于深层的哲学境地，而道教对马口窑陶器的影响更为直接，从形式到内容均有体现。东汉末年，张道陵创立道教，道教是以道家思想为基础的本土宗教，教化众生追求自然和谐，乐生贵生，广行善举，利物济人，通过修道积德达到形神统一，进而得道成仙。由此产生的神话故事、神仙崇拜和民风、民俗等，极大地丰富了艺术创作的形式和内容。明代嘉靖年间，由于嘉靖皇帝迷信道教，所以官窑瓷器上喜用八卦纹、八仙纹、云鹤纹等道教题材作装饰。[①]马口窑绘画题材最为常见的八仙人物及暗八仙图案，便是道教的代表性符号和图像。作为民间美术的一部分，民间匠人置身于这样一个大的文化背景下，他们的创作中体现出了鲜明的宗教文化特征。（图2-28、图2-29）

①许之衡．饮流斋说瓷 [M]．余光仁，评注．上海：上海人民美术出版社，2016：3.

我们常说佛道不分家。禅宗就是佛教思想和中国的儒、道思想相融合的产物。由此，我们可以清晰地看到包括马口窑艺术在内的许多中国传统艺术和民间工艺，从形式、内容到思想，既有佛家、儒家和道家的人生哲学，也有佛教和道教的精神寄托。

中国传统文化和地方文化成为马口窑艺术发展和兴盛的内在思想源泉，这种文化精神具有广泛的影响和共同的认知，对广大的民众起到精神引领与熏陶作用，如儒家的入世哲学和进取精神，具有激励进步、促进发展的积极向上的精神引领作用。在文化的流传和嬗变过程中，陶器具有见证、记录、传播、交流和传承等方面的功能。这时候的陶器已经不再是普通的生活器具，其装饰和绘画也不只是简单的图案，而是数百年来普通大众生活状态和精神面貌的真实反映，它承载的是博大精深的中华文明和老百姓对美好生活的向往与追求，寄托着人们对亲人的祝福和对天地宇宙、世间生灵万物的无尽想象和由衷赞美。

图 2-29
清代
六开光吉祥图案坛
系马口陶瓷博物馆藏

MA KOU YAO

第三部分 马口窑陶器的工艺

壹 第一节 工艺特色

马口窑在制器、造型、装饰手法和形式，以及釉料制作和烧制方面，既继承前人传统，又有其独特之处。

在我国漫长的历史长河中，用泥土烧制的陶器是人们主要的生活用具。它以原料易获取、坚实耐用、价格低廉、造型和功用多样等优点进入千家万户，久传不衰。在考古学上，中外专家时常根据当时实用陶器的形制、工艺、纹样装饰特征来区别文化类型，进行断代研究，这使得陶器具有了特殊的历史意义和文化价值。

马口镇虽地处江汉平原，但马口、马鞍一带及其以南大片地区都是丘陵地带，其土质富含钾、钠、钙及铝硅酸盐，是极好的红陶黏土原料，其陶土资源可以说是取之不尽，用之不竭。特别是马口镇附近的英山、猫子山几处的窑子泥、糍泥、黄蜡泥、麦壳泥，其胎泥质地细腻，适宜烧制用途不同、大小各异的生活陶器。[①]在性能上，马口窑陶器因其独特的陶土原料、化妆土和植物灰釉，在接近瓷器的高温下烧制，其器物胎体密实，釉面如瓷器般光洁和细密。又因其胎土颗粒较粗，具有透气而不漏水的特性，用它来贮藏食物，不怕酸碱，不腐不烂，不变质、不变味。据曾任职于汉川市文化馆的吴至祥先生介绍：1921年，日本和德国曾派人来订购大批工业用的药水坛；1949年前，远在千里之外的四川榨菜商人派人来马口镇定制专门的腌菜坛；中华人民共和国成立后，一些窑厂还专门为国家生产过大批硫酸坛；1981年，中央工艺美术学院陶瓷美术系主任陈若菊教授和杨永善老师二人到马口镇来参观，高度赞扬马口窑的工艺，并派毕业生到窑厂实习，参与烧制了一大批创新的陶器制品。

①吴至祥．马口陶器——质地、技巧、形象的结晶[M]// 湖北省群众艺术馆．湖北民间美术探源．武汉：湖北美术出版社，1987：147.

一、制器特色

马口窑陶器的制器过程要经过练泥、成型两大阶段。传统的练泥方式主要是靠人脚踩踏和泥，凭经验判断泥料的粗细干湿。烧制不同的器型所用到的泥料也有所不同，大型的缸类器物所用陶泥颗粒较粗，中小型的器物如坛、罐类，以经过炼制的细腻红黏土为泥料。

传统的马口窑制器方式有两种：一是拉坯成型，也就是将泥团放到旋转的木盘上，木盘的旋转依靠人力带动，陶器胎体的厚薄和器型的高低起伏，依赖于制器匠人的经验和感觉；二是旋环成型，即先制一外模，将泥团放进去，工匠用铁片压制，在旋转中制器成形，最后再用陶拍（图3-1-1、图3-1-2、图3-2、图3-3）等工具进行局部修整，这种方法常用来制作大型的缸类器物。（图3-4、图3-5）

马口窑的拉坯技术和传统的陶瓷拉坯一样，完全依靠人力脚蹬手摇带动圆木盘旋转进行制作。这种纯手工的高强度制器方式，人为因素和手作特点明显，这种制作方式一直延续到中华人民共和国成立初期。1956年成立国营陶瓷厂之后，手车工刘敬良用马达带动变速齿轮的机械方式带动圆盘旋转，将拉坯成型由纯手工方式改进为半机械化方式。其后，窑厂还买来练泥机、粉碎机、球磨机等机

图 3-1-1
清代
乾隆十年陶拍（侧面）
私人藏

图 3-1-2
清代
乾隆十年陶拍（顶面）
私人藏

图 3-2
清代
道光十一年陶拍（侧面）
私人藏

图 3-3
陶拍
私人藏

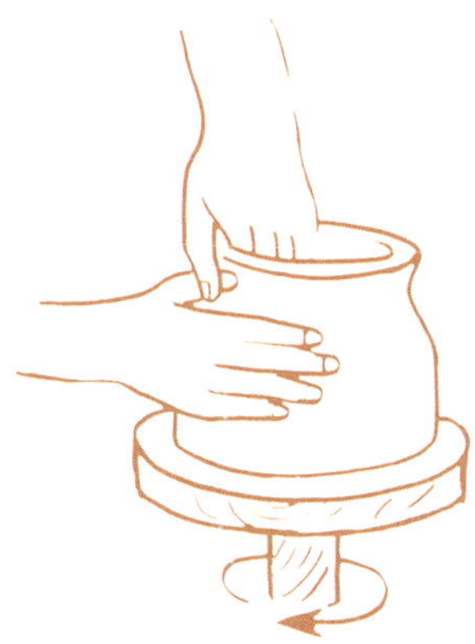

图 3-4
马口窑制器方式：
拉坯成型

图 3-5
马口窑制器方式：
旋环成型

械设备，用于和泥。继而又引进了模具注浆等机械化制器的方式，批量化生产工业用陶器，如陶制下水管道、工业用药水坛等。这是马口窑陶器制器工艺由前期的纯手工到半机械化、机械化生产的演变过程。

二、造型特色

马口窑陶器继承了传统制陶技艺，并结合当地的自然资源和民间智慧，制造出一批又一批独具特色的陶器，所制器型结实、厚重，较同时期的陶瓷制品更加结实耐用，具有青花、粉彩等瓷器所没有的敦厚和古朴之美，适用范围更加广泛。

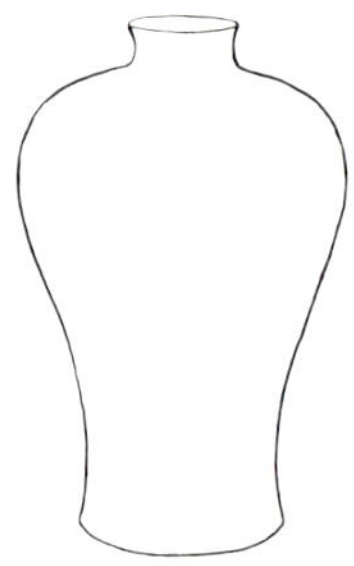

图 3-6-1
宋代
梅瓶造型

陶瓷的器型在宋代已经十分完备，每类器型又有多种多样的造型样式。工匠们对器物的粗细、横直、长短、弯曲等方面进行不同的处理，组合成不同的造型，许多器物具有明显的时代特征。宋代瓷器的瓶类器物较为典型，其变化多表现在口、颈与腹部。这一时期的陶瓷器皿多为生活用器和赏器，有玉壶春瓶、梅瓶、扁腹瓶、直颈瓶、瓜棱瓶、多管瓶、橄榄瓶、胆式瓶、葫芦瓶、龙虎瓶、净瓶等。到了明清两代，陶瓷的器物造型已经基本定型。罐、瓶、壶的造型有数十种，如将军罐、梅瓶、玉壶春瓶、净瓶、天球瓶、葫芦瓶等，不一而足。

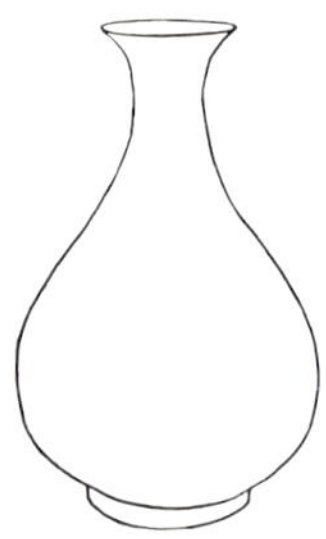

图 3-6-2
宋代
玉壶春瓶造型

马口窑的坛、罐类造型以宋代梅瓶、玉壶春瓶和明代磁州窑酒坛造型为雏形（图3-6-1、图3-6-2、图3-6-3）。瓶类的典型代表器型是玉壶春瓶。玉壶春瓶又称玉壶赏瓶，其名称来自唐代诗人王昌龄的名句“一片冰心在玉壶”，是北宋时期创烧的瓶式之一，也是宋瓷中最为常见的瓶式，它的造型由唐代寺院里的净水瓶演变而来。其造型特点是撇口、细颈、圆腹、圈足。造型上的独特之处在于颈较细，颈部中央微微收束，颈部向下逐渐加宽过渡为杏圆状下垂腹，曲线变化圆缓；圈足相对较大，或内敛或外撇，是以变化柔和、匀称的弧线为轮廓线的瓶类形态。玉壶春瓶问世后就广受欢迎，并为定窑、汝窑、耀州窑、磁州窑普遍烧制，是宋代瓷器中具有时代特点的典型器物。玉壶春瓶的造型定型以后，历经元、明、清、民国直至现代。

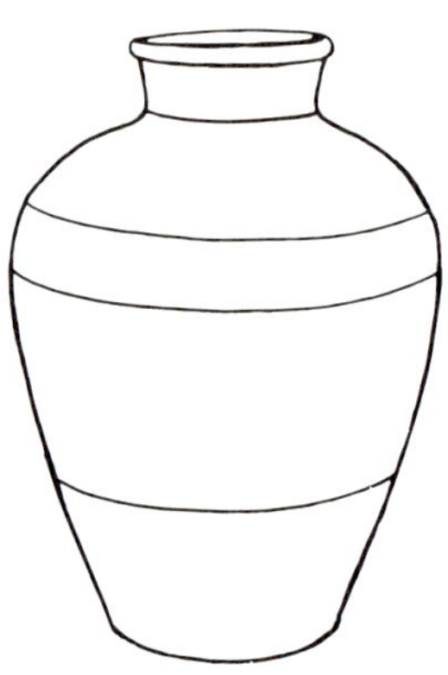

图 3-6-3
明代
磁州窑酒坛造型

瓶类器物的另一个代表器型是梅瓶。梅瓶是我国陶瓷极为常见的一种器型，最早出现于唐代，宋辽时期广为流行。梅瓶的特点是小口、短颈、丰肩、收底、圈足，以口小仅能插梅枝而得名。因造型修长，宋时称为“经瓶”。上海博物馆藏有磁州窑系白地黑花梅瓶两件，一件瓶身上有“清沽美酒”四字，另一件瓶身上有“醉乡酒海”四字，很显然，它们的用途是盛酒。民国时期许之衡所撰写的《饮流斋说瓷》一书中这样描述梅瓶：“梅瓶口细而项短，肩极宽博，至胫稍狭，折于足则微丰，口径之小仅与梅之瘦骨相称，故名‘梅瓶’也。宋瓶雅好作此式，元、明及清初，历代皆有斯制。”[①] 梅瓶是宋代南北瓷窑普遍烧制的一种瓶式。

①许之衡．饮流斋说瓷 [M]. 上海：上海人民美术出版社，2016：254。

图 3-7
明代
青花携琴访友图梅瓶
故宫博物院藏

宋元时期文人多喜爱将瓷瓶作花器置于案头。“小瓶春色一枝斜”（陈与义《梅花二首》之一），“小瓶雪水无多子，只篸横斜一两枝”（严参《瓶梅》）。除了玉壶春瓶和梅瓶外，这一时期的花器多为小巧可人、形若垂胆的胆瓶。朱淑真《绛都春·梅》：“几度醉吟，独倚栏杆黄昏后，月笼疏影横斜照。更莫待、单于吹老。便须折取归来，胆瓶插了。”明代，梅瓶多为唇口，器身丰硕，并由日用瓷转为陈设瓶（图3-7）；玉壶春瓶瓶身逐渐粗壮，腹部趋于丰硕（图3-8）。明代，有人将梅瓶、玉壶春瓶等器物作为陪葬的明器。

图 3-8
明代
青花竹石芭蕉纹玉壶春瓶
故宫博物院藏

图 3-9-1
明代
粉彩将军罐造型

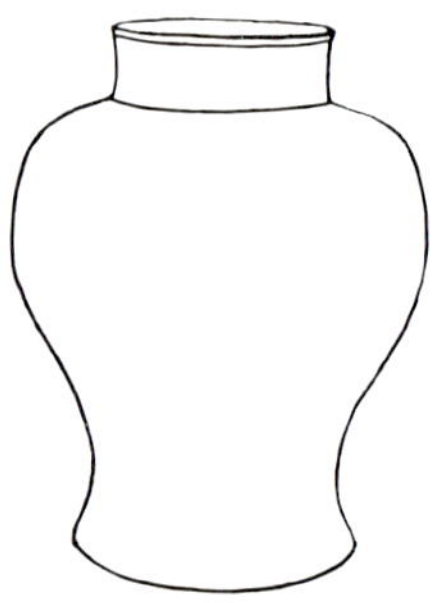

图 3-9-2
明代
青花将军罐造型

明清时期的罐类器物以将军罐为代表。将军罐因宝珠顶盖形似将军盔帽而得名，初见于明代嘉靖（1522—1566年）、万历（1573—1620年）年间，至清代顺治（1644—1661年）时基本定型，清康熙年间（1662—1722年）最为流行。将军罐的罐身为直口、丰肩、鼓腹、平面砂底，附宝珠顶高圆盖。其器型高矮大小，各个时期略有不同。（图3-9-1、图3-9-2）

明末早期的将军罐，器形较为矮小、朴拙。清代顺治年间的将军罐，造型为直口、短颈、丰肩、鼓腹，腹下部渐收，多为平底无釉，通体浑圆，器形高大。康熙年间的将军罐造型将浑圆的罐体展肩提腹，拉长颈部，收紧圈足，使将军罐的造型显得挺拔向上，气魄雄伟。由于将军罐的造型深受人们的喜爱，官窑和民窑都大量地烧造，特别是民窑的烧制，在器物上装饰各种题材，有戏曲人物、神话故事、吉祥图案、花鸟鱼虫等等，这些题材纹饰比较繁缛，在形体较小的器物上很难施展，而高大的将军罐可以容纳各类装饰绘画丰富的内容。

坛、罐、壶类器物是马口窑陶器的典型器型（图3-10）。坛类器物受到玉壶春瓶、梅瓶和磁州窑酒坛的影响，其胎体的厚度和器物体积较普通的瓷器更加厚重和硕大。罐类器物造型基本上以明清时期的将军罐为基本雏形。将军罐在瓷器中属于较大的器型，而马口窑陶器中的罐类比坛类器物的个头和容量都要小一些，这是由适用的范围决定的。坛类器物主要功用是盛装和存储，

图 3-10
马口窑典型器型
示意图

①吴至祥．马口陶器——质地、技巧、形象的结晶[M]// 湖北省群众艺术馆．湖北民间美术探源．武汉：湖北美术出版社，1987：149.

用于盛酒、腌菜等，因此器物较为硕大；而罐类器型是日常生活实用器皿，用于盛放米果、糖果以及油盐酱醋等，因而器物较小。壶类器物一般带提梁、双耳或者系。

数百年来，马口窑的制陶匠人根据实用和审美的需要设计造型，同时也借鉴了历史上各名窑的造型特点，不断摸索创造，举凡容器如缸、坛，注器如壶、罐，盛器如钵、盆等，无不古朴典雅，大小合体，造型优美，比例合度。[①] 其造型充分考虑功用特点，丰富多样，有的丰硕厚重，有的轻盈小巧，有的圆润饱满，有的匀称秀美。

工匠们在制器的过程中，充分考虑到器物的实用功能和应用范围。如田间劳作时饮水用的茶壶，考虑到搬运和户外使用的需求，不光有倒水的壶嘴，还增加了安装金属提梁的双耳，用来系绳的，有双系、三系、四系等；在婚嫁等喜庆场合需要大量的坛子盛装酒，以及米果、糖果等食品，为了防鼠、防盗和便于搬运，工匠们发明了"锁口坛"这一独特的器物造型，在器物颈部和盖子部分增加对穿的锁孔，可以将陶盖和坛子锁住；为了使酒壶的提梁更加坚固耐用，在提梁和壶身黏合处增加了一个杯口状的构件；大型的水缸，因为需要存储日常所需的生活用水，这一器型的腹部饱满圆鼓，有利于增加储水量，底足部分小而平整，增加了水缸的稳定性。

马口窑陶器的造型因用途不同而形状、大小、宽窄、高矮各异。按照器物类型来分，有坛、罐、缸、壶、钵、瓶、筒、篓、炉、枕、灯；按照使用功能来分，有生活器（坛、罐、缸、壶、钵、烘炉、筷笼、油灯、烛台、虎子、枕头），礼器（香筒、签筒、香炉、烛台），艺术器（赏瓶、文房器）。

1.坛类造型（图3-11、图3-12）

坛类器物是马口窑最主要的器型，因此马口窑在民间又被称为"坛子窑"。坛类的大小样式繁多，均按照不同用途设计其造型。造型主要以宋代梅瓶、玉壶春瓶造型为基础，并且吸收了磁州窑酒坛器物形态特点，形成敦实厚重、圆润饱满的造型特点。

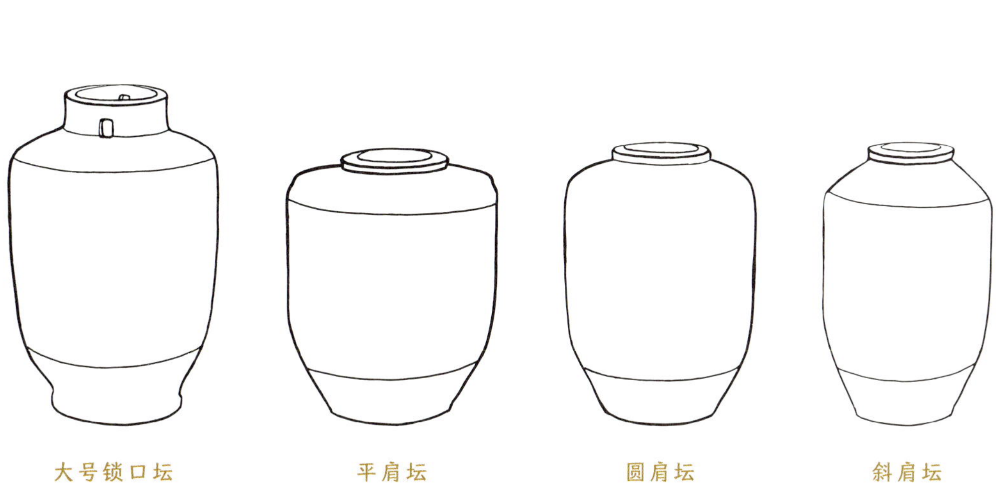

图 3-11
坛类（一）

图 3-12
坛类（二）

形体上除了有大小、高矮的区别外，最显著的特征体现在颈部、肩部、腹部和底足部。坛类器物通常口颈部较矮平，大多数坛子并无陶盖，用油纸或者红布封口。锁口坛在器物颈部开对穿的锁孔，因此颈部相对较高，上面的陶盖也在对应的部分开孔。肩部有平肩、圆肩、斜肩之分。一般来说，清代早期的以圆肩居多，中期为平肩，民国以后以斜肩居多。腹部的大小是相对肩部的宽度而言的，有圆腹、平腹和收腹之分，有的腹部窄于肩部，有的腹部宽于肩部。底足宽窄也有两种情况，大多数底足为圈足，即从器物腹部逐渐收小，腹部至底足由大变小，腹部和底足呈流线型结构；也有腹部收小之后到底足部再逐渐变宽成为撇足，腹部和底足的变化呈现优美的曲线形态。

另外还有五类造型较为独特的坛类器型。第一类是灯笼坛，口径和足径几乎相等，肩部、腹部圆鼓，酷似灯笼造型；第二类是类似清代康熙年间苹果尊器型的大号酒坛，矮颈圆腹，形体硕大，圆润饱满，民间称为“酒海”；第三类是柿饼坛，矮颈圆腹，形体扁圆，状如柿饼；第四类是广口坛，口径宽于肩部和腹部，口大底小，是一种装米面等干燥食品的坛子，广口是为了便于取用；第五类是泡菜坛，形制与普通的酒坛大致相同，但在肩部增加了一个盛水盘，可以扣上碗钵将口密封。马口窑的坛类器物应用范围极其广泛，主要用于盛装酒、小吃、干粮、米面等，也可以用来腌菜。除了专门的泡菜坛之外，酒坛和泡菜坛在形制上看不出很大差别，在功用范围层面也无明显的界限。

不同时期的马口窑坛类器物，其造型有细微差别。在明代末期，坛类器形适中，造型为圆肩、平肩和直腰；至清代中晚期基本定型，造型为圆口、短颈、平肩或者圆肩、鼓腹，腹下部渐内收至底足，腹部圆润饱满，器形高大；到了清代晚期和民国，八仙酒坛和腌菜坛广为流行，这时的造型较为单薄，肩部变为斜肩，直腰平腹，没有早期酒坛的圆润饱满。在装饰绘画上，各个历史时期的坛类器物各具特色。

马口窑坛类器物的大小、高矮各不相同，大的高度接近60厘米，小的约30厘米。根据不同的用途，坛类器型的区别主要体现在口颈部、肩部造型的不同和封口方式的不同。一类是圆肩高颈，口颈部开有对穿的两个小口，为锁口酒坛；另一类为平肩矮口，一般为酒坛或者泡菜坛。一般酒坛的颈部高约2厘米；锁口坛因为需要加盖带有锁孔的陶盖，所以颈部比一般的酒坛高出4～6厘米，肩部多为圆拱形，口颈部在圆肩的衬托下显得高耸挺拔，符合流线型的造型设计，也使得整个器形显得圆润挺拔；一般的矮口坛无陶盖，口颈部和肩部之间有内收的凹槽，便于封口时用麻绳或红布围绕圈口包扎，肩部平整或者稍带倾斜，使得原本低矮的颈口显得突出，颈部圈口上大下小，便于包扎封口。

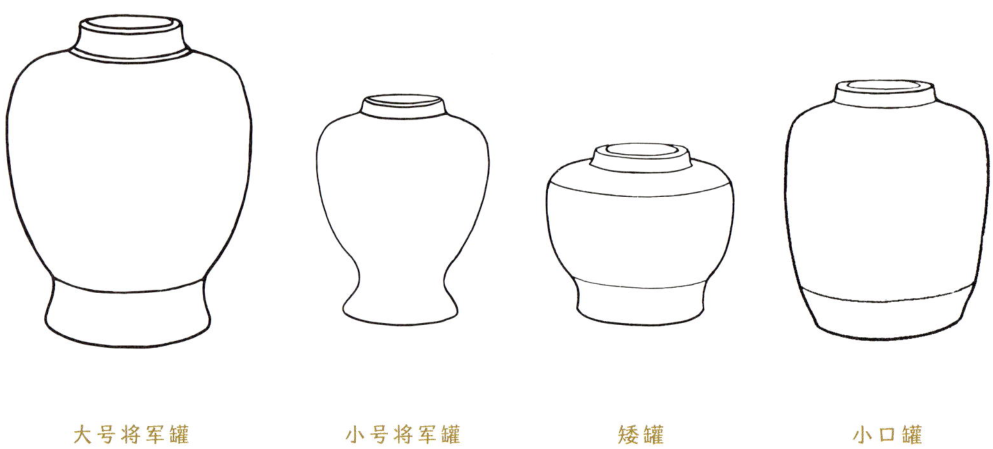

图 3-13
罐类（一）

大号将军罐　小号将军罐　矮罐　小口罐

锁口坛是马口窑坛类器物最具特色的器型，“其坛有盖，盖侧与器物颈部有对穿孔，民间称为锁坛”[①]。较大坛类器物为了便于运输和存储，需要加盖封口。因此，工匠们在普通坛类浅口的基础上将口颈部加高，在器物颈部开两个对穿的小孔，有方孔和圆孔，在陶盖的相同部位也开上两个同样大小的对穿孔。在坛子加盖以后，用竹制的长销子对着颈部和盖子的孔洞对穿过来，再用一把铜锁将销子锁起来，陶盖和坛子颈部便牢牢地锁在一起。这种造型和锁口的设计，既能够将食物密封紧闭，便于搬动和运输，又能防尘防盗。这种锁口设计是一种独特的创造，是民间智慧的体现。

除了典型的锁口坛之外，一些壶、罐也有将陶盖和颈部开小孔作锁口的设计，以便将陶盖和器物密封，防止使用时脱落。

2.罐类造型（图3-13、图3-14）

马口窑罐类器物一般带陶盖，其整体器型主要以明清时期的将军罐器型为基础，具有厚重圆润的造型特点。形体有大小、高矮之分，口颈部、肩部、腹部和底足部也有细微的差异。除了典型的将军罐器型外，常见的罐类还有广口罐、矮罐、圆腹的冬瓜罐等。一般的罐类颈部较矮平，陶盖顶上正中有纽，也有的以油纸或者布帛封口。广口罐口比足部大，便于取放食品。小号的罐类一般用于存储小吃和油盐酱醋等调料。冬瓜罐腹部圆浑饱满，可以增加食品储存量。

①李正文．即将消逝的文明：湖北马口·麻城·蕲春民间陶艺研究［M］．武汉：湖北美术出版社，2005：50.

图 3-14
罐类（二）

马口窑将军罐的造型各时期有所不同。由于将军罐到清代中期才广为流行，所以，目前能见到的马口窑将军罐实物，基本上为清代中晚期及以后的器物。清代中期的将军罐，造型为直口、短颈、鼓腹、撇足，肩部为最宽处，腹下部渐收拢为束腰，底足再稍变宽，以增加底面的面积以保持器物的稳定性，底面为平底，不施化妆土和釉料，器形高度约为25厘米，也有大号的将军罐造型，高度接近坛类器物。底部撇足的造型是马口窑将军罐最大的特点，也是与其他器型最明显的区别之一。这一时期的马口窑将军罐受到酒坛高大挺拔的造型影响，器物圆浑饱满，造型优美；到了清代后期和民国，这一器型使用更加广泛，它的功能性特征更为明显，与酒坛、腌菜坛一类器物的功用范围进一步区别开来，将早期束腰高耸的形态进行收缩，形态趋于矮小精巧，实用性更强。

3.壶类造型（图3-15、图3-16）

马口窑壶类器型有酒壶、茶壶、油壶等，造型上有提梁壶、把手壶、长嘴壶、双嘴壶等，最具代表性的是提梁酒壶。马口窑的提梁酒壶为双嘴壶，器物顶部前后有大小两个嘴，两个嘴的中间为横向弧形的提梁把手造型。马口镇有一家窑场在清末生产的“王泰记”“王富记”提梁酒壶，以造型别致、装饰精美而远近闻名。

提梁酒壶和提梁茶壶中间有提梁，是清代、民国时期民间最为常见的陶瓷器型，景德镇和麻城窑都曾大量生产。马口窑提梁酒壶除了用于盛酒之外，还能置于锅中温酒。其造型为圆肩、鼓腹、

图 3-15
壶类（一）

图 3-16
壶类（二）

圈足，形态圆润饱满、古朴厚重，釉水鲜亮肥厚，器物通体以寿字纹、回纹或者花草纹为装饰，既实用又美观。马口窑提梁酒壶以盛装量多少分为大、中、小三个型号。提梁部分和壶身的高矮、大小适中，比例协调，提梁既结实厚重，又不会因为过高或过于粗重而增加酒壶自身的重量，其流线型造型也格外精巧别致。

与其他的提梁酒壶不同的是，马口窑提梁酒壶（图3-17）有一处独具匠心的设计。在提梁和壶身黏合处，有两个比提梁直径稍大的耳朵状环形杯口，提梁的两端从杯口伸出，犹如江河两岸架起来的两个桥墩。这种造型类似于大铁钟顶部挂环的两个蒲牢①，紧紧地将提梁和壶身扣住。现藏故宫博物院的一件纪年款“明天启元年”的青花钟孤品，其顶部就是蒲牢钟纽的造型（图3-18）。这种设计是在普通的提梁造型基础上增加了一个小构件，既增强了提梁和壶身黏合处的承重力，又增添了造型和装饰的形式美感，结构稳重，又有流畅飞动之势，显得精巧美观，这一设计完全符合力学和美学的原理。（图3-19、图3-20）

① “蒲牢：形似龙，性好吼，今钟上兽纽。海中大鱼曰鲸，蒲牢畏鲸，鲸击蒲牢辄大鸣。凡钟欲令其大声者，故作蒲牢之上，而刻鲸形以槌击之。”见：野崎诚近．吉祥图案解题：下卷 [M]．东京：株式会社平凡社，1940：408.

图 3-17
清代
王富记寿字纹提梁酒壶
系马口陶瓷博物馆藏

图 3-18
明代
青花罗汉图钟
故宫博物院藏

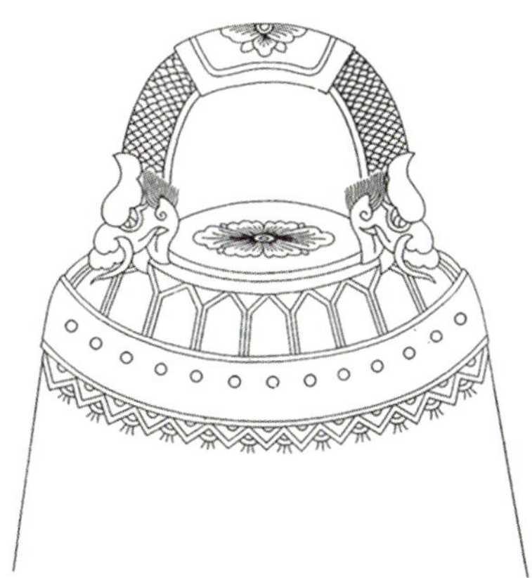

图 3-19
蒲牢造型

图 3-20
马口窑提梁造型

马口窑提梁酒壶的提梁造型的灵感或许是来自蒲牢钟纽的设计。其他窑口如景德镇窑、宜兴窑、麻城窑所生产的提梁壶就没有这个造型，其提梁和壶身之间由于没有这一部件，在长期的使用过程中极易产生裂缝甚至断开。马口窑提梁酒壶的设计，解决了这一技术难题，这是民间工匠们在长期实践中，以实用为第一要义，以审美和艺术性为原动力的完美创造，是民间技艺、民间智慧的高度体现。

厨房中常用的小油壶，当地俗称“踏把油壶”，其造型特征为小口、长颈、扁腹、直嘴。

双耳小嘴提梁茶壶，小口、圆腹，带陶盖，提梁一般以铜、铁等金属制成，与两边的双耳对穿，器身肩部两侧各有一处凸起，金属提梁放下时恰好压在凸起上面，以防止提梁和器身发生频繁的磕碰。

双系大号酒（茶）壶，小口、圆腹，容积大，可装酒装茶，双系便于搬运。

小口酒壶，肩上黏合三系或者四系，可穿麻绳提走。

田间使用的广口大茶壶，上面盖上陶盖，有三系或者四系，方便穿绳提运。

4.缸类造型（图3-21）

缸类是马口窑陶器中最大的器物造型。多为酒缸、水缸和米面缸，由于形体硕大，其胎体较一般的器型厚数倍。缸类造型有浅腹、深腹之分。一类是口径大、底小的器物，盛水可见底，盛装食物取用方便，器物外部装饰印花纹，如金钱纹、寿字纹，内外壁均施厚釉料，底足无釉，无盖，不封口，内壁光滑平整，外壁装饰纹样形成的肌理方便搬运；另一类是口底直径几乎同大，容量大占地小，可封盖，置地平稳。

5.钵类造型（图3-22）

马口窑钵类器物有花钵、搽钵、盐钵、饭钵等。花钵的口沿装饰捏塑的花边纹饰，主体多以万字纹、花卉装饰，底部有数个孔洞，可以透水；搽钵内周围布满直式或斜式利口条纹，农家可将莲藕、红薯等放在里面擦成泥状，用以制丸子之类的食品；盐钵、饭钵较为小巧，多在厨房里使用。

6.其他造型（图3-23、图3-24）

马口窑陶器还有笔筒、香筒、筷笼、虎子、陶枕、单耳杯、烘炉、灯台、香炉、烛台等造型。香筒类似于宋代花觚，为竖长的圆筒形，与文房的笔筒造型相似，器形为广口收腰，至腰下形成一个圆鼓隆起，至底足再逐渐变宽与口部大小接近。筷笼上部为平口，底部为圆鼓形，底部留有无数小孔，便于通风透气且不留积水，保证器物内壁的干燥，防止筷子发霉。筷笼外壁侧面为圆弧形，内壁侧面

图 3-21
缸类

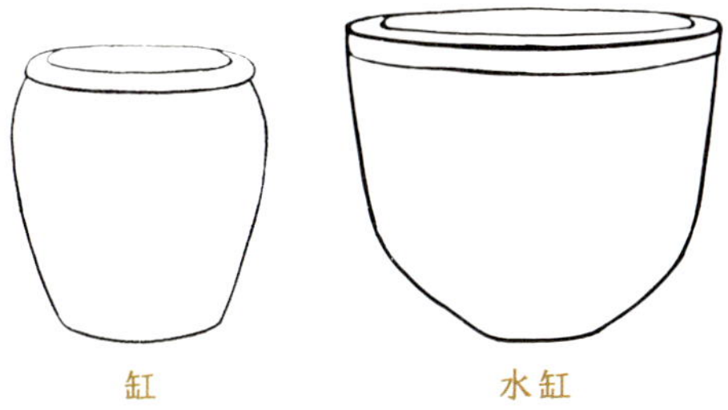

图 3-22
钵类

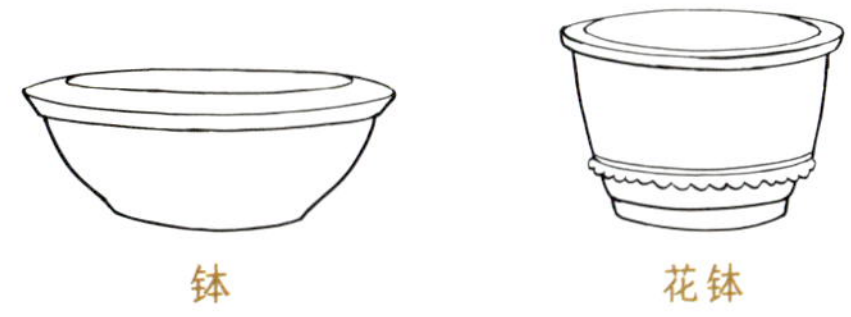

图 3-23
其他（一）

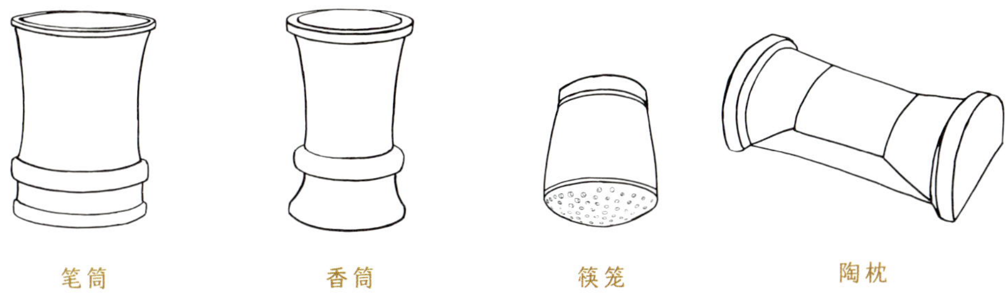

图 3-24
其他（二）

为平面形，内壁上方留有两个孔洞，可以用麻绳、铁丝穿孔悬挂于厨房。陶枕是马口窑器物中比较特别的器型之一。其造型基本沿用了明清时期瓷枕的样式，最为特别的是它的装饰，以开光的形式在枕面和两侧施以装饰和绘画，或以福、禄、寿等文字装饰，寓意吉祥美好。烘炉也是江汉平原百姓常用的生活器皿之一，其器身圆浑厚实，带较高的提梁，胎体厚重。虎子是当时卧室必备的生活器具，中间带直立的弧形提梁，口圆而大，以提梁为中轴线，分别在器身顶面两侧装饰以花卉图案。此外还有一些其他生活用陶器制品，如碾槽、陶凳、陶桌。另外，还有个别工匠、窑场烧制或者私人定制的文房用器，如笔筒、笔架、笔洗、水盂等。20世纪七八十年代生产的各类现代工艺品，其艺术价值不高。

图 3-25
清代
狮子纽陶盖
私人藏

图 3-26
清代
锁口坛老鼠纽陶盖
私人藏

图 3-27
民国
锁口坛老鼠纽陶盖
私人藏

7.陶盖造型（图3-25、图3-26、图3-27）

马口窑的陶盖造型尤为独特。其陶盖造型，按用途分为锁口型和普通型。锁口型陶盖较高，下方有对穿的两个小孔；普通型则较矮，没有穿孔。按装饰手法分，一类是普通的陶盖造型，陶盖顶部带圆形尖顶的纽，类似于明代将军罐的盖子造型，盖子顶面有简单的刻花装饰或者无装饰，这一类陶盖数量最多；另一类是动物纽雕塑陶盖造型，此类陶盖造型颇具特色，且较为罕见。

动物纽雕塑陶盖有老鼠、松鼠的造型，也有极少数的狮子、蛙类造型。鼠类多子，象征生命的繁衍。民间盛行的“瓜鼠图”“松树葡萄图”等图案象征丰收和吉祥。在百姓看来，家中常有鼠类做客，说明余粮充足，物阜民丰。马口窑陶器以盛放粮食为主，所以多以鼠的形象装饰和点缀器物。在民间，狮子是公认的吉祥瑞兽，能带来祥瑞之气，能辟邪，同时又是权力和威严的象征，具有镇宅化煞的寓意。因此马口窑常以鼠和狮子作为陶盖造型。马口窑陶器的动物形象不仅源于民间美好寓意，而且是对流传千年的动物艺术文化的继承。在天门的石家河文化中，有小型动物造型的泥质黄陶和红陶，如羊、狗、鸭、鹅、龟、鱼和鸟类等，均为手工捏制，纯粹而独特，富有生命力（图3-28）；湖北随县出土的曾侯乙墓青铜器中，也有牛造型的兽纽装饰，这是农耕时代的真实反映；唐代陶瓷雕塑创作空前繁荣，从唐三彩的人物俑、动物俑等陶瓷雕塑作品中，我们可以看到大唐的社会生活面貌

和唐人的审美观及精神气质；宋代也创作了动物形象的瓷塑作品，栩栩如生（图3-29）；明代崇尚德化瓷塑，人物、动物瓷塑造型多样，富有生活情趣；清代乾隆年间的动物造型也反映了当时人们的审美观念；民国时期延续了这一传统，所制作的动物纽形象更为传神（图3-30）。

在我国印章艺术中，也常常可以看到动物造型印纽的印章，有玉质、铜质、石质、骨质、木质等。秦汉印纽有龟、螭、辟邪、虎等形状，以区分官员品级。私印的印纽形式更加多样。清代，印章艺术空前繁荣，印纽的造型设计突破了传统的形制，样式异常丰富。马口窑动物纽陶盖与同时期的印纽造型有着异曲同工之妙——造型灵动，栩栩如生。（图3-31、图3-32、图3-33）

马口窑的动物纽陶盖打破了陶瓷装饰平面的单一性，以立体捏塑和刻花相结合的手法，形成了以小型雕塑装饰的手法，拓展和丰富了马口窑陶器的造型和装饰样式。这些陶盖和装饰精美的陶器的组合，赋予了器物艺术价值和人文情怀，增添了一份难能可贵的盎然之趣。其动物陶塑造型生动，富有天真烂漫的稚拙之气，为器物注入了鲜活、立体的生命气息，体现了民间匠人高超的手工

图 3-28
新石器时代
石家河文化动物陶塑
湖北省博物馆藏

图 3-29
宋代
青瓷动物瓷塑
私人藏

图 3-30
民国
木雕狮子纽
私人藏

图 3-31
清代
蛙纽陶盖
私人藏

图 3-32
清代
锁口坛松鼠纽陶盖（侧面）
私人藏

图 3-33
清代
锁口坛松鼠纽陶盖（顶面）
私人藏

技艺、独特的匠心和热爱生活、善良、乐观的精神状态，同时从一个侧面反映了当时的社会生活和普通百姓追求丰收、富足与美满的朴素愿望。

三、装饰手法

图 3-34-1
明代
堆贴八仙人物坛
私人藏

马口窑装饰手法产生的前提条件是化妆土的使用，可以这样说，没有化妆土就没有釉面的色泽和千变万化的装饰、绘画。首先，化妆土的使用是遮盖和弥补陶器的红黏土胎体表面粗糙及颜色单一的唯一可行的手段，犹如在胎体表面敷上一层薄薄的光洁外衣，使得陶器粗糙的表面变得细腻平整，在施釉烧制后光洁润泽。[①] 其次，化妆土的使用为胎体装饰和绘画创造了条件。通过刀、笔等工具将附着在胎体表面的化妆土进行刻画，施釉烧制后能形成对比强烈的色差。这延续了宋元以来磁州窑的胎体装饰工艺。

①刘兰华，张南南．中国古代陶瓷纹饰 [M]. 北京：故宫出版社，2013:171.

马口窑陶器的装饰均为釉下工艺，以刻、划、剔技法为主，兼有堆贴、点、刮、印、描等手法，发挥了本地的胎土、化妆土、釉料等材料特性。马口窑匠人们在数百年的摸索和实践中，将陶器的实用性放在第一位，开创了独特的装饰手法，并通过其独特的装饰技巧，赋予器物生命力，彰显器物的文化价值和艺术价值。假如抛开了这一点，马口窑陶器和普通的地方民窑烧制的粗陶制品就没有什么区别，其工艺价值、艺术价值和文化价值将无从谈起。

图 3-34-2
明代
堆贴八仙人物坛
私人藏

1.堆贴（图3-34-1、图3-34-2）

马口窑陶器在明末和清初的装饰手法以釉下堆贴为主，辅以刻、划技法。其堆贴工艺延续了唐宋以来的工艺，和宜兴均堆类似，其表现技法更加丰富，造型更为生动写实，风格更加古朴厚重。其题材有人物、瑞兽、花鸟、文字等。匠人们将细腻的白陶泥覆在胎体表面，以手指代笔堆塑造型，具有浅浮雕的艺术特色，辅以刻、划、点等技法，丰富了陶器的装饰美。以堆贴技法制作的马口窑陶器，造型古朴庄重。

2.刻花剔地（图3-35）

刻花是指在已干或半干的陶瓷坯体表面上，用竹制、木制或金属制工具刻画出各种深浅、面积不同的纹饰和图案，包含刻花、划花、镂空、篦划、篦点等各种不同的工艺技法，然后在胎体上施釉烧制。[①] 剔地技法是在刻花以后，将线条和造型之外的空白处剔除，以形成一个浅层的凹面，将主体图案或绘画造型凸显出来。刻花技法经过隋、唐、五代的不断改进，宋代时更加成熟，形成了独特的艺术风貌。宋代陶瓷刻花装饰分为五种，即阴线划纹、浮雕剔花、刻花、篦划纹、镂雕。宋代磁州窑的白地黑花刻花技法和耀州窑的青釉刻花，对马口窑的装饰手法影响最为直接。

①刘兰华，张南南．中国古代陶瓷纹饰 [M]. 北京：故宫出版社 ,2013:153.

图 3-35
刻花剔地技法

马口窑陶器工艺中将刻花技法和剔地技法相结合的装饰技法，称为刻花剔地法。具体做法是：将汉阳县山区（今属武汉市汉南区）取来的高岭土炼制成为化妆土，在成型的器物坯体上整体覆盖薄薄的一层，保留底足部分的红胎，稍干后用特制的硬质画笔、刻刀刻画出各种装饰纹样和绘画造型，刻画的线条剔除表层白色的化妆土，正好透出底层的胎骨，再剔除绘画线条和造型空白处，在胎面上形成胎骨的点、线、面造型。这种刻花剔地技术，要求刻画的线条力道均匀，线条简练，剔地部分须保持平整和细腻，不能有明显的刀痕和凹凸不平。除了器物底部不施釉料之外，其余部分浸入釉料缸，稍晾干后再入窑烧制。器物烧成后，其线条具有阴刻线和浅浮雕结合的艺术效果。这种技法使人联想到魏晋南北朝时期的佛造像线刻画（图3-36），寓巧于拙，线条凝练而生动，且富有浓厚的刀味和金石味，其韵味古拙而悠远。马口窑陶器常用这一技法表现“十八学士”题材以突出人物主体（图3-37）。

刻花剔地技法是马口窑陶器的独特装饰技法，这是区别于同时期其他窑口的装饰工艺的一个重要方面。刻花剔地装饰是制陶工艺中极为重要的环节。从事刻花工艺的匠人被称为“盘工”，他们善于依据陶器造型及用途的不同来确定画面主体形象，并配以和谐的装饰纹饰，广泛吸收绘画、木雕、石雕、席编、剪纸等手工制品的工艺，把粗陶制品变成一件艺术品。陶器上的莲瓣纹、卷云纹（尖头云纹）、蝙蝠纹、卷草纹、缠枝纹、寿字纹、万字纹、回纹以及人物、动物、花卉形象，是用小铁片打成的胡须刀、画笔刀、宽扁刀、牙子刀等刀具刻画而成的。① 我们现在可以见到胡圣幼先生用于雕刻的刻花剔地的工具，不同工具用于刻画不同的纹样和效果（图3-38）。匠人们以刀代笔，在陶胎上精心布局、细致刻画、自由挥洒，其装饰的是精细繁密的工笔画，是组织严谨的图案画，也是挥洒自如的写意画。

①吴至祥．马口陶器——质地、技巧、形象的结晶 [M]//湖北省群众艺术馆．湖北民间美术探源．武汉：湖北美术出版社，1987：149.

图 3-36
北魏
佛造像线刻（局部）
西安碑林博物馆藏

图 3-37
十八学士（局部）

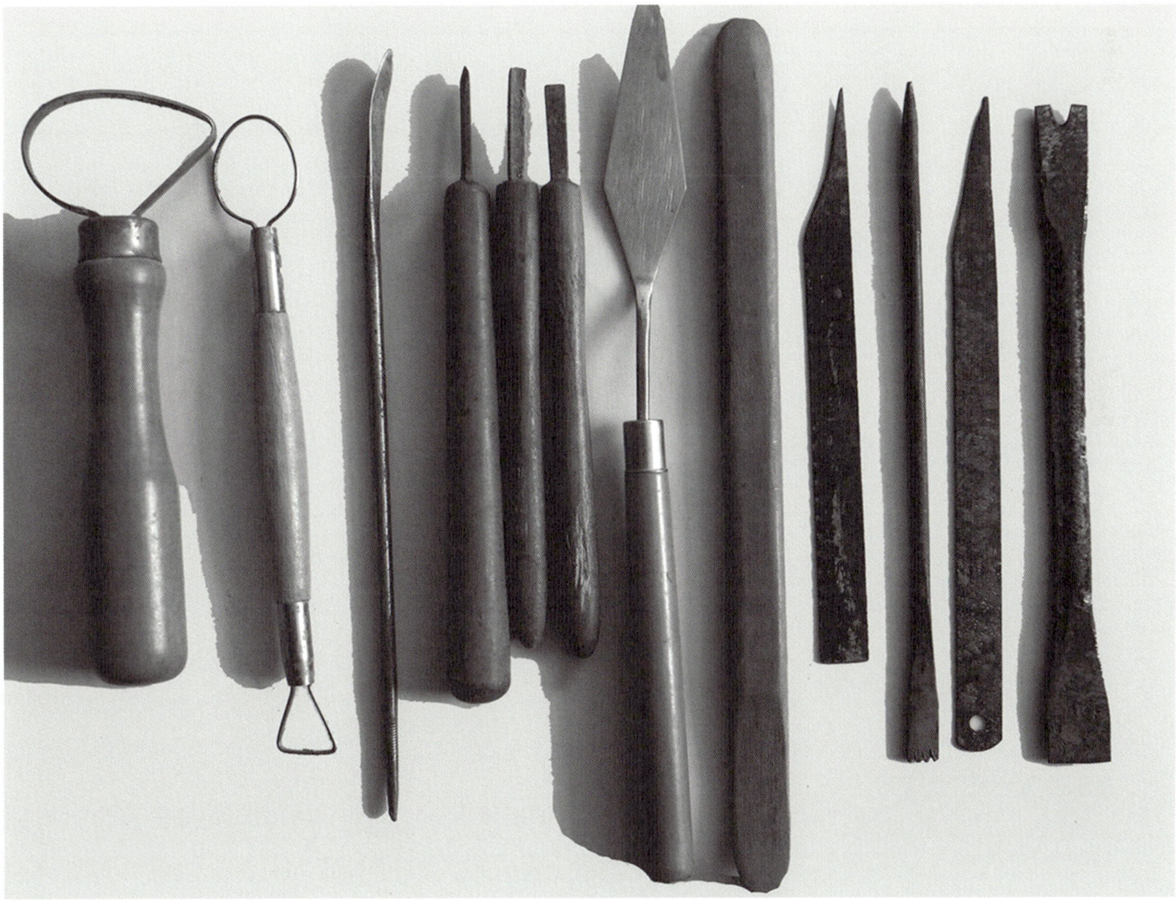

图 3-38
非遗传承人胡圣幼先生
使用的刻花剔地工具

①刘义庆．世说新语[M]．扬州：广陵书社，2009：92.

②邓椿，庄肃．画继 画继补遗[M]．北京：人民美术出版社，1983：1.

3.点花、点睛（图3-39、图3-40）

在人物、动物的眼睛和花卉的花蕊处，匠人们通常扎出小孔，使得人物和动物的眼睛形成了别样的风格。在个别的绘画形象中，如图3-39中铁拐李佩戴的佛珠，运用的也是这种表现手法。这种装饰手法被称为点睛法或点花法，它是马口窑装饰绘画的独特手法之一。

匠人们在用圆口的金属工具点睛或者点蕊时，刻刀有时候会将化妆土甚至胎骨部分的红黏土带出来，呈现一个圆形的空心孔洞。器物整体浸入釉料缸之后，釉水不易进入孔洞将其填平，所以在烧制以后有的仍然保留了孔洞的深度，显得特别醒目和突出。在同样运用刻花装饰手法的宋元瓷器和同时期的地方民窑中都没有这种技法。这种技法具有独特的技术和艺术的双重价值。首先，在技术上，它在刻花剔地技法的基础之上，增加了点的构成元素，使得画面点、线、面俱全，丰富了绘画表现手法；其次，在艺术形式上，它为整体的平面画面增加了点的空间深度，具有提示和强化的作用，达到了画龙点睛的艺术效果。

图 3-39
八仙人物铁拐李
（局部）

点睛在中国传统绘画里尤为重要。《世说新语·巧艺》载：“顾长康画人，或数年不点目精。人问其故，顾曰：‘四体妍蚩，本无关于妙处，传神写照，正在阿堵中。’”[①] 顾恺之认为绘画的传神处不在“四体”而在“眼睛”，目能传情，强调点睛的重要性。另外，在我国传统的工笔花鸟画中也有点睛的处理手法，称为“生漆点睛”。邓椿《画继》载宋徽宗“多以生漆点睛，隐然豆许，高出纸素，几欲活动，众史莫能也”[②]。由于生漆乌黑有光泽，且在绢帛上能产生堆积的厚度而凸起，禽鸟的眼睛尤为传神。

图 3-40
十八学士
（局部）

马口窑的点睛装饰技巧，体现了民间匠人对中国传统绘画精髓的深刻领悟，将“传神写照”这一美学命题运用到陶器装饰绘画的艺术实践中，并将它发挥到了极致，在技术上也算是一种创新。

4.水花（图3-41-1、图3-41-2）

“水花为麻城初创，后来马口、蕲春也有。”[①] 水花装饰手法又被称为“水划花”，是民国时期麻城窑陶器的主要装饰手法。它的特点是利用化妆土的厚度和流动性产生浅浮雕的艺术效果。其方法是在器物胎体表面覆上一层化妆土，在化妆土没有完全干透时，用竹、木等材质特制的宽而钝的画笔在其表面作画，以较快的速度运用点、线、面刻画出各种纹样和造型。这种技法要求匠人有较强的绘画和造型能力，作画时，不能碰到或者挤压器物表面，否则将功亏一篑。运笔过程中对表面化妆土的挤压，使得画笔两侧形成一定厚度的堆积，并且会将化妆土的底胎刮出来。之后将器物除底部外的部分置于釉料缸中浸釉，烧制后会呈现出和刻花剔地技法不同的艺术效果，刻画的线条宽厚，并且与化妆土、釉面形成厚度和深度的对比，装饰线条干脆利落，动感十足，具有浓厚的大写意绘画之风。

①李正文．即将消逝的文明：湖北马口·麻城·蕲春民间陶艺研究 [M]．武汉：湖北美术出版社，2005：13.

图 3-41-1
民国
水花祥云仙鹤坛
私人藏

图 3-41-2
民国
水花祥云仙鹤坛
私人藏

①刘兰华，张南南．中国古代陶瓷纹饰［M］．北京：故宫出版社，2013：161．

水花技法最大的特点就是方便快捷，其效率远远高于马口窑传统的刻花剔地技法。为了满足批量生产的需要，马口窑在后期大量使用这一技法。由于这一技法一味地追求效率，因此较少有较高的艺术性作品产生，多以点景式的简笔花鸟居多，不少作品流于粗率。

5.模印（图3-42、图3-43）

以模子制作的图案进行压印装饰是陶瓷常见的装饰技巧之一，多用于器物肩部、底足的间隔装饰或边饰。这一技法是用刻有图案的陶制印模在尚未干透的胎体上压印出各类装饰纹样。这种装饰手法在原始彩陶中就已经出现过，如绳纹、万格纹等。马口窑陶器的模印装饰更多应用于大型的器物中。用大小不同的钱纹、菊花纹等陶范，在大型的缸类、坛类器物外壁进行压印，有的外壁通体压印，有的在缸类的腰部或底部压印，以形成凹凸的模印花纹。这种大型器物的模印纹饰一方面起到装饰和美化的作用，另一方面增强了器物外壁的摩擦力，便于搬运和挪动。马口窑的模印装饰手法除了用于大型器物的主体装饰外，还常用于间隔和边饰。模印装饰的首要步骤便是，在陶泥上刻制各种装饰纹样并烧制成陶范。“制作陶范是印花工艺中重要的环节。陶范是制作纹样的工具，也是制坯的胎模，它的制作水平高低直接决定着印花制品的好坏。”[①]马口窑常用的印花陶范有万字纹、寿字纹、卷草纹、菊花纹、金钱纹，以二方连续纹样的形式在肩部和器身交接处压印。在平肩矮口的坛类装饰中，由于肩部和器身交接处有一个接近直角的坡面转换，为了避免坡面转换过于突兀，以略带倾斜的角度压印，一方面起到间隔和装饰的作用，另一方面，也使肩部和器身有一个比较平缓的过渡，赋予整体器物圆润和浑然一体的形式美感。

6.描花

民国时期，马口窑出现少量描花装饰手法的器物。其方法是用毛笔蘸较厚的白泥在未施化妆土的器物胎体表面描绘纹样图案或文字，多以寿字纹、菊花纹做点缀式装饰。以白泥描绘的线条在胎体表面形成一定厚度的堆积，待晾干后，将器物倒过来浸入釉缸，靠近底足的部分及底胎保留红色胎土，然后入窑烧制。烧成后，由于胎体表面没有施化妆土，器物整体釉面颜色极深，呈青褐色或酱褐色，描花的图案则呈亮黄色，两种色彩形成强烈对比，具有类似于铜器上描金装饰的艺术效果。有一件“嘉庆拾四年孟春月”纪年文字款的马口窑香筒，器物主体采用描花的手法书写文字，口沿和底部仍然采用刻花剔地法装饰纹样，巧妙地将两种装饰手法相结合。

图 3-42
模印回纹

图 3-43
模印团寿万字纹

①刘兰华，张南南．中国古代陶瓷纹饰 [M]. 北京：故宫出版社，2013：302.

四、装饰形式

1.分层装饰（图3-44）

“多层次的装饰形式在元代的瓷器中较为常见。元代瓷器形体较高大，各种器物的口径、高度均大于前后各个时期，为了适应这种变化的需要而产生了装饰层次的增多，这也是形成元代瓷器装饰层次丰富、画面饱满的重要原因之一。”[①] 马口窑陶器作为盛酒、水、米面以及腌菜的容器，其规格比一般的生活器皿大很多，因而便于在器物表面施以更加丰富的装饰，这也是马口窑陶器区别于前代和同时期陶瓷器的重要特征之一。

以“十八学士人物坛”为例，器形结构自上而下依次为口颈部、肩部、器身、底足和底胎。其装饰图案和绘画从肩部开始，依次为肩部回纹、肩部云纹，肩部与器身间隔的万字纹、卷草纹，器身主体的主题图案，器身与底足间隔的回纹，以及底足的莲瓣纹。

器身主体的图案最为突出，占器身装饰面积的三分之二，描绘十八学士人物中的九位，以及一对报喜的喜鹊，画面极为生动。主体图案的空白部位以缠枝花卉、枝叶装饰，整体画面构图丰富而饱满。底足部位以莲瓣纹将整个器身和主体图案托起，犹如一个莲花状的底座。这种自上而下、分层进行的装饰手法使整体器物的主体图案异常突出，绘画性、写意性和寓意性兼备，同时以多种纹样为边饰，以重复和间隔的形式区分装饰区域，辅助的装饰纹样细腻、繁密、精巧，有着强烈的节奏感和装饰意味，给人以层次分明、丰富而不杂乱、细腻而不失大气的审美感受。

图 3-44
分层装饰

图 3-45-1
清代
八仙人物对坛
私人藏

图 3-45-2
清代
八仙人物对坛
私人藏

2.成对装饰（图3-45-1、图3-45-2）

马口窑陶器常以成对的形式进行装饰和绘画。我国民间传统观念中崇尚“好事成双”，尤其是在喜庆的场合更加注重这种寓意。马口窑酒坛、酒壶等器物多在婚礼、祝寿、节庆场合使用，与这一理念相契合。马口窑装饰绘画题材的系统性特点也适合在成对的器物上表现。如八仙、十八学士、麒麟送子等都是成对的绘画题材。同一题材分别装饰于两个坛上，形成完整的一对，也被称为“对坛”。在八仙坛中，一个器物上描绘四个人物，一对器物为完整的八仙，符合道教八仙这一群体的样式。遗憾的是，目前留存于世原配成对的器物较为罕见。

3.横向展开（图3-46）

横向展开的方式为传统中国书画手卷的欣赏方式，如《兰亭序》《富春山居图》等。这一方式是按照书写顺序或描绘的场景，横向创作。马口窑陶器为圆形，画面的内容按照顺时针旋转的形式缓缓展开。这一点和传统书画手卷从右至左展开的方向一致。它的画面的场景以顺时针移动的方式横向展开，整体画面在器物上首尾相接，循环往复。从任何一个角度观赏，每一个画面既是整体的一部分，又相对独立。这种手法符合马口窑陶器圆润饱满的器物造型，在圆转中进行装饰和观赏，拓展了有限的画面和空间，让静止的画面有了时间感和空间感。

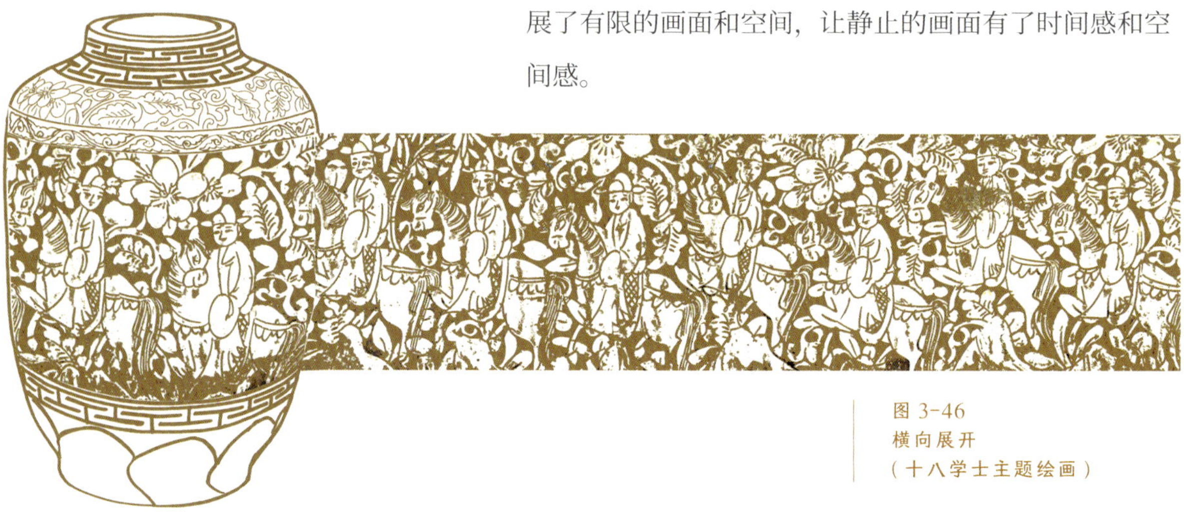

图 3-46
横向展开
（十八学士主题绘画）

4.开光装饰（图3-47、图3-48）

“所谓开光，又称为开窗，是利用不同形状轮廓的外形，在陶瓷表面按照等距分割画出各自独立的装饰区域，使它形成一个个突出的独立画面。”[①] 瓷器的开光装饰形式最早出现在宋代的磁州窑、吉州窑，后来被景德镇窑加以继承和发展，青花瓷、彩瓷也广泛采用这种装饰形式。清代瓷器运用开光的形式组织图案较普遍，尤其是乾隆及晚清的粉彩。历代开光装饰的边框造型多种多样，有海棠形、扇面形、如意形、盘长形等。通过开光的形式将不同的图案和绘画集于一体，开光既可以独立成幅，又可以形成相互关联和连续性的题材、内容和主题。在开光的边框外饰以满地锦纹的开光形式称为“锦地开光”，明代称“锦地盒子心”。

①刘兰华，张南南．中国古代陶瓷纹饰 [M]. 北京：故宫出版社，2013：301.

开光的装饰形式多见于明清瓷器，马口窑陶器的装饰受同时期的瓷器影响尤为深刻。马口窑开光装饰采用的是等距开光的形式，即将整体器物用于装饰绘画的圆转面，按照等比例分割的方式分为若干等份，划分出开光边框，并在每一开光内完成相应的装饰和绘画。这种开光形式适合叙事性、关联性和成对的绘画题材，如八仙、戏曲人物、花鸟、文字、吉祥图案等。马口窑的开光装饰多以竖长方形的边框为主，类似于传统建筑结构中的木雕花窗，也有圆形的，多以万字锦、窗花形或缠枝花卉做框。无论方圆，开光的数量均由开光边框的大小决定，最常见的为四开光，也有三开光、五开光、六开光、八开光。

图 3-47
清代
五开光吉祥图案刻花坛
私人藏

图 3-48
清代
圆形四开光花卉坛
私人藏

图 3-49
清代
花卉坛
私人藏

5.满工装饰（图3-49、图3-50）

马口窑有少量满工装饰的器物。满工装饰没有常见的边饰间隔，也没有单独成幅的开光边框，仅有肩部和底足的边饰作衬托，器物主体绘满图案和绘画，题材以缠枝花卉为主，如缠枝金瓜花、瓜瓞绵绵、缠枝石榴花等。瓜瓞绵绵花卉坛整体以金瓜花的缠枝花、叶和藤蔓为主，数只蝴蝶穿行其间，画面不留多余的空白，构图丰富饱满，远远观之，花团锦簇。这种装饰形式使得整个器物显得非常富丽和华美，尤其是茂密的图案在马口窑独特的玻璃质的黄釉色映衬之下，具有热烈、喜庆和华丽之气。

图 3-50
清代
瓜瓞绵绵花卉坛
私人藏

6.点景装饰（图3-51、图3-52）

点景式的装饰手法是指运用简练的图案或绘画，在器物表面做点缀式的装饰。这种装饰手法与分层装饰、满工装饰有明显的区别。其类似于传统大写意绘画的构图，只在最为突出的画面进行装饰和绘画，其余地方大面积地留下空白，突出主体形象，画面空灵，给人以无限的想象空间。这类装饰形式多见于马口窑釉下水花器物，以民国时期居多，与清代及早期的刻花剔地装饰技法形成强烈的反差。这种形式需要充分考虑器物造型、画面空间、观赏角度等因素，将画面和整个器物融为一体，既突出主体，又不能使得画面显得单薄和空洞，匠人必须具备超凡的绘画技巧，才能创作出精彩的作品。

图 3-51
民国
水花喜鹊图柿饼坛
私人藏

图 3-52
民国
水花喜鹊图柿饼坛
私人藏

7.随形装饰（图3-53、图3-54、图3-55）

随形装饰是指根据器物造型和器物表面可装饰面积的形状、宽窄、大小的不同，而选择适合的纹样、图案和题材进行装饰。这一形式在传统装饰工艺中被称为适合纹样装饰。适合纹样包括形体适合、角隅适合、边缘适合三种形式。主要有离心式、向心性、均衡式、对称式、旋转式几种。适合纹样装饰具有严谨和适用性强的特点，要求纹样的变化既能体现器物造型特点，又能穿插自然，形成独立的装饰之美。

图 3-53
清代
肩部随形装饰的油壶
私人藏

马口窑的随形装饰纹样主要强调角隅适合和边缘适合，以均衡式、对称式纹样和图案为主。这一装饰形式常运用于带提梁的酒壶、茶壶、虎子的顶部，以及带口、嘴、系、耳的茶壶、酒壶、油壶等器物的顶部。由于这类器物的装饰面有提梁、口、嘴、系、耳等构件，呈现左右对称和不规则的空白区域，为了使得器物装饰更加丰富，工匠们巧妙地运用了这一特殊的装饰形式。此外，在马口窑陶枕上，由于其形制独特，装饰区域分散，除了枕面中央的区域之外，左右和两侧均为对称的不规则形状，也采用随形装饰。

图 3-54
清代
花卉纹陶枕
私人藏

马口窑随形装饰通常以双线刻画出装饰区域的边框，然后将纹样、图案、文字等以适合纹样装饰的形式依照装饰面的形态进行装饰和绘画。题材以金瓜花、缠枝花卉、花鸟、文字居多。在这些特殊的部位进行装饰，需要充分考虑装饰面积的形状以及器物整体装饰绘画风格的统一性，考验工匠们随机应变及整体把握的能力。

图 3-55
清代
提梁、肩部随形装饰的油壶
私人藏

①野崎诚近．吉祥图案解题：上卷[M]．东京：株式会社平凡社，1940：21.

8.底纹装饰（图3-56、图3-57、图3-58）

马口窑陶器大量地运用万字纹作为锦地装饰。万字纹原本是佛教符号，后因应用广泛，宗教的意义逐渐消退。其因线条挺拔，适合于上下左右形成四方连续的纹样，明清时期被大量地应用在工艺美术作品中，成为十分常见的装饰纹样。马口窑陶器以万字纹作为背景来衬托主体图案，使整体画面富于极强的装饰意味。以万字纹作为底纹衬托的装饰称为万字锦，如以万字锦衬托的如意造型寓意“万事如意”。[①] 以万字纹作为绘画和图案的装饰背景，在寓意上有吉祥护佑之意；在形式上，万字纹挺拔刚健，规则的短促线条形成密集的四方连续图案，和画面主体绘画造型长短不一的圆弧线形成强烈的对比，密集的斜线万字纹整体构成一个统一的底纹，在视觉上给人以后退的错觉，在对比中突出了主体图案，同时又丰富了整个画面，强化了整体画面的装饰性和形式美感，这是马口窑装饰绘画的一大特色。

五、釉料和烧制

釉是一种附着于陶瓷坯体表面的玻璃质层，或是一种玻璃体与晶体的混合层。一般陶瓷坯体的釉面厚度约0.1厘米，经过窑火焙烧后紧紧附着于陶瓷胎体之上。

一般的陶瓷釉料是一种硅酸盐，以石英、长石、黏土为原料，经研磨、加水调制后敷于坯体表面，经一定温度的焙烧而熔融，温度下降后形成陶瓷表面的玻璃质薄层。它使陶瓷器增加强度和稳定性，防止液体、气体的侵蚀，还有增加器物美观、便于洗拭以及不易被尘土沾染之功效。

陶瓷常用釉料包括生料釉、熔盐釉和土釉。马口窑的釉料属于土釉，又称草木灰釉、泥釉，多用于陶器制品，其特点是制作工艺简单、成本低。按烧成温度的不同，颜色在黄褐色到黑褐色之间变化。

图 3-56
清代
万字纹将军罐
私人藏

图 3-57
清代
万字纹八仙人物坛
私人藏

图 3-58
清代
万字纹花卉冬瓜罐
私人藏

① "陶器的烧成温度一般在900℃左右，高者也不过1000℃左右，如果超过就会变形或者呈熔融状态。"见：中国硅酸盐学会．中国陶瓷史[M]．北京：文物出版社，1982：78.

马口窑的釉料具有天然环保等特性，是将草木灰进行沉淀和过滤，去碱性物质后，再加入汉江河底细腻的漕泥（这种漕泥含有丰富的石英），按照8∶2的比例调配而成的。由于胎骨为红黏土，又在表面施以白色化妆土，且釉料中含有石英等硅酸盐矿物，因而和瓷器的高岭土及釉料工艺非常接近，因此，它有陶器和瓷器的双重特点，但又不同于一般的陶器和瓷器。它的烧成温度高于普通陶器而低于瓷器，大概在1000～1160 ℃之间，最理想的温度是1120℃，属于中高温釉，接近瓷器，这在普通的陶器制品中并不多见。[①]

马口窑的草木灰釉属于单色釉，草木灰能使釉料变成透明的黄色，而漕泥含石英量大，所以烧成的器物釉面玻璃质感很强。由于这种釉色与汉川当地湖区盛产的鳝鱼颜色颇为相近，故被称为"鳝鱼黄"。由于是用柴窑烧制，窑内的温度有高低差别，温度的高低导致釉面颜色深浅的不同，温度低则偏浅，温度高则偏深。刻花的线条和剔地部分是釉面和胎骨综合形成的色泽，呈现黑褐、深褐、酱褐或青褐色。保留化妆土的釉面色彩是化妆土和釉料综合烧制后呈现的色彩，呈鲜亮的黄色、青黄色或黄褐色。两种色彩均属于偏暖的色调，具有陶器的质地、美感，又兼具瓷器的玻璃质感，釉色对比强烈且和谐统一，具有厚重、古朴、醒目的艺术效果。

在施釉工艺方面，马口窑继承了古陶瓷的施釉工艺，在成型的坯体表面施以釉浆。器物外壁多使用浸釉法，釉面较厚；内壁使用荡釉法，釉面较薄；也有的器物内壁不施釉，有部分器物在靠近底足部，留四分之一的面积不施釉，底部保留底胎胎骨，使器物更具透气性。根据器物大小以及坯体的厚薄及不同的装饰手法，可采用相应的施釉方法，如浇釉、洒釉、滚釉等。一般来说，坛、罐一类的中小型器物，器物表面普遍采用浸釉法；大型器物如缸类，普遍采用刷釉法或者滚釉法。马口窑窑场生产过一批工业用的硫酸坛，整个器物内外和底胎均施釉，能防止硫酸腐蚀，这是马口窑釉料工艺和同时期周边窑口的不同之处。

由于中小型的坛、罐、壶类器物需要在化妆土上进行细腻丰富的刻花装饰，为了让釉面经过焙烧后更具透明的玻璃质感，增强剔刻部分和保留化妆土部分的对比效果，施釉相对较厚，因此，在器物浸釉以后，器物表面的釉料在半干状态下会往下流动，使得器物底足有部分釉料堆积现象。

在装烧工艺方面，马口窑采用龙窑烧制。龙窑依据地势而建，呈缓坡状。烧制前将制成的陶器半成品根据大小和类别错落有致地摆放于窑内，或以带孔洞的陶制匣钵上下叠层堆放，一般根据窑的高度放置两到三层不等。烧窑的燃料多为本地的芦苇秆、芝麻秸秆、黄豆秸秆等，后来也有用煤作燃料。点火后窑内各处温度由于高低不均，会对器物的形体和釉色产生不可控的影响，因而普通的器物一般直接装窑，装饰精美的陶器在烧制时，则要把控其放置位置和温度。温度最为均匀的地方是靠近烟囱的位置，因为这一区域因排烟和空气的流动，窑灰沉积较少，因此，为了保证特殊器型和装饰精美的器物能烧制成功，并保证釉面的清洁明亮，工匠们将这一类器物放置于烟囱附近，并套装在较大的缸类器物内进行装烧。这种装烧方法让器物周围形成相对稳定和均匀的烧制温度，这种装烧方法又被称为“内火”。

贰

第二节 工艺价值

马口窑艺术在形式、内容和技巧三方面达到了高度的和谐统一，成为同时期极具代表性的民间艺术形式。

①李泽厚．美的历程：修订彩图版 [M]. 天津：天津社会科学院出版社，2002：30.

陶器在生活中的广泛使用大大改善了人们的生活条件，在人类文明史上意义非凡。

在数千年的中华文明中，陶器扮演着极为重要的角色，它见证了文明的起源、发展和兴盛，直到今天，陶器仍与人类的生活和生产息息相关。随着陶器在日常生活中广泛应用，人们逐渐萌生了在陶器上增添装饰和绘画的想法，“在原始社会时期，陶器纹饰不单是装饰艺术，而且也是族的共同体在物质文化上的一种表现”[①]。将日常生活中使用的器皿进行美化，并赋予其某种图腾式的崇拜，这是原始的艺术活动。

尽管经历了数千年的发展和演变，陶瓷依然保持着远古彩陶所具有的实用性和审美性的双重价值。马口窑的鼎盛时期是清代中期，这一时期我国的陶瓷工艺十分完备，陶瓷文化更是灿烂辉煌，是东方艺术世界里的一颗璀璨明珠。除了著名的南北各大陶瓷窑口之外，全国各地根据当地条件建立了许多具有地方特色的窑口以适应市场和满足人民日常生活的需要。同时，经济的繁荣、城乡聚集的生活方式和水、陆交通的便利，为包括马口窑在内的地方民窑的发展提供了有利的条件。

俗话说，民以食为天。马口窑生产的陶器绝大多数用于盛放粮食、水、酒类等物，每一件器物都与人们的日常生活紧密相连。马口窑制陶匠人在实践过程中，吸收了历代以来的陶瓷造

型、装饰绘画和工艺技巧，在寻常的器物上记录了社会现实，传播了文化，在实用的基础上增加了陶器的社会功用和审美价值。马口窑陶器融入了艺术的灵魂，使其在同时期的地方民窑中脱颖而出。

马口窑艺术在形式、内容和技巧三方面达到了高度的和谐统一，成为同时期极具代表性的民间艺术形式，它是农耕时代和地域文化的产物，也是不可复制的文化遗产。然而，到了20世纪80年代后期，由于市场经济的冲击，现代工业化进程的加速推进，这一传统民间手工制造业日渐式微，其产品逐渐被价格低廉且缺乏特色的塑料制品、玻璃制品所代替。20世纪90年代初，马口窑的窑场彻底关闭。这个曾经辉煌数百年的窑口如同一缕青烟，消失在历史的长河之中，令人感叹不已。（图3-59）

马口窑陶器在工艺上体现了极高的技术水平。马口窑的陶器器型多样，其制作工艺复杂且精细，烧制过程中温度控制十分严格，以保证陶器的质地坚硬且光滑。马口窑陶器的釉面呈现出独特的光泽，色泽温润，给人一种古朴典雅的感觉，极具观赏价值。同时，马口窑陶器的装饰艺术也极具特色。马口窑陶器往往采用刻划、水花等多种装饰手法，在器物表面形成精美的图案。陶器上的图案不仅具有装饰性，还蕴含了丰富的象征意义，体现了当时人们的信仰、生活习俗和美学追求。

图 3-59
马口镇马口窑址

MA
KOU
YAO

第四部分
马口窑陶器的装饰

壹

第一节 美学特征

在装饰和绘画中，马口窑工匠们将具象的形象转化为富有装饰性的平面纹样、图案或绘画，这体现了中国传统艺术中的意像造型观。

一、艺术法则

在我国陶瓷发展的漫长历史中，从新石器时代到夏、商、周，再到秦、汉、唐、宋，陶瓷的工艺和艺术审美逐渐发生变化，由以粗犷厚重的陶器为主流逐步发展为崇尚精美轻巧的瓷器。宋代以来，士族和文人的审美风尚对陶瓷的风格、造型和装饰都产生了深刻影响。明清时期，帝王贵胄和民间百姓均崇尚富丽精巧之风，青花瓷、彩绘瓷和单色釉瓷器成为主流。陶瓷的审美经历了从古朴典雅到精细繁缛的演变。马口窑陶器文明在长江、汉江流域孕育，它保留了远古陶器坚实厚重的物理特征和粗犷古朴的艺术风格，以独特的釉下刻花剔地技巧为表现手法，兼具古陶器和明清瓷器的优点，丰富了中国陶瓷艺术文化，为人们提供了审美价值和现实功用。

马口窑陶器的艺术特点主要表现在装饰和绘画方面，它遵循两个基本的艺术法则：1.游目周览，无始无终；2.俯察审视，自上观下。前者是中国传统艺术的游目法则，也是中国绘画和中国园林建筑的一个基本审美原则，即画面没有固定的起点和终点，从任何一个角度看都是一个完整和独立的画面，颇似中国传统山水画的散点透视，一步一景，景随步移，体现了古人在艺术创作中整体观照的观念，是东方艺术哲学的体现；后者强调层层递进，按自上而下的方式观赏，画面的游目法是横向的观照方式，俯察审视则是纵向的观照方式。游目法则在圆形的陶器上表现为图案和绘画呈现流动状态，器物的各个面构成一个连贯的画面，这种装饰手法能让观者的视线自然流畅地在器物表面移动，产生连续而富有节奏的艺术效果，马口窑陶器自上而下形成了多个装饰层次，其装饰形式与这一种观照方式相契合。横向和纵向的观照方式形成了独立与完整、宏观与微观的艺术效果。

在装饰和绘画中，马口窑工匠们将具体的形象转化为富有装饰性的平面纹样、图案或绘画，这体现了中国传统艺术中的意象造型观。这些纹样、图案和绘画不仅继承了中国传统绘画的造型，还融合了民间图式、纹样，并通过工匠们的独特创造，形成了具有独特性、系统性和规律性的风格。无论是什么器型的器物，都强调整体的艺术效果。例如，在绘制坛类和罐类器物四面图案时，会特别考虑器物肩部的装饰图案，以大量的蝙蝠纹、卷云纹（尖头云纹）、回纹或者缠枝花卉纹装饰。这些纹饰由直线和曲线构成，样式丰富，从上方俯视时形成一幅和谐完整的画面（图4-1、图4-2）。此外，器物的主体采用等距分隔的开光装饰，使主体部分更加突出，并用纹样和边饰使得整体更加协调和统一；大量的吉祥寓意图案按照一定的规律呈现，赋予器物吉祥、富贵、喜庆的美好寓意，体现了马口窑陶器内在的人文精神和民风民俗。在器物底足部分以规则、精美的莲瓣纹装饰，使整个器物和绘画主体部分犹如被一朵盛开的莲花高高托起，整体画面主次分明，也使装饰形式、艺术效果、人文思想等方面达到了高度的和谐、统一。

图 4-1
肩部缠枝花卉纹

图 4-2
肩部卷云纹

图 4-3
肩部蝙蝠纹

图 4-4
肩部蝙蝠纹

图 4-5
肩部蝙蝠纹

二、形式美

视觉艺术的创作需要遵循一定的形式美学法则。形式美学法则的运用，要求创作者理解不同形式的特定表达功能和审美意义，明确需要达到的形式意味和审美效果，再根据需要选择与之相适应的表现形式，从而达到能让创作者和欣赏者共同接受的形式美感。我们对马口窑的装饰绘画进行研究，发现诸多形式美学的法则隐藏其中。

1.统一与变化之美

没有变化就没有生命力，也不能被称为艺术；没有统一就会导致杂乱无序，不能形成有意味的形式。马口窑陶器通常在肩部装饰蝙蝠纹图案，寓意五福临门、五福捧寿，以纹样的形式来表现吉祥主题。不同种类的蝙蝠纹造型和表现手法颇为相近，装饰意味浓厚，整体风格统一。不同年代的审美趣味、匠人艺术水平的不同，以及创作时的心态及所处客观环境的不同，使蝙蝠纹的装饰样式存在许多细微的差别。蝙蝠纹的表现手法或为单线刻花，或为复线刻花，或为剔地法，或为刻花和剔地法相结合等等。蝙蝠的造型或写实，或抽象，或写意（图4-3），以缠枝花卉、卷云纹作为点缀，或以暗八仙图案穿插其间（图4-4、图4-5）。此外，还有一些别出心裁的组合形式，如图4-6在以蝙蝠纹装饰的同时，一只灵巧可人的小松鼠吃葡萄的图案点缀于缠枝花卉之间，非常巧妙地将“五福捧寿”和“松鼠葡萄”两个吉祥寓意图案组合在一起，这就是在整体统一的风格之中求变化的形式。统一是前提，变化则

在遵循一定的规律和法则的基础上实现，既出人意料却又合情合理，让人感受到民间智慧和民间艺术的生机与鲜活。

图 4-6
肩部蝙蝠纹

2.对称与均衡之美

对称的形式在自然界中随处可见，如树叶、花卉、鸟类的翅膀等。对称的形态在视觉上有单纯、规则、协调、整齐、庄重的形式美感，符合人类的视觉审美习惯。在器形上，马口窑陶器以中轴线为对称轴，左右对称。在装饰绘画的表现形式上，采用对称的手法，如以等大的成对的开光进行装饰，呈现对称的形式（图4-7），或大量运用对称的装饰纹样，如寿字纹、万字纹、金钱纹，并以二方连续、四方连续的方式表现，给人以规则、整饬的形式美感（图4-8）。均衡的原则体现在画面的主次关系上，主体的装饰绘画醒目而突出，边饰纹样作为辅助，对主体绘画进行修饰、衬托和彰显，主体和边饰纹样共同构成一个统一协调的画面，更好地烘托画面主题。

图 4-7
清代
六开光吉祥图案坛
系马口陶瓷博物馆藏

3.节奏与韵律之美

节奏指以重复、呼应等形式把各种变化元素加以组织和协调，构成前后、左右、上下互相连贯的有序整体；韵律通常指有规律的节奏经过拓展和变化所产生的流动的形式美。节奏和韵律是艺术作品表情达意的重要手段，是一切有生命力的艺术品不可或缺的要素。

图 4-8
清代
寿字纹提梁酒壶
私人藏

图 4-9
清代
十八学士人物坛
私人藏

在马口窑陶器的装饰绘画中，纹样和图案的组合连续性、绘画造型的连续性都生动地阐述了这一形式法则。将相同的纹样和图案从左至右或从上至下连续、重复排列，或以上下、前后、左右呼应的形式予以组合，使画面形成有序的节奏和韵律。工匠们刀（笔）刻画的线条和造型强化和凸显了这种规律，线条的粗细、轻重、疏密、曲直等不同的搭配也形成了和谐的节奏和韵律，给人以美妙的享受。（图4-9）

图 4-10
清代
十八学士人物坛
私人藏

4.夸张与简化之美

在造型艺术中，夸张和简化是一种通过删繁就简、遗貌取神的方式呈现事物的特征。在中国传统绘画及民间美术中，这种形式被运用得淋漓尽致。特别是作为民间艺术的马口窑绘画，这一特点尤为明显。如画人物和动物时，画工们会忽略对象的烦琐细节，以简练概括的线条表现形象的气质和神韵，有时他们会采用极度夸张的线条和造型来描绘人和动物，以强化和凸显对象的特征（图4-10）。马口窑的八仙人物造型借鉴传统人物的白描造型和技巧，运用阴刻线的表现手法，使人物造型更加生动传神。这一风格又近似于魏晋南北朝时期的佛造像线刻，以夸张、简练的线条表现人物特征和内在的精神气质，尽管只是寥寥数笔，人物的个性、年龄及身份特征一目了然（图4-11）。在马口窑的装饰绘画中，仙班人物仿佛从神坛走入了凡间，其原型似乎是工匠们身边熟悉的普通人物——前辈老者、姑嫂姨婆，或者邻家少年。其形象均来源于民间生活，充

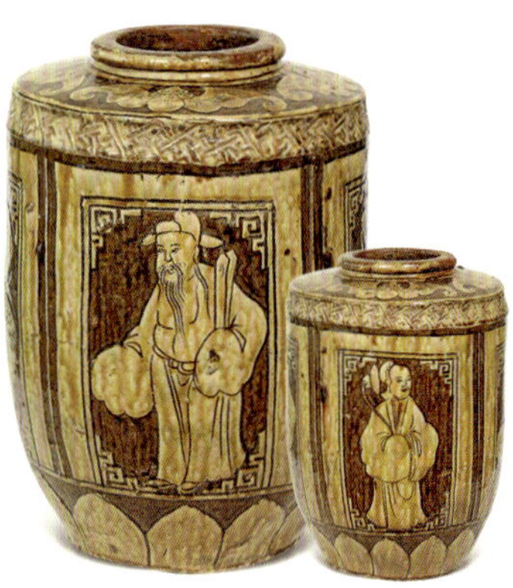

图 4-11
清代
八仙人物坛
私人藏

满了鲜活生动的气息，带有浓厚的市井之气及生活气息，从而得到底层百姓的喜爱。在动物的造型方面，以五开光吉祥图案坛中的太平有象图（图4-12-1、图4-12-2）为例，由于江汉平原地区的先民可能没有见过真正的大象，匠人们所描绘的大象更像是他们想象中的一种通灵神兽，这一形象类似于丘陵地带的穿山甲，尽管如此，通过大象特有的长鼻和背上的花瓶、梅花元素，清晰地点出了画面的主题，令人赞叹不已。

图 4-12-1
清代
六开光吉祥图案坛
系马口陶瓷博物馆藏

5.厚重与朴实之美

马口窑陶器艺术的“厚重与朴实之美”是其独特美学风格的重要组成部分，这一特征既体现在陶器的器型设计上，也蕴含在装饰纹样和雕刻工艺中。马口窑陶器因多以大器型为主，胎体厚重，釉色浓郁，其造型、质感和装饰艺术均呈现出深沉的美感。马口窑的大坛与罐类器物，常见粗大的肩部和坚固的瓶身，其器物往往线条饱满，形体丰盈，厚重的胎质不仅给人一种扎实的安全感，更赋予了陶器一种质朴自然的艺术气质。这种“厚重之美”通过器物的形态结构反映出长江汉水流域民众对生活中坚韧、耐用之物的偏爱，契合了民间日常生活中的实用性需求。这不仅反映了实用性需求，还表达了古朴的力量之美。

图 4-12-2
清代
六开光吉祥图案坛
系马口陶瓷博物馆藏

装饰方面，马口窑陶器的纹样和刻画手法同样注重厚重质朴之感。例如，其瓶、坛类器物的肩部通常装饰蝙蝠纹、回纹或卷云纹等纹饰，蝙蝠纹寓意“福气临门”，回纹

和卷云纹则象征自然和谐。这些纹饰多以粗犷的线条勾勒，不追求精细描摹，而意在表现生活的本真与朴素。工匠们运用阴刻线和剔地法等技法，将这些纹样勾勒得清晰而饱满，线条流畅粗犷却富有节奏。这种充满力度感的装饰工艺不仅增强了器物的视觉厚度，也让人感受到一种原始的生机与活力，仿佛透过这些纹饰可以窥见当时工匠们质朴的生活情怀和对自然的崇敬之意。

这种厚重与朴实之美并非只是外在的美学特征，而是深深根植于当时社会文化和民众精神世界中的一种审美取向。陶器制作的工匠们大多是普通劳动者，他们的创作灵感来自日常生活，器物的形态和纹样都充满了对生活的热爱和感悟。陶器作为生活中的实用器具，其形制设计和装饰纹样更多考虑的是实用性和朴素的美学观。这些陶器虽然在形式上朴素、厚重，但在装饰上却充满了生活气息和人文关怀，例如吉祥的蝙蝠纹、寓意富贵的缠枝花卉纹等。这种寓意性纹样不仅增强了器物的装饰性，也表达了工匠们对幸福生活的美好期望，展现出一种本真之美。

马口窑陶器艺术在形式美学中展现出丰富的审美层次。它通过遵循统一与变化、对称与均衡、节奏与韵律、夸张与简化等美学原则，形成了和谐、节奏鲜明的艺术效果。尤其是在厚重与朴实之美方面，马口窑陶器以沉稳的造型、质朴的纹样、厚重的釉色，表现出一种自然与真实的美感，反映了工匠们的生活智慧和审美追求。马口窑陶器以其独特的美学风格和丰富的文化内涵，为中国陶瓷艺术增添了浓墨重彩的一笔，成为民间艺术的瑰宝，传承至今仍然具有重要的审美和文化价值。

贰

第二节 风格特征

马口窑陶器的艺术价值集中体现在它独特的装饰和绘画上。如前文所述，它在装饰手法、装饰技巧和装饰形式等方面，广泛借鉴和吸收各地著名窑口的陶瓷装饰工艺，并结合当地的材料、地域文化和民间风俗，在数百年的实践中，开创和发展了自己独特的艺术风格。

一、系统性

民间艺术的表现形式，需要有相对固定的创作方式，才能形成其成熟的艺术面貌。被制作者（工匠）和受众（百姓）共同接受的规范，可以在保证工艺和质量的同时，有效地提高效率，从而能够实现规模化的量产。例如，中国传统山水画，其山石、树木、桥梁、屋宇的画法和组合都有一套固定的程式，在此之上衍生出丰富多样的变化。这也反映了中国传统艺术的共通性，即在共性的基础上追求个性的表达。

当代著名版画家徐冰创作的《芥子园山水卷》[①]，就是对中国传统艺术系统性的最好诠释。徐冰将《芥子园画传》中最具代表性的绘画元素，如山石、树木、云水、屋宇、舟船、点景人物等，进行切割和拼贴，最后重新组合成一幅完整的山水画长卷。同样，马口窑的“十八学士人物坛”装饰中的蝙蝠纹、卷云纹、回纹、卷草纹、金瓜花等装饰纹样，人物、马匹、喜鹊等造型都是这一题材里面的构成元素，匠人们根据画面、构图和立意的需要，在遵循系统性的前提下，将这些元素随机而自由地组合，从而呈现出既统一又变化无穷的艺术面貌。

①徐冰先生写道："清代的沈心友把名家的典型范式提出来，归到一本书里；我是从书里把这些典型范式又放回到山水画中去，类似数学里的'倒推法'。我的兴趣在于看看倒推的结果是怎样的；这种实验可帮助我深化对中国艺术符号化特征的理解。"见：艺术中国．传统不激活是没有用的——徐冰谈《芥子园山水卷》的创作理念及过程 [EB/OL].(2010-11-08)[2013-10-25]. http://art.china.cn/huihua/2010-11/08/content_3821194_2.htm.

图 4-13-1
清代
十八学士人物坛
私人藏

图 4-13-2
清代
十八学士人物坛
私人藏

马口窑陶器的装饰绘画具有系统性特征。其装饰题材丰富多样，包括：历史典故、神话传说的"十八学士"和"八仙"系列，《穆桂英挂帅》《空城计》《打金枝》等戏剧题材，"瓜瓞绵绵""一路连科""六合同春"等吉祥题材。这些题材继承了传统风格和吉祥图案，同时，工匠在制作过程中发挥了他们独特的创造力。他们最早用刻花的手法和对坛四开光的形式表现八仙题材，同时他们创造性地用人物众多的大场景绘画形式来表现"状元打马游街"题材。这些题材的表现，展现出一套完整、规范的系统，其表现方式和手法是在承袭前人的基础上发展而来。

二、写意性

写意是中国画的一种画法，是中国传统绘画特有的表现手法，与西方强调写实的美学体系有着明显区别。马口窑的装饰绘画也强调写意性，而不重形似。

马口窑绘画的写意性体现在三个方面：第一，观念表达的写意性。清人查礼在《画梅题跋》中说："画梅不要像，像则失之刻。要不到，到则失之描。不像之像有神，不到之到有意。"马口窑绘画的观念超越形象，更注重意象的表达，"意"的根本在于"神"，写意即写神。第二，用笔（刀）、用线的写意性。马口窑虽用刀作画，但其技法继承了中国传统绘画技法，写意性强。其线条舒展流畅，笔简意赅，与写意画一脉相承。第三，造型的写意性。"十八学士人物坛"（图4-13-1、图4-13-2）的人物造型稚拙、憨态可掬，眼睛尤为传神。造型上虽然脱离了客观物象的真实，但其神态和韵味得到了最大限度的强化，意趣盎然。

三、装饰性

日本学者野崎诚近的《吉祥图案解题》（图4-14）一书，收录了大量的中国传统吉祥图案和纹样，并对图案的出处、寓意、应用范围等做了详尽的说明。将各种纹样和图案赋予不同的美好寓意，是中国文化的一种独特现象，在中国传统工艺美术中

尤为常见，我们在马口窑陶器的装饰绘画中也可以找到例证，如蝙蝠纹样图（图4-15）、五福捧寿图（图4-16）、金钱纹（图4-17）、万字纹等。

马口窑在装饰绘画形式和手法方面显示出强烈的装饰性特征。匠人们使用的刀具由各种材料制成，其工艺技巧兼具绘画和雕刻的特点，点、直线、弧线、面等元素，以及刻、剔、刮、挖、点等多种技巧，在画面布局、构图和内容组合上，极具装饰美感。除了描绘主体造型外，空白处以万字纹为底纹，或将花卉、枝叶、藤蔓、蝴蝶、喜鹊等元素穿插其中，避免单调，使画面饱满，装饰茂密而富丽。不同的器物会选择契合的装饰题材和形式，其装饰风格与器型高度统一。到了民国后期，部分作品中的人物、动物和花卉的造型趋于图案化，装饰性特征更加明显。

图 4-14
日本
《吉祥图案解题》
野崎诚近著

四、独特性

马口窑在制器、装饰绘画、上釉以及烧制工艺上有一套成熟的流程。然而，由于制作过程中手工拉坯、手工装饰绘画、人工配釉和柴窑烧制等因素的影响，即便是同一名窑工在同一天同一窑口烧制的器物，也不会完全相同。就陶器的绘画而言，画工的技艺与修养、创作时的状态、外在的客观环境等诸多因素，都会直接影响陶器上的绘画及其艺术效果。同一题材和系列的绘画内容，由不同画工表现，就会有不同的效果，每件作品都独一无二。

图 4-15
肩部蝙蝠纹

图 4-17
清代
金钱纹罐
私人藏

图 4-16
五福捧寿图

五、随意性

随意性和写意性有着相通之处。写意源自中国写意画，虽不求形似，笔致简练放纵，但有章法可循；而随意比写意更加自由、不拘一格。随意是制陶艺人不受固有的观念和技法约束，忘我地尽情表达和随心所欲地创造。两者都在追求一种自由的艺术精神，只是随意性比写意性更加不拘一格。马口窑装饰绘画的随意性包括了题材的随意性、表现手法的随意性和表现形式的随意性。各类装饰绘画题材可以单独应用，也可以自由组合；表现手法有的粗放，有的精细，有的繁缛，有的简约。“人物花卉罐”以人物、花卉和万字纹相组合，器物一侧的主体画面描绘三位学士，或手持花草，或手持折扇，人物造型简约，其神态天真烂漫，反映了民间画匠信笔涂鸦、自娱自乐的精神状态。（图4-18-1、图4-18-2）该器物的背后的万字纹和金瓜花卉图案，似乎尚未完工，寥寥几笔戛然而止，简约到了极致，呈现出大写意绘画逸笔草草的风格。画工和匠人以刀为笔，在陶器上自由挥洒，生动地展现了楚地先民的自由随性与热情奔放，这正是马口窑陶器绘画的独特之处。

图 4-18-1
民国
人物花卉罐
私人藏

六、多样性

马口窑陶器的装饰常以成对的方式呈现，即使是相同的题材，每件器物的风格和面貌也各不相同，呈现丰富多元的样式。规律性维持了整体面貌的统一性，而多样性则赋予了装饰丰富的表现力。八仙人物的造型、姿态、表现手法、绘画风格在每个器物上都有所不同，并随着不同的历史时期发生变化。清代中晚期八仙题材最为兴盛，这一时期的装饰绘画精美细腻，画面层次分明，间隔边饰丰富，人物造型生动传神，艺术成就极高；而民国后期，受社会动荡、政治变革的影响，八仙绘画的风格逐渐变得简化、随意，趋向抽象。（图4-19、图4-20）

图 4-18-2
民国
人物花卉罐
私人藏

马口窑陶器的艺术风格鲜明而独特，兼具装饰性、写意性和独特的民间趣味，展现了丰富多样的艺术表现手法。其风格特征主要体现在装饰绘画的系统性与写意性的结合，既承袭传统又不拘一格。马口窑的装饰题材广泛，包括历史典故、神话传说、吉

祥图案等，巧妙地运用了蝙蝠纹、卷云纹、莲瓣纹等元素，既体现了民间对美好生活的祈愿，也展现了自然形象的艺术化表达。工匠们在遵循系统化的题材和构图规范的同时，融入了自我创作的随意性与自由性，使每件陶器都带有独特的个性和艺术魅力。

在技法上，马口窑陶器以刀代笔，线条简练流畅，生动地刻画出人物、花卉等形象，充分体现了写意特质。尤其是人物题材的表现中，工匠们不求形似，注重神态的传达，使得形象更具韵味。无论是神话人物还是生活中的普通形象，均具有一种稚拙、朴实的风格，仿佛带有民间生活的生机与活力。装饰图案不仅用于主体绘画，还常见于器物的边饰和底纹，通过细致的刻画和填充，使画面整体显得繁复而不失和谐。此外，工匠们还将花卉、吉祥纹样与人物造型结合在一起，运用点、线、面等多种构成元素，随意中不失美感，表现出一种自由洒脱的装饰美学。

马口窑的工艺流程虽然成熟，但因手工制作的随意性，每件陶器都无法完全相同，保持了个性与独特性。这种独特的艺术风格，使得马口窑陶器在中国民间陶艺中独树一帜，成为乡土气息与人文情怀的完美体现。每一件器物不仅仅是实用的生活用品，更承载了工匠们对美好生活的向往，成为民间艺术的珍贵代表。在现代化日益发展的今天，马口窑的朴实之美和自由创造的精神依然给人以深刻启示，使人们感受到一种返璞归真、纯粹自然的生活追求。

图 4-19
清代
八仙人物坛
私人藏

图 4-20
民国
八仙人物坛
私人藏

叁

第三节 纹饰与题材

马口窑陶器的装饰和绘画题材内容极其广泛，凡是现实生活中的题材均可入画。根据器型和使用场合的不同，其内容或喜庆，或吉祥，或表现理想生活，但都寓意美好。

马口窑陶器的装饰图案题材多样，根据不同的场合，其装饰图案也有不同类别，如：用于婚嫁的器物多饰有喜鹊登梅、麒麟送子、百子图、瓜瓞绵绵等；祝寿的器物多以八仙、仙鹤、寿字纹、万字纹、吉祥图案为主等。制作这类陶器不仅要求工匠拥有精湛的制陶工艺和技巧，还要具备高超的绘画才能和艺术创造力。

陶瓷装饰绘画和中国传统绘画及多种工艺美术有着深厚的联系。自宋元以来，中国传统绘画的创作主体为士人阶层。到了明清时期，文人画达到了新的高度，其内容涵盖了人物、山水、花鸟等题材，名家辈出，成就辉煌。同时还有一个重要的艺术创作群体，即以民间画工、匠人为主体的民间绘画群体，其中包括陶瓷绘画的工匠和艺人。这两个群体互相影响，互相补充。传统绘画风格和题材多样，表现手法自由，而陶瓷绘画则需要根据器物的器型和用途，选择适合的题材、内容、形式和表现手法创作，形成了立体的空间表现方式和独特的工艺特征。马口窑陶器作为粗陶制品，不同于青花瓷、彩瓷的软毫绘画，它以硬质材料特制而成的刻刀、画笔为工具，其技法更接近于宋元以来的单色釉陶瓷刻花装饰技法。

陶瓷的装饰绘画对诸多艺术门类进行了广泛吸收。除了大量借鉴传统绘画题材，还采用雕刻、剪纸、染织等艺术门类的装饰纹样、图案和题材。在明清之际，源自五大名窑、景德镇窑、磁州窑等大窑口的装饰题材对马口窑产生了深刻的影响。同时，马口窑也有着自己的独特创造，其题材或蕴藏儒释道思想，或表达民间和民俗的美好寓意，或基于现实生活创作。研究马口窑装饰绘画题材的来源和思想内涵，梳理其传承、应用和发展情况，对于深入理解马口窑艺术极为重要。

马口窑陶器的装饰纹样包括传统装饰纹样（花卉、鸟、兽）、图案、文字等，绘画内容包括人物、珍禽异兽、花鸟鱼虫、吉祥图案等。传统中国画的三大题材——人物、花鸟、山水，在马口窑绘画中唯独缺少山水，其原因或许有以下几点：一是环境因素。汉川及周边地区属于平原，除了一些丘陵地带之外，周围没有崇山峻岭，山水并不为匠人们所熟悉。二是绘画题材的思想性因素。山水画多半寄托的是文人士大夫的避世情怀，而马口窑陶器是为世俗生活服务的。三是在历代陶瓷中，独立的山水画题材也相对少见。

马口窑陶器的装饰和绘画题材按器物的结构可分为四个部分：

1.肩部纹饰：肩部多以蝙蝠纹、卷云纹（尖头云纹）、卷草纹、缠枝纹作为装饰，并常用回纹作为间隔边饰。

2.间隔和边饰纹样：包括回纹、卷草纹、缠枝纹、莲瓣纹、钱纹、盘长纹、万字纹、寿字纹等。边饰纹样按表现手法的不同，又分为刻花纹样和印花纹样。

3.主体器身装饰纹样和主体绘画图案：装饰纹样常用回纹、卷草纹做上下间隔；主体绘画图案以人物、动物灵兽、花卉、吉祥图案为主，包括状元、学士、童子、道教人物、神话人物、戏剧人物、龙、凤、鹤、麒麟、狮、象、松鼠、鹿、兔、鱼、喜鹊、蝴蝶、金瓜花、牡丹、梅、兰、竹、菊、松等元素，根据主题和内容不同而采用不同的装饰形式进行自由组合。

4.底足装饰：以莲瓣纹为主，也有少量的卷云纹和海水纹。

一、纹饰类

装饰纹样在我国传统工艺美术中应用极为广泛，如雕刻、瓷器、纺织等。马口窑陶器广泛借鉴和吸收其他工艺美术的装饰纹样，这些装饰纹样具备的深厚文化底蕴和美好寓意，丰富了马口窑艺术的精神内涵。

蝙蝠纹　蝙蝠纹是我国传统吉祥纹样，借“蝠”和“福”字的谐音，寓意幸福、福气，明清时期尤为盛行。（图4-21、图4-22）蝙蝠的形象象征福气、福运，蝙蝠的飞临寓意福气降临。传统

①中国硅酸盐学会 . 中国陶瓷史 [M]. 北京：文物出版社，1982: 302.

的蝙蝠装饰纹样除了单个造型外，多以一对或者成组的形式出现，如五只蝙蝠为一组寓意五福临门。《尚书》记载的五福是："一曰寿，二曰富，三曰康宁，四曰攸好德，五曰考终命。"也有和其他纹样、图案组合的形式，如蝙蝠和寿字纹、盘长纹、如意纹、云纹、寿桃等组合，寓意福寿、福寿绵长、福寿如意、福运、福寿双全等。

马口窑陶器的圆形肩部常装饰蝙蝠纹，以刻花、剔地或者刻花剔地、点睛等形式表现，装饰手法多样，造型喜人，寓意美好。（图4-23-1、图4-23-2）两对蝙蝠纹样装饰在陶器肩部，若以俯视的角度观察，可看到四只蝙蝠环绕于圆形口颈，契合捧寿之意，具有极强的形式美感和装饰效果。蝙蝠纹也常与其他图饰组合出现，如蝙蝠和松鼠葡萄组合，蝙蝠和暗八仙组合，蝙蝠和祥云组合，蝙蝠和花卉组合等等。

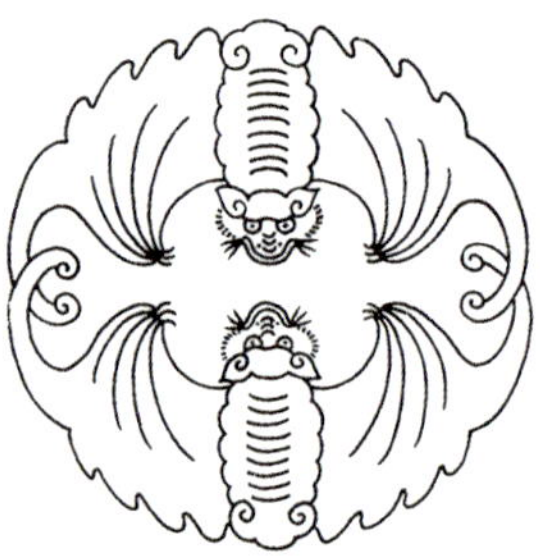

图 4-21
蝙蝠纹

莲瓣纹　莲花与佛教关系密切，随着佛教的传入，魏晋南北朝时期莲花造型的纹样和绘画开始在我国流行[①]。至唐代，莲花纹常成为瓷器的主题纹饰，莲花、莲实、莲瓣纹成为陶瓷装饰的主要题材。宋元以后，随着历史的演进与佛教的本土化，莲花题材的宗教色彩逐渐淡化，其优美的造型和美好的寓意使之成为广为流行的纯粹装饰性题材。

图 4-22
五福捧寿

图 4-23-1
肩部蝙蝠纹（摹本）

图 4-23-2
肩部蝙蝠纹（摹本）

元代的青花大罐底足莲瓣纹多采用仰莲瓣，为复线（双隔墙）莲瓣，也有单线（单隔墙）莲瓣。明代青花大罐的莲瓣多为单线，偶尔也有复线[①]。（图4-24、图4-25）明清时期，莲瓣纹、莲花、莲房、莲藕、莲叶纹等作为陶瓷装饰极其普遍，有纹样类的莲瓣纹、缠枝莲纹，也有各类寓意吉祥的莲花图案绘画，如一路（鹭鸶）连（莲花）科、一品清廉（莲）、连（莲花）年有余（鱼）等。

①许之衡．饮流斋说瓷[M]．余光仁，评注．上海：上海人民美术出版社，2016.

马口窑陶器上的莲花图案极其常见，这与当地湖泊众多，莲花随处可见不无关系。马口窑陶器装饰的莲花有纹样形式，也有绘画形式，如器物底部的莲瓣纹和莲花的吉祥图案。在马口窑陶器的底足装饰中，除了极少的卷云纹、海浪纹外，大多饰以宽窄不一的莲瓣纹（图4-26-1、图4-26-2）。其装饰形式和纹样造型，借鉴了明代青花大罐的莲瓣纹样，其莲瓣形态为仰莲，装饰手法以单线阴刻为主，也有复线阴刻的形式，造型有直立形莲瓣，也有斜方形莲瓣。一般来说，精巧矮小的器物，如将军罐，底部的莲瓣纹较细密；硕大厚重的器物，如大号酒坛，底部的莲瓣纹较宽厚，与整体的造型和装饰绘画风格相统一。马口窑陶器绘画题材中的莲花、莲叶、莲实造型简洁生动，形象特征明显，并常与鹭鸶、鲤鱼等造型组合。

图 4-24
莲瓣纹（仰莲）

图 4-25
莲瓣纹（覆莲）

图 4-26-1
底足莲瓣纹陶器

图 4-26-2
底足莲瓣纹陶器

卷草纹　卷草纹在唐代已十分流行，以柔和的弧线花草组成二方连续的装饰带，用于各种器物的纹饰，长期以来不断变化与发展，盛行不衰。宋代吉州窑、耀州窑、磁州窑、密县窑和扒村窑都用它装饰器物。[①]（图4-27）马口窑陶器中卷草纹常用于底足装饰。（图4-28）

缠枝纹　缠枝纹盛行于元代以后，明代被称为“转枝纹”，以植物的枝干或藤蔓作主体，向上下或者左右延伸，形成弧线式的二方连续纹样，循环往复，曲折流动，变化无穷。缠枝莲、缠枝牡丹、缠枝草蔓、缠枝金瓜花均属此类。有时以缠枝花卉作为器物的主体装饰，画面的花、叶和藤蔓延绵盘桓，组成饱满、繁密的画面构图。（图4-29）

缠枝纹在马口窑陶器中可以作为间隔边饰和主体画面。间隔边饰常作为器物的肩部和器身主体绘画之间的间隔，以连续的纹样围绕圆形口颈在肩部作环绕装饰（图4-30-1、图4-30-2、图4-31、图4-32），或者围绕器身作为主体部分的装饰底纹（图4-33）。

①中国硅酸盐学会．中国陶瓷史 [M]. 北京：文物出版社，1982：305.

图 4-27
宋代卷草纹

图 4-28
底足卷草纹

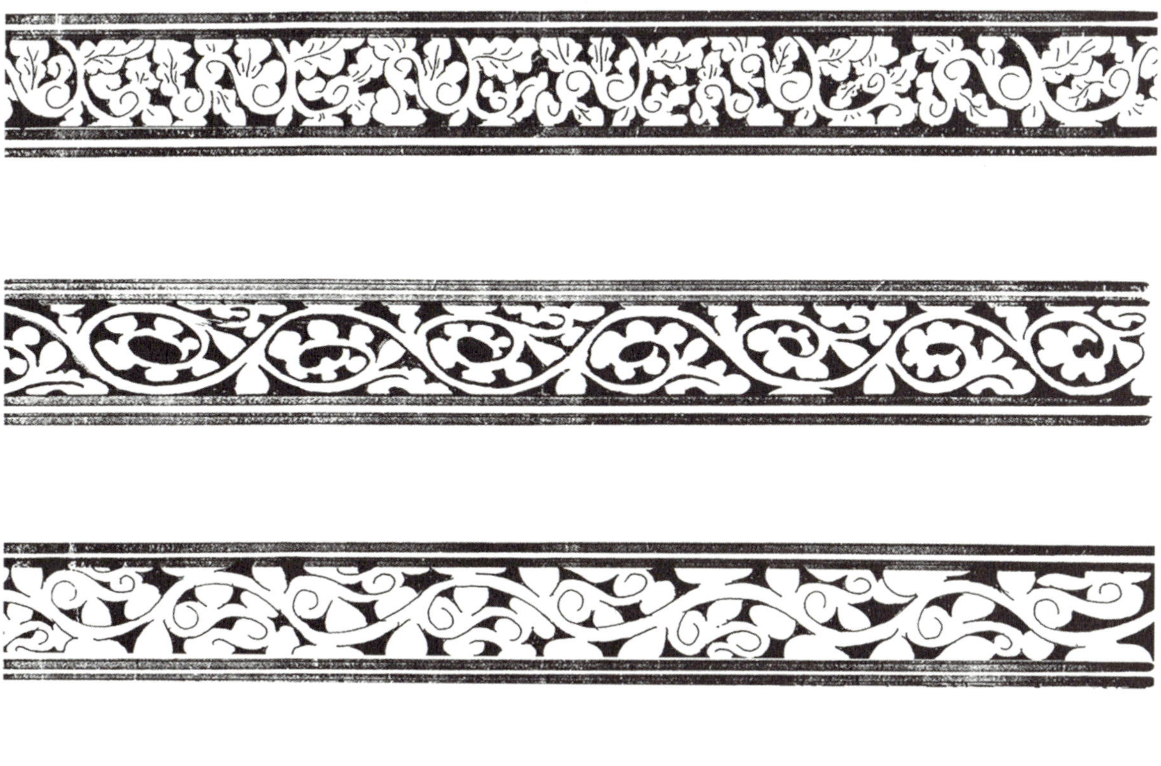

图 4-29
马口窑常用缠枝花卉纹（摹本）

①中国硅酸盐学会 . 中国陶瓷史 [M]. 北京：文物出版社，1982: 305.

图 4-30-1
肩部缠枝花卉纹
（摹本）

图 4-30-2
肩部缠枝花卉纹
（摹本）

图 4-31
肩部缠枝牡丹纹

图 4-32
肩部缠枝佛手纹

马口窑陶器的主体装饰缠枝纹以瓜瓞绵绵题材里面的金瓜花为主。金瓜即南瓜，也称为饭瓜、麦瓜、倭瓜，属于葫芦科南瓜属的一种，为一年生蔓生草本植物，茎上面有关节，叶柄粗壮，叶片呈宽卵形或卵圆形，叶脉隆起，卷须较粗壮。因品种而异，其果实大小不一，有卵形、圆形。金瓜因多子且果色金黄喜人，藤蔓缠绕，造型柔美延绵，有丰收吉庆、幸福绵长、子孙延绵的美好寓意。因寓意吉祥，且马口窑陶器的黄釉色与金瓜果实的颜色一致，这一纹样和绘画题材广为马口窑工匠和百姓所喜爱，成为马口窑陶器装饰绘画中表现最多的植物纹样和绘画题材。马口窑缠枝纹以刻花剔地技法描绘缠枝藤蔓、金瓜花、金瓜造型，其茎蔓长短适度，线条圆浑有力，藤蔓延绵缠绕，釉色金黄喜庆。绘画题材多见金瓜花卉和蝴蝶组合，也有与花瓶组合的形式。此外，马口窑陶器中还有少数的缠枝莲花、缠枝牡丹、缠枝石榴花等图案。

回纹　回纹是我国传统的几何纹样之一，是指以线条横竖折绕组成如同“回”字形的一种装饰纹样。回纹的简洁、规整，构成了独特的形式特征。根据其纹样的特性，人们赋予了回纹连绵不断、吉利永长的寓意。

回纹的样式和变体多样，有的个体独立，有的一正一反相连成对，也有连续不断的多种形式[①]。二方连续的回纹呈现出整齐划一的视觉效果，所以它常被用作间隔边饰纹样或锁边图案。宋代的定窑、耀州窑、磁

州窑、吉州窑、景德镇窑烧制的瓶、罐、盘、碗、洗、炉、枕等器物上均有回纹装饰。(图4-34)

马口窑陶器的回纹样式相对较为固定和单一，有阴线刻回纹和阳线刻回纹两种。其回纹造型简练、规整，常见的形式是在装饰部位的上下剔刻出两对长横线条作为边框，在边框之间剔刻出粗细一致、上下相反、竖线短横线长、左右交替的两个较宽的T字形线条，剔刻线条之外的空白宽窄基本保持一致，形成规则、简约、大方的二方连续回纹图案(图4-35)。这种回纹图案的构成方式，非常适合以金属工具剔刻的方式表现在陶器上，其操作简单便捷，一笔一刀，线条干净利落，简练挺拔，具有强烈的装饰意味。

图 4-33
主体缠枝花卉图案

图 4-34
回纹

图 4-35
马口窑常用回纹(摹本)

图 4-36
回纹和缠枝纹组合

回纹是马口窑陶器最为常见的装饰纹样之一，有两种装饰形式：一是装饰在肩部，以二方连续的形式环绕器物口颈部，并多与卷草纹、缠枝纹、卷云纹（尖头云纹）等组合；（图4-36、图4-37）二是作为区别主体图案和肩部、底足的间隔边饰纹样，围绕器身作二方连续装饰，起到区分和强化装饰区域的效果。（图4-38）

图 4-37
回纹和卷云纹组合

在近现代画坛巨匠齐白石先生的作品中，经常能看到以回纹作为边饰的器物造型，在大写意的恣肆和率意中，平添了一份细密而精巧的装饰意味（图4-39）。这体现了白石老人充分吸收陶瓷纹样等艺术元素，为中国画注入装饰性的民间艺术之风的特点。

云纹　古人认为，云和气为一体，是生机、灵性、精神以及祥瑞之意的载体和象征。云纹以云蒸霞蔚、云气上升象征高升和如意，蕴含着中华民族的文化理念和审美精神。云纹线条流动飘逸和回转交错的结构，具有流动感的形式之美，是我国古代应用极

图 4-38
主体间隔回纹边饰

图 4-39
近代
齐白石
《樱桃图》（纸本设色）（局部）

其广泛的装饰纹样。云纹常和祥瑞灵兽相伴，如龙、凤、仙鹤、喜鹊等。（图4-40、图4-41）

马口窑在肩部的装饰纹样除了最常见的蝙蝠纹和缠枝纹外，就是云纹。通常以一圈卷云纹为装饰，其形态多样，有的细密，有的疏朗，有的呈波浪形，有的呈如意形，有抽象的圆弧形，也有方形的角云纹，其云纹宽窄、大小、方圆不一。（图4-42）其表现手法以刻花剔地为主。民国时期出现了大量的釉下水花云纹作为点景的纹样，如柿饼坛器身点景式云纹，有的与仙鹤、喜鹊组合，以钝而宽的画笔在半干的胎面上刻画，图案造型简练而抽象。（图4-43）

在马口窑器物的底足部分，除了常见的莲瓣纹装饰外，有的也以卷云纹装饰（图4-44），以云头朝上者居多，有时以变体的云纹作为边饰，或者与其他纹样和图案进行组合。云纹与蝙蝠组合寓意福运，与犀牛组合为犀牛望月，也有与仙鹤、喜鹊等组合的样式。

图 4-40
卷云纹

图 4-41
云头纹

图 4-42
肩部云纹

图 4-43
水花云纹

万字纹 万字纹是佛教的代表图像（图4-45）。佛教经典中对“卍”字的翻译不尽相同，北魏时期的经书把它译成“万”字，唐代玄奘等人将它译成“德”字，武则天又把它定为“万”字。“卍”字有两种写法，一种为右旋，一种为左旋，一般以右旋为准。据文献记载，“卍”字多出现于释迦牟尼佛像的胸前，梵文本意即“胸部的吉祥标志”。在清代的瓷器中常见万字纹，以万字纹作为瓷碗的口沿装饰和瓷器边饰的器物也较为常见。

万字纹作为四方连续的锦地纹样有两种形式，一种是呈90度角垂直的万字纹，另一种是呈45度角的斜向万字纹，以斜向的形式较为多见。其装饰手法有阴线刻万字纹和阳线刻万字纹两种。在马口窑陶器中，密集的斜向万字纹被作为主体图案的背景和衬托，这一形式在清代和民国时期尤为流行。（图4-46、图4-47）以万字纹作为器物主题绘画的底纹装饰，其线条粗细一致，衬托主体刻画的线条和图案。由于万字锦密集的线条和

图 4-44
底足卷云纹

深褐色彩在视觉上具有后退感，并且形成密集的块面底纹，与主体图案的亮黄色形成强烈的对比，主体图案在万字锦的烘托和映衬下显得异常突出，也使得整体画面的装饰意味更加强烈。马口窑陶器的万字纹和莲瓣纹一样，宗教色彩已逐渐淡化，装饰性特征和形式意味更为突出。

金钱纹 金钱纹是以钱币造型为图案的装饰纹样。方孔铜钱是古代钱币最常见的一种，符合古人天圆地方的观念。以金钱纹组合成四方连续的纹样称为古钱锦（图4-48），寓意财富和吉祥。宋代瓷器就用钱纹作为装饰题材，是宋代商品经济发达的反映，多用作盘、碗的边饰，也有的作为主体纹饰装饰在器物的腹部。[①]

①中国硅酸盐学会．中国陶瓷史[M]. 北京：文物出版社，1982：305.

图 4-45
万字纹

图 4-46
清代
万字纹八仙人物坛
私人藏

图 4-47
清代
万字纹双耳茶壶
私人藏

马口窑陶器的金钱纹图案和万字纹一样，常以锦地纹的形式出现，有刻花和模印两种表现手法。模印金钱纹也是马口窑陶器模印装饰手法运用最多的一种纹样。刻花金钱纹是四方连续的圆形方孔钱纹，将金钱纹以满工通体装饰的形式布满器物主体部分，形成密集、连续的古钱锦装饰（图4-49）。器形较大的水缸、酒缸、酒海等器型多以模子进行四方连续的压印，形成印花钱纹装饰（图4-50）。对这类大型器物而言，这种模印装饰更加方便快捷。此外，模印钱纹的运用，也考虑到器物搬运的实际需求，模印的钱纹在器物外壁釉面形成凹凸的花纹，在搬运的过程中能够形成较大的摩擦力，防止滑落。模印钱纹形成密集的锦地装饰，还有圆形、长方形、元宝形和菊花形等多种变体钱纹样式。由于钱币、元宝等同为金黄色，与马口窑陶器的釉色一致，将金钱纹装饰于缸、罐类器物，借谐音寓意为“金钱万贯”，其装饰性、实用性和美好寓意高度契合，因此广受民间百姓的喜爱。

图 4-48
古钱锦

盘长纹 盘长原为佛家八宝之一，后成为一种装饰纹样，即盘长纹。其造型为绳结的形状，连绵不断，没有开头和结尾，以表示佛法回环贯彻，一切通明和长久永恒之意。[①]（图4-51）

马口窑陶器的开光边框纹样是由盘长纹的造型演变而来，又类似于传统木结构建筑的花窗边框造型。（图4-52）和莲瓣纹、万字纹等装饰纹样一样，除宗教和美好吉祥的寓意之外，盘长纹更多的是以其繁复的造型为器物增添更为丰富而细腻的装饰效果。（图4-53）

①中国硅酸盐学会．中国陶瓷史[M]．北京：文物出版社，1982：305.

图 4-49
清代
刻花金钱满贯坛
私人藏

图 4-50
清代
模印金钱满贯酒海坛
私人藏

图 4-51
盘长纹

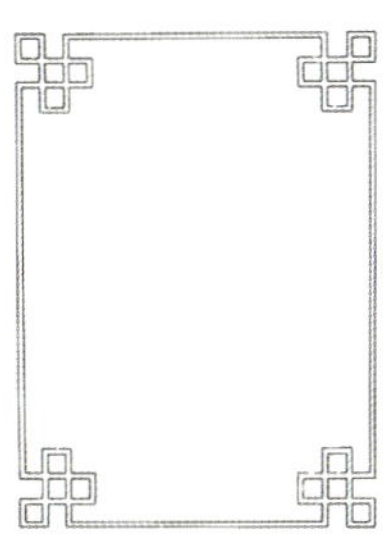

图 4-52
盘长纹花窗

图 4-53
马口窑开光边框纹

①湖南省博物馆藏青釉褐彩诗文壶，其上装饰了“去岁无田种，今春乏酒材。从他花鸟笑，佯醉卧楼台”的诗文字样，该诗是张氲的《醉吟三首》之一，选自《全唐诗》卷八五二。

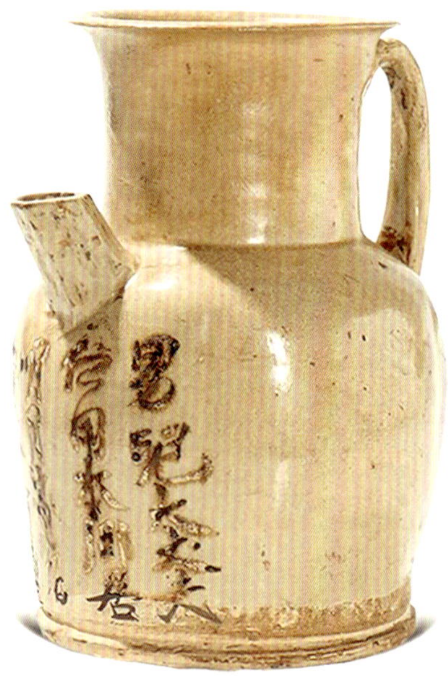

图 4-54
唐代
长沙窑诗文执壶
湖南省博物馆藏

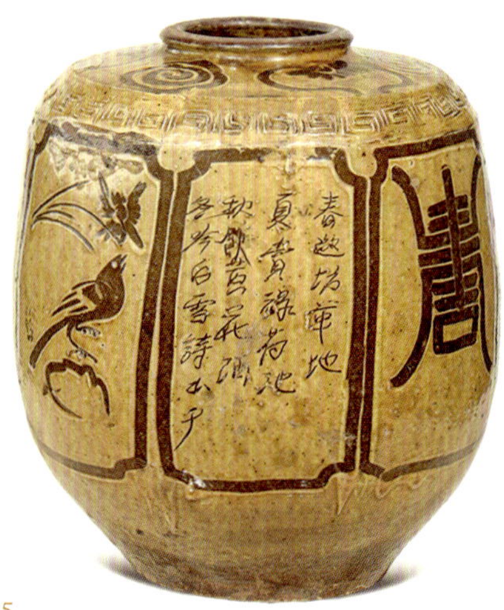

图 4-55
民国
六开光花鸟诗文坛
系马口陶瓷博物馆藏

文字装饰 唐代的长沙窑开辟了以诗歌、警句装饰瓷器的先河。其器物上的书法、诗词等装饰元素丰富了陶瓷的形式美感和文化内涵，带有浓郁的民间色彩。（图4-54）长沙窑诗文瓷器的部分内容在《全唐诗》中也有收录，这也从侧面反映了唐代诗歌繁荣的面貌，也体现了当时社会和民间的艺术风尚。①

马口窑陶器的文字装饰包括纪年款、署名款、定制款、诗文、谚语、吉语、口号以及“福”“禄”“寿”“喜”等装饰文字。存世量极少的纪年款器物是将年号镌刻在器身主体上，具有装饰的功能，区别于历代陶瓷的底足年款，可以断代的标准器物。署名款一般为工匠的个人行为，如“光绪乙未年冬瓜罐”上的“芥卿江品芝”、提梁酒壶上的“胡云庆造”等字样。定制款的文字如“陈裕泰堆花老酒”，以及“王泰记”“王富记”“吴洪兴幺房”等商号文字；也有个别专门定制的礼品酒壶、酒坛，如民国时期的“局长毓文仁兄大人”款提梁酒壶。有的提梁酒壶、酒坛带“汾酒”“杏花村”“状元红”等字样，其文字并非特指酒名，而是壶内有好酒之意，也具有装饰的功能。诗文的内容一般有明显的地域文化特色，如李白的“黄鹤楼中吹玉笛，江城五月落梅花”。很多酒坛上的诗句与地域酒文化有关，如“春游芳草地，夏赏绿荷池。秋饮黄花酒，冬吟白雪诗”（图4-55）等等。也有反映孝文化内容的，如“家庭内孝友为先”（图4-56）、“父慈子孝”等，凸显了地域文化

的特色。吉语有“福寿双全”“五子登科”“状元及第”等。口号文字主要是关于抗战、抗美援朝的，是一个时代的政治面貌的反映。诗词、谚语、口号里面多有湖北的方言文字，体现了地方和民间特色。除了将文字、诗词、口号直接刻写于器物上，另外还有将寓意吉祥的文字作图案化处理进行装饰，如寿字纹、福字纹、喜字纹等。

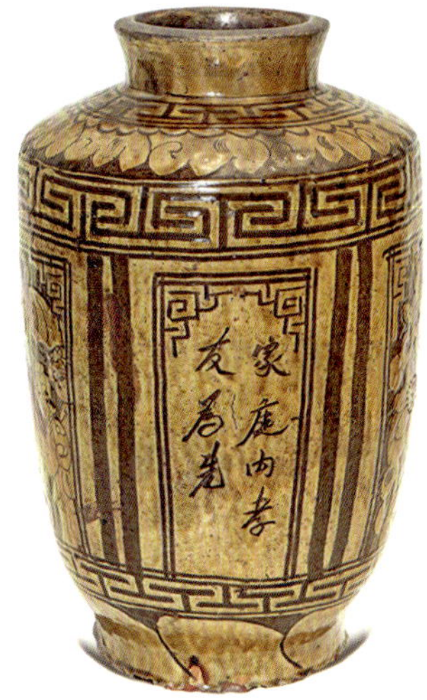

图 4-56
清代
五开光文字坛
私人藏

寿字纹　寿字纹是我国传统装饰纹样之一，多用于瓷器、木雕与布帛之上。（图4-57、图4-58）马口窑陶器的寿字纹常装饰于酒壶、酒罐等中小型器物，尤其常见于清代、民国时期的提梁酒壶上，表达祝寿、长寿之意。也有将团寿纹作为刻花和模印装饰手法表现寿字纹，常作为器物主体装饰图案或间隔边饰。（图4-59、图4-60、图4-61）

图 4-57
寿字纹

图 4-58
团寿纹

图 4-59
民国
团寿纹腌菜坛
私人藏

图 4-60
民国
五开光寿字纹坛
私人藏

图 4-61
清代
寿字纹花卉坛
私人藏

福字纹 福字纹是我国传统装饰纹样之一，盛行于明清时期。民间常将福字装饰于瓷器、织物、雕塑等工艺美术作品上，寄寓了祈福、祝福之意。马口窑的福字纹的样式丰富，有的笔画和字形规则方正，具有图案化的装饰效果，有的则书写性极强，具有书法的笔法和线条表现意味。（图4-62-1、图4-62-2）

图 4-62-1
福字纹

图 4-62-2
民国
五开光福字纹坛
私人藏

喜字纹 喜字纹是我国传统装饰纹样之一，有单喜字纹和双喜（囍）字纹（图4-63）。喜字纹喜庆、喜乐，喜字纹即双喜临门，喜上加喜。民间将“喜”字或“囍”字图案化并进行装饰。清代和民国时期，景德镇的青花喜字罐在民间广受欢迎。民国时期的马口窑四系小口酒坛常装饰喜字纹，多用于婚嫁、节日等场合，以增添喜庆的气氛。麒麟送子喜字坛为婚礼定制酒坛，图案中的喜字纹样装饰性强，具有书法的结体和笔意，韵味无穷。（图4-64）

图 4-63
喜字纹

图 4-64
清代
麒麟送子喜字坛
私人藏

马口窑陶器的装饰纹样除了单独的形式外，还有大量的组合形式，不同寓意的纹样进行巧妙组合，内涵更加丰富。

二、题材类

吉祥图案是指以象征、谐音等手法，组成吉祥、美好寓意的装饰图案和绘画。吉祥图案起始于商周，发展于唐宋，鼎盛于明清。明清之际，几乎到了“图必有意，意必吉祥”的程度。清代瓷器，不论是官窑还是民窑，寓意美好的吉祥图案比明代应用更广泛。[①] 吉祥图案表达富、贵、寿、喜等的含义。富代表财富、富有、富足，以及丰收；贵代表权力、功名；寿有长寿延年之意；喜则与婚姻、家庭、多子多孙等有关联。吉祥寓意图案赋予某些事物、人物、动植物象征意义。如：龙凤象征权贵；松、竹、梅凌寒不凋，用以祝福长寿万年；葡萄则是对多子多福的祈求；仙鹤、寿桃寓意长寿；牡丹寓意富贵。

马口窑陶器的装饰绘画题材贴近百姓的现实生活。底层普通百姓的理想和追求往往最为简单和质朴，譬如期望子孙满堂、家庭和美、财源广进、加官晋爵等。他们将这些愿望寄托于具体的物，作为生活器具的陶器恰好成为这一精神追求的载体。

人物画题材里面的状元打马游街、十八学士等体现的是高中科举、光宗耀祖、享受荣华富贵的理想生活场景。鸟兽花木是百姓喜闻乐见的题材，无论是神话传说中的奇灵异兽，还是自然界中的飞鸟走兽，在中国人的传统文化中都有着特殊而美好的寓意。人们借助具体的形象，把理想和缥缈的美好事物予以具体化、形象化，这是中国传统艺术常用的表现手法。

龙凤 龙凤常用于工艺美术的装饰。祥龙驾临，有凤来仪，寓意天下太平，五谷丰登，是中华民族文化观念里祥瑞的象征。（图4-65、图4-66）人们常用“龙”“凤”比喻才华横溢之人。诸葛亮曾被称为“卧龙”；宋太宗时，贾黄中、宋白、李至、吕蒙正、苏易简因才学同时拜为翰林学士，《旧五代史》编修扈蒙赠诗云：“五凤齐飞入翰林。”[②]

①中国硅酸盐学会．中国陶瓷史[M]. 北京：文物出版社，1982：447.

②宋代邵伯温《邵式闻见录》卷六：“公（贾黄中）与宋白、李至、吕蒙正、苏易简五人同拜翰林学士，时承旨扈蒙赠诗曰：‘五凤齐飞入翰林。’其后皆为名臣。”

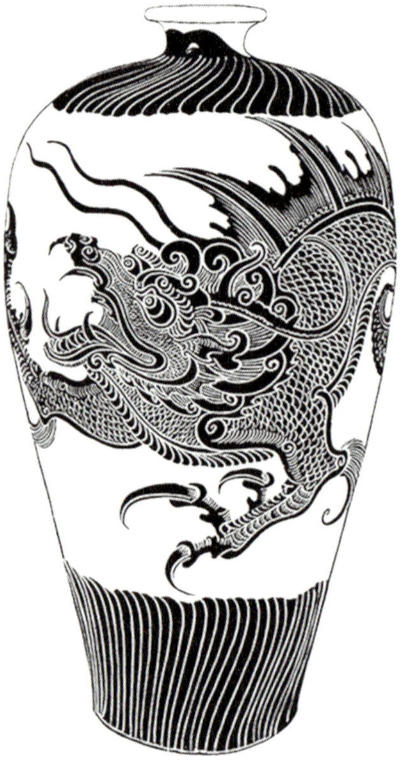

龙纹与凤纹经历了几千年历史文化的洗礼延续至今，成为中华民族最具生命力的文化标志和精神象征。经过时代的演变，龙凤纹也逐渐形成特定图式。到了清代，龙凤纹装饰已经成为一种特定的造型，无论是圆形、方形或各类随形装饰，其纹样和形态进一步规范化。

在马口窑陶器中，龙凤图案有双龙戏珠、九龙图，有单独的凤纹，也有龙凤纹。这些纹样有的作为肩部装饰（图4-67），有的作为主体图案的绘画造型。在20世纪50年代后的国营陶瓷厂时期，马口窑陶器烧制出九龙坛、双龙戏珠坛、空雕龙坛等新品种，成为当时的名品。

图 4-65
宋代
白地黑剔花龙纹梅瓶（摹本）
《磁州窑画谱》（任双合、杨建国编著）

图 4-66
宋代
磁州窑凤纹枕（摹本）
《磁州窑画谱》（任双合、杨建国编著）

鹤　鹤是我国传统经典动物图案之一。宋徽宗曾作《瑞鹤图》。古人以鹤为仙禽，寓意长寿。鹤在中国传统文化中占有很重要的地位，仅次于龙凤。其因与仙道有着密切的关系，是贤能之士的象征，故有仙鹤之称。除了单独的图案形式，鹤纹也经常和其他的吉祥纹样组合，如：鹤纹与云纹组合称为云鹤纹，鹤纹与松树组合寓意松鹤延年，鹤纹与太阳组合寓意指日高升，鹤与鹿组合寓意六合同春，鹤与梅花组合表示“梅妻鹤子”——这一说法源于对林逋[①]的隐居情怀的描述。明嘉靖官窑瓷器喜用“八仙纹”“云鹤纹”作为装饰，与嘉靖皇帝崇尚道教有关。[②]

①林逋（967—1028），字君复，后人称为和靖先生，北宋著名隐逸诗人。

②许之衡．饮流斋说瓷[M]. 余光仁，评注．上海：上海人民美术出版社，2016：3.

在马口窑的装饰图案中，常能见到民国时期的釉下水花祥云仙鹤图（图4-68），匠人们以竹木工具在施有化妆土的胎面上作画，在器物两面描绘一对左右相对的仙鹤，仙鹤展翅翱翔于祥云之间，其头颈和躯干部分呈婉转的S形，仙鹤的翅膀及羽毛笔触清晰，具有强烈的飞动之势，并以流动的祥云纹点缀其间，画面极为传神。也有开光形式的简笔仙鹤图，造型简练。

图 4-68
民国
祥云仙鹤坛
私人藏

图 4-67
肩部龙凤纹

①野崎诚近．吉祥图案解题：上卷 [M]. 东京：株式会社平凡社，1940: 293.

图 4-69
清代
五开光禄寿坛
私人藏

图 4-70
清代
五开光六合同春坛
私人藏

鹿 鹿和“禄”谐音，常与寿星相伴，是吉祥的灵兽。鹿的形体结构富有起伏，具有优美的弧线线条和强烈的跳跃及运动美感。汉代铜器上已有鹿纹，唐代金银器、瓷器上的鹿纹更加丰富精致，宋代磁州窑器上也常见鹿的题材。马口窑陶器多以开光的形式描绘鹿的形象，多为鹿、鹤组合，也有鹿和寿桃的组合，为福禄长寿之意。（图4-69）

六合同春 即鹿鹤同春，通常由鹤、鹿、梧桐组成。鹿取“六”之音，六合指天地和四方（东、南、西、北），亦泛指天下；鹤取“合”；“春”的寓意取自梧桐谐音“同”，桐这一植物寓意为四海皆春。曾侯乙墓出土的铜鹿角立鹤就是鹿与鹤的合体，这说明在楚国先民的观念里，鹿与鹤都是通灵的神兽。清代沈宗畸《东华琐录》记载：“故制各王府赐邸皆于园林蓄鹤鹿，盖取六合同春之意。”①

六合同春成为明清时期工艺美术作品中常见的吉祥图案。马口窑常见鹿与鹤组合装饰图案。马口窑陶器通常将六合同春与一路连科、花开富贵、喜上眉梢等吉祥图案集于一个器物上，组成一组寓意美好的装饰。马口窑描绘的鹿、鹤造型生动传神。鹤的造型多呈飞舞之态，或以松树、花草等元素作为点缀。这些图案通常以开光的形式装饰于坛、罐等器物上（图4-70）。在陶枕的枕面或者两端，也常见这一题材。

牡丹 自唐以来，牡丹被视为富贵、繁荣和美好幸福的象征，并成为工艺美术作品中常见的花卉装饰题材。[①] 马口窑的牡丹装饰通常采用开光的绘画形式，并且与其他吉祥图案一起以四开光、五开光等形式装饰于坛类器物上，通常刻画盛开的牡丹花和枝叶，表现牡丹花的富贵之气，寓意花开富贵。（图4-71）也有马口窑陶器肩部缠枝牡丹花的装饰纹样，但极为罕见。

福禄寿 福禄寿三星神是道教神仙，常见于剪纸、年画、塑像等（图4-72、图4-73）。在古人的观念里，福禄寿三星掌管人类的福气、荣禄贵贱和寿命。对寿星的崇拜源于尊老的传统美德，东汉时期民间就有祭拜寿星的仪式，而且在祭拜时要向年长者赠送拐杖。王羲之《十七帖》[②]中的《邛竹杖帖》载“此士人多有尊老者，皆即分布”，表达了尊老之意。（图4-74）

①中国硅酸盐学会 . 中国陶瓷史 [M]. 北京：文物出版社，1982: 302.

②《十七帖》是王羲之写给他的老朋友益州刺史周抚的信件。因第一封信开头为“十七”二字，于是统称为《十七帖》。

图 4-71
清代
五开光花开富贵花鸟坛
私人藏

图 4-72
清代
焦秉贞
《福禄寿三星图》（绢本设色）

图 4-73
民国
福禄寿三星年画

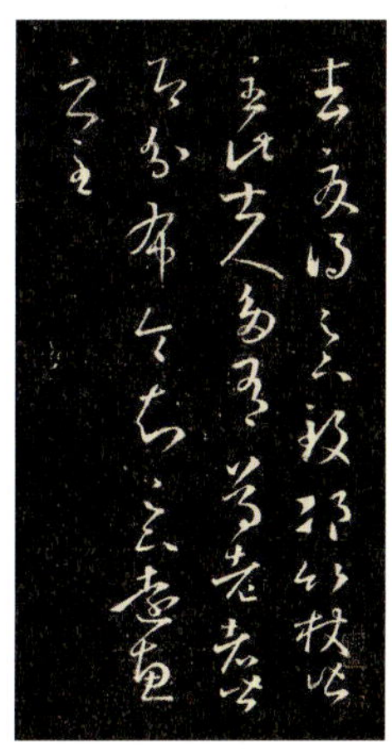

图 4-74
东晋
王羲之
《邛竹杖帖》

①暗八仙分别为：扇子，为汉钟离所持，有起死回生之能；渔鼓，为张果老所持，能占卜凶吉；莲花，为何仙姑所持，能修身养性；葫芦，为铁拐李所持，可救济众生；宝剑，为吕洞宾所持，可镇邪驱魔；花篮，为蓝采和所持，能广通神明；横笛，为韩湘子所持，能使万物滋生；笏板，即阴阳板，为曹国舅所持，可净化环境。

马口窑福禄寿三星香筒（图4-75），以四开光的形式分别描绘福禄寿三星和团寿宝相花纹。福星为古代官员造型，手持笏板；禄星玉带围腰，手拿玉如意，象征得财禄；寿星是一位白须老翁，左手持杖，右手捧桃，前额突出且高高隆起，是典型的寿者之相。香筒为盛放香烛所用，具备祭祀的礼器功能。其装饰以盘长纹作为开光边框，以回纹、莲瓣纹作边饰，并以团寿纹的宝相花图案装饰在第四个开光内，具有浓厚的道教文化特征。

八宝联春 八宝联春是八件宝器的组合图案，分为佛家八宝和仙家八宝。佛家八宝又称为八瑞相、八吉祥，分别为法螺、法轮、宝伞、白盖、莲花、宝瓶、金鱼、盘长。仙家八宝是道家八仙人物所持的八种法器，是八仙的精神和法力的象征，又称为“暗八仙”[①]。

八宝图案是对佛家、道家精神的图式化和形象化，是宗教精神的载体。清代官窑和民窑的陶瓷都有装饰佛教八宝和道家八宝的图案，有神灵护佑、吉祥平安之意。马口窑陶器以开光的形式表现暗八仙图案，以盘长纹为开光边框装饰，并配以缠枝花卉，画面具有强烈的装饰意味。（图4-76）

图 4-75
清代
福禄寿三星香筒
私人藏

图 4-76
清代
四开光暗八仙花卉坛
私人藏

婴戏图 婴戏图是描写童子生活、嬉戏的内容，寓意多子多福，子孙满堂。在婴戏的基础之上，拓展为“百子图”。宋以后，陶瓷上常能见到有关婴戏的装饰题材。婴戏图是我国南北陶瓷窑口常见的绘画题材之一。

我国传统绘画中的婴戏题材大约成熟于唐代。在唐代的铜镜上，也可见到童子戏莲的图案。明代张应文的《清秘藏》记载其藏有唐代周昉的《戏婴图》；相传五代时期的周文矩曾作《戏婴图卷》；唐五代时期的敦煌壁画中也有不少小儿嬉戏图；宋代宫廷画家苏汉臣擅长创作《婴戏图》（图4-77）。陶瓷器物上的婴戏图最早见于唐代长沙窑瓷器上。到了宋代，耀州窑、定窑、介休窑、景德镇窑、磁州窑等均用婴戏图作装饰。婴戏的内容有童子戏花、划船、骑竹马、抽陀螺、钓鱼、玩鸟、玩蹴鞠、赶鸭、放鹌鹑等，构图上有单个童子形象，也有多个童子组合，所描绘的童子稚拙天真，体态丰盈，憨态可掬。

马口窑陶器的婴戏题材延续了历代陶瓷名窑的内容，采用刻花剔地的表现手法。其构图形式多样：满构图组合形式，如“婴戏图”“闹元宵”“百子图”等；开光的构图形式，如“童子观花”等；单独的构图形式，如“童子戏莲”（图4-78）。在满构图的题材中，也常见描绘孩童玩耍和观礼的画面，如“闹元宵”等，画面融合了孩童观看戏狮、舞狮、舞龙等内容，表现出孩童天真无邪、稚拙烂漫的精神状态，具有独特的艺术魅力。

图 4-77
宋代
苏汉臣《婴戏图》
天津博物馆藏

图 4-78
清代
麒麟送子喜字坛
（童子戏莲图）
私人藏

图 4-79-1
清代
麒麟送子喜字坛
私人藏

麒麟送子　麒麟送子是我国传统吉祥图案之一，画面通常为童子骑坐麒麟背上，手持莲花、笙或者玉书。麒麟送子源于我国古代的祈子风俗。麒麟为古代四灵之一，是传说中的祥瑞之兽。相传孔子将生之夕，有麒麟吐玉书于其家院。古人认为麒麟出没处必有祥瑞降临，故而以麒麟比喻才能杰出、德才兼备之人，秦观就曾将苏轼比作“天上麒麟”。清代麒麟图案在瓷器上尤为常见，是景德镇彩瓷、青花瓷的常见题材。

马口窑麒麟送子喜字坛（图4-79-1、图4-79-2）为婚嫁场合使用的定制器物，其功能为盛装婚礼场合饮用的喜酒。画面描绘一名童子端坐在麒麟背上，左手握缰，右手执莲花，神态怡然，一名仙童手持华盖紧挨其后。画面人物和麒麟造型生动，线条飘逸，麒麟目光如炬，尾散如焰，脚踏祥云，昂首跨步，鬃毛和鳞片纤毫毕现，头顶上随风飘扬的华盖，麒麟高高扬起的尾巴、刚劲有力的鬃毛和脚下流动的祥云，烘托出整个画面强烈的动感。和八仙坛、十八学士人物坛一样，麒麟送子喜字坛也以对坛的形式出现，其构图形式和十八学士相似，整体器物的结构分层次装饰，主体绘画则横向展开，除了肩部和底足的边饰和装饰纹样外，主体图案以喜鹊、梅花、喜字等元素寓意喜庆、吉祥和早生贵子，是对新人的美好祝福，也是对婚礼气氛的烘托和点缀。该器物以装饰华丽、绘画精美、寓意美好而堪称一绝。

图 4-79-2
清代
麒麟送子喜字坛
（麒麟送子图局部）
私人藏

状元及第　状元及第是我国传统吉祥图案之一，图案多为戴冠童子手持如意骑于龙上，或状元骑马的造型（图4-80）。冠即帽子，取“冠”与“官”的谐音，寓意加官晋爵。童子戴冠，是期望子孙能考取功名。高中状元可谓万中取一，故有“天上麒麟子，人间状元郎”之美誉。

清代状元及第题材的民间工艺美术作品极为常见，其中多为骑马状元的形象，广泛见于木雕、石雕、陶瓷、年画、剪纸等形式，这些作品体现了民间对儒家思想的崇尚，以及通过读书进士的理想追求。马口窑陶器绘画没有描绘童子骑龙的状元及第图案，而是通过“状元打马游街”和“十八学士”题材来表现状元及第的主题（参见第六部分的“状元打马游街坛”“十八学士人物坛”）。

八仙　八仙是我国民间广为人知的道教神仙，即张果老、吕洞宾、韩湘子、曹国舅、铁拐李、汉钟离、何仙姑、蓝采和。（图4-81）由于八仙得道成仙之前皆为凡人，所以他们的个性与白姑较为接近。自宋代以来，八仙传说在我国民间具有极其广泛的群众基础。

马口窑陶器的八仙人物坛是其最具代表性的名品，通常在一对器物上以开光的形式表现八仙人物，明末清初采用堆花手法，清代、民国以刻花剔地手法为主。清代，马口窑陶器八仙题材装饰画技法成熟，八仙人物造型生动传神，尤其是韩湘子、蓝采和、铁拐李、何仙姑的造型，人物姿态变化极其丰富。韩湘子横吹竹笛，眉目传情，左腿略微弯曲，衣袂飘飘，大有仙道之风；蓝采和为少年形象，手持竹篮，面含微笑；铁拐李是老年乞丐形象，手拄铁拐，身系葫芦，双目似怒似嗔，似乎为世间疾苦鸣不平；何仙姑为八仙中唯一的女性，手持莲花、莲蓬或者莲叶，长裙飘逸，面含春风。民间匠人们塑造的八仙人物没有仙道神坛的威仪，更具民间百姓亲近的世俗情怀（参见第六部分的“八仙坛”）。

图 4-80
状元及第

图 4-81
八仙过海

①许之衡．饮流斋说瓷 [M]. 余光仁，评注．上海：上海人民美术出版社，2016：3.

图 4-82
清代
四开光一品清廉花鸟坛
私人藏

图 4-83
清代
五开光一路连科花鸟坛
私人藏

一品清廉　莲花是我国传统花卉图案之一。“一品”为古代官阶，是朝廷大员，莲花自古被誉为君子之花，“青莲”谐音“清廉”，又有出淤泥而不染之意。清代的雍正、乾隆、嘉庆、道光、咸丰五朝皇帝，常以景德镇烧制的白地青莲装饰的瓷器赏赐群臣，有诫勉官员清正廉洁之意。①

马口窑陶器中描绘莲花的作品尤为多见，这与当地自古以来盛产莲花有关。一品清廉与花开富贵、六合同春、一路连科等吉祥图案一起，作为坛类器物的主体装饰。马口窑的莲包括莲花、莲叶、莲房图案，其花、茎造型优美，气韵生动。（图4-82）

一路连科　一路连科是我国传统吉祥图案之一，由白鹭、莲花组成。白鹭谐音“路”，莲花谐音“连”，寓意应试连捷，仕途顺遂。在科举时代，应考被录取者称为登科，乡试、会试、殿试各级考试都能连续报捷登科的称为一路连科。

马口窑陶器以开光的形式表现这一题材。画面描绘的鹭鸶、莲花造型尤其生动，有的还以湖边常见的慈姑、芦苇等作为配景。因为汉川地处的江汉平原及其周边区域为千湖之地，湖泊众多，莲藕种植范围广，白鹭栖息于荷塘莲花之间是常见的自然景象。由于工匠艺人们对这一题材十分熟悉，又因这一题材寓意美好，所以这一题材也成为他们乐于表现的内容。（图4-83）

喜上眉梢 又称为喜上眉头、喜鹊登梅，是我国传统吉祥寓意图案之一。喜鹊在传统文化中代表着好兆头，梅花更有“梅开五福”的寓意。古人认为喜鹊立于梅花枝头是祥瑞之兆。这一题材在传统文人绘画中也极为常见，如齐白石就常作《喜上眉头图》（图4-84）。

图 4-84
近代
齐白石
《喜上眉头图》

在马口窑十八学士和麒麟送子的题材之中，有喜鹊报喜的造型。马口窑的喜鹊造型生动多变，有的立于枝头，有的穿梭于花丛，有的鸣叫报喜，有的展翅翱翔。清代的表现手法多为刻花剔地法，其线条简洁，造型或灵巧飞动，或憨厚稚拙。民国时期出现大量的水花喜鹊造型，笔简神具，造型和笔法有着同时期文人绘画的影子，可以看出同时期大写意绘画对马口窑绘画的影响。（图4-85-1至4-85-6）

图 4-85-1
马口窑喜鹊造型（刻花）

图 4-85-2
马口窑喜鹊造型（刻花）

图 4-85-3
马口窑喜鹊造型（摹本）

图 4-85-4
马口窑喜鹊造型（摹本）

图 4-85-5
马口窑喜鹊造型（水花）

图 4-85-6
马口窑喜鹊造型（水花）

犀牛望月 犀牛望月是我国传统吉祥图案之一，内容为犀牛、月亮和祥云。传说犀牛为通灵神兽，具有神秘色彩。

马口窑绘画的犀牛形象较抽象，其造型有点类似于“四不像”，接近于匠人们描绘的鹿、象，这是民间绘画的意象造型观念导致的，民间工匠们并不计较于具体物象形态的细枝末节，他们强调的是主观意念的率意表达。作为开光装饰的吉祥图案，犀牛望月常与一路连科、六合同春、太平有象等图案作为器物主体的装饰内容。为了区分犀牛、鹿和大象的造型，可以根据同一器物内相关联的吉祥图案内容和画面的配景组合进行判断。如：犀牛造型多作回望之态，上方常有祥云相伴；鹿多与鹤、寿桃组合；大象的长鼻子和背上的花瓶则是太平有象的典型图式。（图4-86）

图 4-86
清代
六开光吉祥图案坛
系马口陶瓷博物馆藏

瓜瓞绵绵 瓜瓞绵绵是我国传统花卉吉祥图案之一，又称为瓜蝶绵绵，由金瓜、金瓜花和藤蔓或者蝴蝶组成。瓞即小瓜，瓜瓞绵绵的含义为瓜始生时小而多，其蔓不绝，绵延滋生。《诗经·大雅·绵》载：“绵绵瓜瓞，民之初生，自土沮漆。”

传统的瓜瓞绵绵图式有两类：一类是瓜连藤蔓、花和枝叶；另一类是瓜、藤蔓、花叶加上蝴蝶的组合图案，即瓜蝶绵绵，取“蝶”与“瓞”的同音。（图4-87）瓜瓞绵绵成为一种祝愿子孙昌盛、兴旺发达的吉祥图案。

图 4-87
瓜瓞绵绵图

在马口窑陶器的花卉题材中，瓜瓞绵绵这一题材最为常见。其装饰形式极为多样，以满工的形式对整个器物进行装饰的居多，也有开光的形式。画面中的金瓜花、金瓜和藤蔓、枝叶造型优美，构图饱满，三两只蝴蝶或正或侧，或高或低，左右、上下穿插于花叶和藤蔓之间，其线条优美绵长，盘旋缠绕，画面富贵喜人，极富装饰意味，在明清时期的陶瓷绘画中独树一帜。（图4-88）

鱼跳龙门 以鱼为题材的吉祥图案在我国传统图案中尤为常见。“鱼”谐音“余”，在古代农耕和渔猎社会，是富足的象征；鱼繁殖力强，也寓意多子多孙。常见的陶瓷鱼纹装饰有鱼纹（图4-89）和鱼藻纹（图4-90），也有绘画题材的鱼跳龙门、连年有余等。

鱼跳龙门图案为一条鲤鱼跃于江面之上，又称“鱼跃龙门”“鲤鱼跳龙门”“鱼化龙”等。在科举时代，考取进士功名者称之为“登龙门”。马口窑描绘的鱼为鲤鱼，有的鲤鱼半隐于水中，露出头部和尾部，也有描绘岸边的龙门造型，表示登龙门成功化为龙。鱼跳龙门寄托着人们祈盼飞跃高升、功成名就的美好愿望。（图4-91）

图 4-88
清代
瓜瓞绵绵双耳提梁茶壶
私人藏

图 4-89
清代
青花釉里红鱼纹盘
私人藏

图 4-90
宋代
磁州窑划花鱼藻纹瓶（摹本）
《磁州窑画谱》（任双合、杨建国编著）

图 4-91
清代
五开光鱼化龙坛
私人藏

连年有余 又称年年有余，由莲花、鱼图案组成。莲谐音“连”，鱼谐音“余”，寓意富足美满。

马口窑陶器中常见莲花和鲤鱼的形象，以开光的形式出现。画面描绘鲤鱼从莲花池中高高跃起，并绘有莲花、慈姑、水草造型，也是当地常见的生活场景之一。（图4-92）

刘海戏蟾 刘海戏蟾是我国传统吉祥图案之一，又称为刘海撒钱。画面通常以一蓬发少年刘海用铜钱串串绳戏钓金蟾组成。金蟾为三足蟾蜍，是祥瑞之物。刘海戏金蟾，并将金钱撒向劳苦大众。刘海戏蟾实则为刘海经点化得道成仙这一民间传说的误传。

马口窑陶器绘画中所绘刘海是一位童子的形象，跨身骑坐于三足金蟾之上，似乎更具婴戏图中孩童嬉戏的意味，极具生活情趣，也体现了马口窑陶器绘画的民间色彩。（图4-93）

图 4-92
清代
五开光连年有余坛
私人藏

图 4-93
清代
五开光刘海戏蟾人物坛
私人藏

①野崎诚近．吉祥图案解题：下卷 [M]. 东京：株式会社平凡社，1940：666.

太平有象 太平有象是我国传统吉祥图案之一，寓意天下太平、五谷丰登。图案为大象背负宝瓶，取“瓶”的谐音“平”意，为平安、平稳之意；或有时瓶中插三支戟，寓意“平升三级”。（图4-94）“象为南越大兽，首圆六牙，任重而致远。”[①]大象历来被尊为瑞兽，因其厚重稳行，寓意平稳、平安。明清流行象耳瓶器型（图4-95），同样寓意太平有象。

图 4-94
太平有象

马口窑陶器以开光的形式表现这一题材，因大象来自异域，许多民间的艺人们未曾亲眼见过，所以他们描绘的大象造型并不完全写实，而是一种基于想象的意象造型。（图4-96、图4-97）

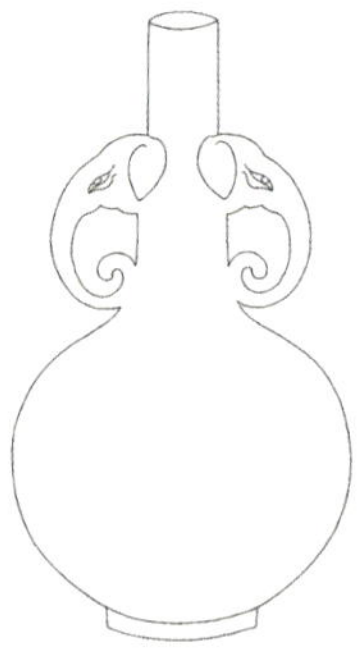

图 4-95
象耳瓶（摹本）

在马口窑陶器中还常见梅兰竹菊、松树、鸡、螃蟹等绘画造型。梅兰竹菊和松树均为文人绘画的常见题材，寓意文人的高洁，也体现了包括马口窑在内的民间艺术对主流绘画的吸收和借鉴；“鸡”谐音“吉”，有吉祥的含义。清代《事物异名录·水族·蟹》云：“蟹之大者曰蝤蛑,名黄甲。”蟹又取“黄甲”之意，民间有“二甲传胪”的吉祥图案，寓意金榜题名。梅兰竹菊、鸡、螃蟹等题材多出现在马口窑民国时期的釉下水花器物上，以点景式构图进行装饰和表现，具有强烈的写意绘画之风，其中也不乏精美之作。

图 4-96
清代
六开光吉祥图案坛
系马口陶瓷博物馆藏

图 4-97
清代
五开光太平有象花鸟坛
私人藏

MA
KOU
YAO

第五部分 马口窑陶器的鉴藏

壹 第一节 收藏浅说

收藏品承载了历史和文化，对收藏品的保留与保护有助于文化的传承发展，收藏本身也是一种文化。藏品的收藏涉及保存、保养和展示等问题。

“一般来说，将某种视为有价值的物品，作为欣赏或者娱乐，进而引发追思、学习、研究或者获取利益的对象，自觉地进行搜寻、选择、购买和聚集、整理乃至鉴赏、展示等文化消费行为及其方式，就是所谓的收藏。”[①] 可见，收藏是以文化意义为基础的，不同于日常用品的保存，其中的区别在于收藏的主体即收藏者，是否具有自觉地以精神和文化为核心的意识，并以此为动机对物品进行选择性收集和保存。收藏强调的是精神追求，体现的是收藏者对个人、家庭、社会的某种文化责任。

收藏品承载了历史和文化，对收藏品的保留与保护有助于文化的传承发展，收藏本身也成为一种文化。目前，收藏学已成为一门独立学科，而这一学科的成立有赖于诸多学科的支撑，如文物学、考古学、博物馆学、图书馆学、历史学、文化学、哲学、艺术学等。收藏学的研究必须遵循科学的研究方法和方法论，需要遵守系统性原则、实践性原则、逻辑性原则、多样性原则和特定性原则。[②]如果是艺术品的收藏，则要求收藏者对艺术品有较高的鉴赏能力和审美品位。通过收藏，能很好地提升收藏者个人的文化修养。

①章利国，何鸿，李民，等．中国收藏学概论 [M]. 杭州：中国美术学院出版社，2014：33.

②同①：48.

就精神层面而言，收藏至少有四乐，即淘宝之乐、交友之乐、审美之乐和研究之乐，不同的收藏者会各有所偏重。从收藏的角度讲，无论是艺术品收藏还是古玩收藏，真正的藏家应该具备超越藏品本身物质价值的眼光和认识。收藏的最大意义在于解读、借鉴和传承前人赋予藏品的文化属性和精神内涵，通过挖掘藏品内在的历史价值、文化价值和艺术价值，使这些深层次的意义更有效地得以彰显。

一般而言，收藏的主体包括公共收藏机构和私人收藏者。公共收藏机构包括官方博物馆、美术馆、艺术基金会等；私人收藏者按照目的和动机的不同大致分为三类，第一类是收而不藏，第二类是为藏而收，第三类是以藏养藏。第一类收藏者看重藏品的经济价值，通过藏品的交易获得利益回报；第二类收藏者是纯粹的收藏家、鉴赏者和研究者，他们具有一定的经济基础和鉴赏、研究能力；第三类收藏者占私人收藏者的绝大多数，既珍视藏品的文化价值，也看重藏品的经济价值，通过流通、交易等过程，更新或丰富个人藏品，并通过这一途径获得更具价值的藏品，也能进一步由个人鉴赏上升到学术研究。这也使得私人藏品成为保存文化的重要途径（图5-1）。

图 5-1
私人藏各类陶器

① 章利国，何鸿，李民，等 . 中国收藏学概论 [M]. 杭州：中国美术学院出版社，2014：89-90.

图 5-2
清代
瓜瓞绵绵双耳提梁茶壶
私人藏

图 5-3
民国
《西游记》人物坛
私人藏

唐太宗李世民热衷于收集王羲之的书法真迹。宋代文人也崇尚雅玩，苏东坡、米芾等文人醉心于收集文房器物、奇石等，从米芾的《紫金研帖》可以看出两人对收藏砚台的痴迷。宋代主流的收藏品类别主要有三类：一是古今名人书画，二是青铜器，三是古代玉器。明代除了上述三类外，还盛行收藏瓷器。清代和民国在此基础上又流行收藏明代家具。当今博物馆的藏品类别，大致包括书画、青铜器、陶瓷、玉器（石器）、明清家具、漆器、石刻（砖瓦）、杂项（包括铜器、铁器、金银器、织物、文房器、古籍善本、碑帖、印章）等。[①]

藏品的收藏涉及保存、保养和展示等问题。保存涉及对藏品的长期保护和留存，其中温度、湿度、安保等是关键因素。藏品的展示则是发挥藏品文化性、公共性、社会性等价值的有效方式，包括常规展示、临时展示、交流展示等形式。藏品的保养是对藏品做相应的保养和维护，不同的藏品需要相应的保养和维护。

藏品的保存需要充分考虑藏品的材质、年代和其保存环境。陶瓷制品易碎，所以在保存过程中要避免挤压、磕碰，并采取防震、防撞措施。此外贮存场所还应具备防潮、防水、防火的功能。无论是公共收藏还是私人收藏，都有专门的空间用于妥善存放。

藏品的展示应考虑藏品的特性和展示环境类型，不同的藏品需采用不同的展示方

式。在展示时，必须充分考虑气候、空间、设备等条件，以免对藏品造成损害。恰当的展示方式不仅能够保护藏品的命运，还能提升观赏体验。以下因素对于藏品的展示至关重要：藏品的摆放位置、展示场景的设计、背景布置、照明、图片与文字说明以及展柜或展架的选择。对于陶瓷而言，展示时需特别注意防止磕碰和摔落。陶瓷的展示要标明器物的类别、造型、纹饰、釉色、款识等。坛、罐、瓶、壶一类的器物一般以直立展示为主，可以单面或者多面展示。马口窑陶器中坛、壶一类的器物也常以直立多面的方式进行展示。（图5-2至图5-7）而碗、盘、钵、枕等较为低矮的器物，除了平放之外，还可以采取倒放、斜放或者挂放的方式展示。为确保这些器物的安全，在某些情况下需要借助透明丝线加以固定。

藏品的保养是指在保存和展示过程中对藏品进行妥善保管和维护，这对于保护藏品的状态至关重要，藏品的状态会对藏品的经济价值产生影响。一般而言，藏品的保养既包括维持其原始状态，防止因外部因素导致的损坏和老化，也包括必要的修复工作。对于陶瓷器，保养时需要特别注意防止磕碰。首先，在运输过程中需要选择尺寸合适的包装盒进行单独封装，并使用柔软材料填充空隙以确保稳固。其次，在搬运和鉴赏时需小心谨慎，轻拿轻放，以防从手中滑落，或与其他硬物碰撞造成划痕或损坏。最后，清洗陶瓷器时避免使用高酸性或高碱性的化学清洁剂，通常情况下仅用清水清洗即可。

图 5-4
清代
十八学士人物坛
私人藏

图 5-5
民国
十八学士人物坛
私人藏

图 5-6
民国
十八学士人物坛
私人藏

图 5-7
清代
花卉锁口坛
私人藏

贰

第二节 收藏之要

与所有的古玩和艺术品收藏一样，马口窑陶器的收藏应该将它的精神属性放在第一位，其次才是它的物质属性和经济价值。

近十多年来，马口窑陶器的收藏热潮在民间兴起，湖北、山东、山西等地尤盛，民间和官方的博物馆相继成立。与所有的古玩和艺术品收藏一样，马口窑陶器的收藏应该将它的精神属性放在第一位，其次才是它的物质属性和经济价值。从全国范围来讲，明清时期的地方民间陶瓷窑口不计其数。然而，大多数地方民窑陶器将实用性放在首位，而没有赋予它更多的文化的、艺术的元素，更没有特别的工艺价值，其精神属性也就无从谈起。马口窑陶器承载了历史的、文化的和艺术的属性，具备文化价值，因而也就具备了收藏的价值。

明末清初和清中期的马口窑陶器工艺精湛、制作考究，装饰绘画手法最为精美，题材内容丰富多样，艺术水平最高，因而最具收藏和鉴赏价值；清末民国初，由于社会动荡、市场冲击以及胎土品质下降，马口窑工艺水平衰退，窑口逐渐衰落；20世纪50至90年代，马口国营窑厂烧制了一批仿古工艺作品如“状元打马游街”“闹元宵”“百子图”等题材的陶器。另外，在美术学院专业人员的参与和指导下，马口窑工匠艺人创作的一批创新工艺作品，如“关公夜读春秋”（图5-8）、“牛郎织女”（图5-9）、“西游记”、“九龙坛”等陶器，是马口窑后期的代表作，尽管年份较近，但也具有一定的收藏价值。

图 5-8
20 世纪七八十年代
关公夜读春秋团龙坛
私人藏

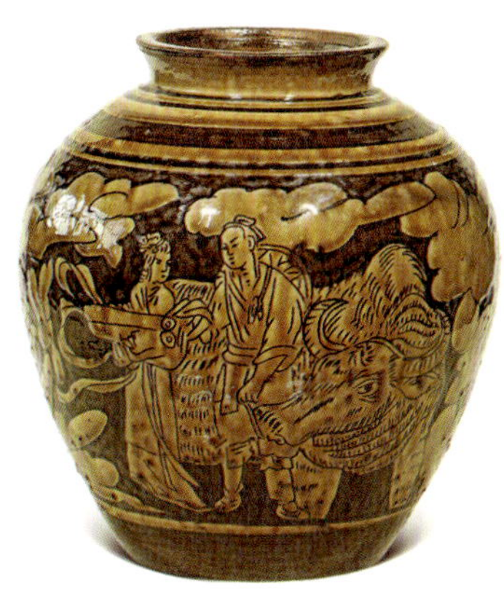

图 5-9
20 世纪七八十年代
牛郎织女人物坛
私人藏

实际上，马口窑在每个历史时期都有大量的价值低廉、量化生产的厂货器物，这些产品制器工艺粗劣，装饰绘画草率，烧制粗率。这一类器物是有别于马口窑精品的普品，俗称为“大路货”。这类普品虽说是那个时代的见证，但不具备艺术和收藏的价值。也就是说，从收藏的角度而言，艺术价值最高的精品器物才是首选。民间收藏界的老话“宁可精残，不收普全”，并非没有道理。

值得注意的是，马口窑陶器粗陶生活用器的特性，决定了它的工艺和装饰特点。因此，不能以高古陶器、明清瓷器甚至是官窑的标准来审视和进行优劣判断。如前文所述，马口窑陶器具有某些明清瓷器无法取代的特性。民间陶器因制器依靠纯手工操作，器物的底部胎骨有着不规则的木制托盘的旋纹痕迹，且旋纹圆心并不居中，底足的圆形也不够规整。同时，其器比一般的瓷器更为硕大，形态上不如瓷器规整和精巧，有时甚至出现歪斜和不对称的情况。在装窑烧制过程中，施釉的胎体之间会发生磕碰和粘连，烧制后器物的釉面、口沿、底足有局部的“窑粘”，甚至会出现因挤压而变形的情况。釉色的深浅会因温度和器物在窑内位置的不同而发生变化，有时会产生“爆釉”的现象，过高的温度也会使器物发生局部的变形。在长期的使用中，器物的口沿、底部边缘、口颈部等部位难免发生磕碰造成局部的磕伤、冲线和缺损。器身在使用、搬运过程中也会因摩擦、摔落、碰撞等原因产生冲线等损伤。所有这些所谓的“瑕疵”，如果不是破坏性的损坏，并且不影响其艺术性，都是可以忽略的。

作为纯手工制作的马口窑陶器，相较现今许多机械拉坯和注浆成型的陶瓷器物，更具手作的温度。作为传世的生活器皿，马口窑陶器与诸多出土的高古陶瓷（包括生活器、赏器、明器）相比，赋予了器物在传世使用过程中人作为使用主体的人文属性，尤其是花鸟人物、十八学士、八仙人物等装饰题材，更是赋予了马口窑陶器深刻的文化内涵。（图5-10至5-12）。马口窑陶器陪伴几代人的成长，见证着家庭、宗族和一方水土的历史和变迁，多少兴亡衰败、悲欢离合尽在其中，使之增添了一份烟火气和岁月的沧桑。

图 5-10
民国
四开光学士罐
私人藏

图 5-11
民国
四开光八仙罐
私人藏

马口窑陶器胎骨厚实，相对瓷器和高古陶器都更结实厚重，通常被放置在农家的厨房、灶台、厅堂以及屋前院，这些陶器能耐酸碱，不怕雨水、阳光、油烟或尘埃等，因此收藏和保存时并无特殊要求，按照普通陶瓷器的贮存条件进行保存即可。由于这些陶器常在厨房等环境中使用，多用于盛装食用油、酒水等，器物的内外会有较厚的油脂、灰尘、污垢。清洁时，可先用温水冲洗，再用毛巾蘸家用清洁剂进行擦洗，或在不伤及釉面的情况下用清洁球蘸清洁剂擦洗。虽然它的釉面可耐酸性和碱性，但也要尽量避免与强酸、强碱的接触。在日常的保养中，可以用清水清洗内外。其表面的灰尘除了用毛巾擦拭外，还可以用棉布蘸取橄榄油等植物油脂进行擦拭和养护，这样可以增强釉面的亮泽度。

图 5-12
民国
花鸟罐
私人藏

马口窑陶器的收藏有别于高古陶器和精巧瓷器的收藏，不仅仅局限于简单的储存和鉴赏。作为个人收藏，可以充分发挥它的功能性和实用性特点。例如，民国前后的普通的坛、罐等器物，其本身艺术价值不高且存世量巨大，可以用来插花或做景观造型；实用的小型器皿，如钵、壶、小罐等，经清洗后可以置于茶台或者厨房使用；大型的水缸也可摆放在厅堂、院落用以盛水、养鱼或栽种莲花；模印纹的金钱罐可用于栽种水培植物，以铜钱草等绿植点缀，可借其“金钱满贯”的美好寓意；制器、釉色和装饰绘画精美的精品器物适合摆放于书斋、雅室，作为赏器或花器予以陈列和观赏。

马口窑陶器具有可赏、可玩、可用等特性，在珍视其精神性的前提下，将自然赋予它的物性价值予以彰显，融入当下生活，平添诸多情趣，不亦乐乎？

叁

第三节 鉴定之要

陶瓷的鉴定有四大目的：辨真伪、断窑口、定时代、评价值。

①许之衡．饮流斋说瓷[M]．余光仁，评注．上海：上海人民美术出版社，2016：326.

“物有纯，必有疵；有真，必有伪。”[①]陶瓷的仿古之风在宋代就已盛行。仿古的目的，有些是出于尊古法祖，传承发展陶瓷技艺；有些是出于当时社会各阶层人士的喜好；有的纯粹是为了牟利。在陶瓷收藏界，真品、赝品相互混杂，因此，陶瓷的鉴定是收藏的首要任务。

陶瓷的鉴定有四大目的：辨真伪、断窑口、定时代、评价值。首要任务是辨真伪，即判断器物的真假。马口窑属于地方民窑，直到20世纪90年代，一直都是江汉平原城乡随处可见的生活陶器，在百姓的日常生活中司空见惯。21世纪初，民间和官方对马口窑的价值认识不够，收藏者多出于个人爱好进行购买，此时的马口窑由于窑火熄灭且价格低廉，市场无假货，只有精品和普品的区别。随着李正文教授著作的出版，央视《寻宝》栏目的宣传，民间和官方也开始逐渐重视马口窑陶器。由于马口窑陶器存世的精品数量有限，其价格也不断攀升，因此，引发了一些不法商贩进行仿冒烧制，或者用其他不知名的地方窑口的器物冒充。因此，辨别真伪乃是马口窑陶器收藏的第一步。第二是断窑口，即判断器物的烧制窑口。对马口窑陶器进行鉴定，需要深入了解马口窑及包括麻城窑、蕲春窑在内

的马口窑窑系历史、窑口信息，以及工艺特色。此外，对马口窑产生影响的同时期大窑口，如景德镇窑、磁州窑、宜兴窑也要有一定的了解。第三是判断器物的年代，需要从工艺特点、时代特色、器物使用的痕迹等方面进行综合判断。第四是评判器物的价值，这里的价值包括艺术价值、历史价值、文献价值和市场价值等。

从鉴定学的角度来看，藏品的鉴定一般分为两大类：目鉴和科技鉴定，西方称为风格鉴定和科学鉴定。目鉴是以个人经验为基础，通过肉眼鉴定艺术品，再结合相关资料、文献、分析进行考证。目鉴为主，考证为辅。科技鉴定是指借助科学技术手段对藏品进行材料等特质和属性的分析。国际上的科学鉴定手段目前主要有放射性碳元素年代检测、热光释、化学分析、显微技术、X光摄影技术等。[①]

目前我们能见到的最早的马口窑实物为明末清初时期的器物，传世的器物以清代、民国和国营厂时期居多。（图5-13至5-20）马口窑陶器不属于高古陶瓷的范畴，但它的鉴定依然可以参照高古陶瓷的方法。马口窑陶器鉴定主要以目鉴考证为主。由于科技鉴定需要借助物理、化学方面的知识，以及各类昂贵、大型的仪器和设备，而民间收藏者不具备这样的条件，所以马口窑陶器的鉴定主要采用目鉴考证法。目鉴考证包括两方面，一是传统的经验鉴定，二是根据物质自然老化和使用痕迹而进行的微痕鉴定。

①章利国，何鸿，李民，等．中国收藏学概论 [M]. 杭州：中国美术学院出版社，2014：95.

图 5-13
清代
瓜瓞绵绵罐
私人藏

图 5-14
清代
瓜瓞绵绵罐
私人藏

图 5-15
民国
瓜瓞绵绵罐
私人藏

①许之衡．饮流斋说瓷[M]. 余光仁，评注．上海：上海人民美术出版社，2016: 332.

图 5-16
民国
万字纹花卉将军罐
私人藏

图 5-17
清代
刻花鸟纹四系罐
私人藏

图 5-18
清代
瓜瓞绵绵双将军罐之一
系马口陶瓷博物馆藏

一、经验鉴定

所谓经验鉴定，是指鉴定者在长期的古玩鉴定实践中，依据个人所积累的经验，通过眼看、手摸、耳听、鼻闻等方式，对器物进行鉴别的过程。包括“六看”，即看胎骨、看釉、看器型、看装饰、看绘画、看款识。

许之衡在《饮流斋说瓷》一书中专门讲到了瓷器的真伪鉴定。他说：“但胎、釉上之研究耳，然非极细心巨眼犹未能察别之也。”[①]这里强调的就是依靠眼力的传统经验鉴定法。经验鉴定作为一门人文社会科学，它以标型学为基础，采用排比类推、考证等方法，找出被鉴定器物在器型、釉色、纹饰和款识等方面与确定准确纪年的标准器之间的相同点和不同点，由此推断出被鉴定器物的真伪，是一种定性判断的鉴定方法。

经验鉴定在鉴定古陶瓷的文化背景方面有十分突出的优势，主要表现在：第一，方便快捷，无须借助大型的器材设备；第二，能够对古陶瓷的人文社会属性，如被鉴定器物的生产时代、窑口、器型、釉色、纹饰、绘画及其历史文化价值、艺术美学价值、工艺价值和市场经济价值做出比较准确的判断。这是民间收藏界和古玩圈用得最多的一种鉴定方法。

当然，传统的经验鉴定法也有局限性。因为仅凭借人的感觉器官，不可能深入触及古陶瓷内部的微观层面，其判断具有强烈的

主观性，难免会产生偏差甚至错误。再者，人们对古陶瓷的鉴定往往是以个人为单位进行的。他们在鉴定过程中，凭借感官去感受器物，待形成对器物的初步认识后，再通过分析、考证的方法进一步辨别和鉴定，最后以记忆和文字的形式将这些特征和规律记录下来，这就形成了经验。这种形式的经验是直接经验，众多个体的直接经验构成了广义上的传统经验。由于个人的感觉器官进行鉴定的方法存在一定的局限性，这些直接经验本身也就难免存在不准确、不全面，甚至错误的情况。

图 5-19
清代
五开光花鸟坛
私人藏

我国陶瓷烧造的历史源远流长，生产陶瓷的窑口众多。一些质量好、销路广的窑口，不仅规模和产量大，而且因为竞相仿烧，形成了横贯东西、遍布南北的庞大窑系。由于同一窑系中不同窑口的位置不同，社会风俗也不尽相同，各窑口器物的造型、纹饰、制作工艺在当时就有一定的区别。随着时间的推移、社会的变迁，工艺技术也不断改进，器物特征也随之发生了变化。此外，陶瓷的生产过程包括原料的采集、粉碎、淘洗、练泥、拉坯成型、干燥，以及施釉、装饰、烧制等，这些步骤都是凭手工操作，固化偶然性因素较多。

图 5-20
清代
五开光花鸟坛
私人藏

必须承认，任何人都不可能见到同一窑口所有器物，很难实现对研究对象面面俱到的研究，也就是说包括专家在内的所有古陶瓷鉴定者，对某一窑口产品所积累的经验并非全面的。尽管如此，我们还是坚持认为，传统经验鉴定依然是古陶瓷鉴定的首选方法，是任何时候都不能偏废的，也是任何先进的科学仪器所无法替代的。

二、微痕鉴定

微痕鉴定是通过观察和分析古陶瓷表面的细微痕迹，来判断陶器的年代和使用情况。其偏重陶瓷器物的微观痕迹，通过一系列不易被肉眼所察觉的细微特征，来判断和鉴别古陶瓷的工艺、窑口和年代，并结合传统经验，对器物进行真伪判断和断代。微痕学主要是通过对器物内在和外在的痕迹，推论出导致这些痕迹发生的原因和过程。实际上，微痕鉴定是传统经验鉴定的延伸和发展，在判断古陶瓷的器型、纹饰、款识、价值等社会属性方面有显著优势，和传统经验鉴定优势互补，相互印证。

图 5-21-1
肩部装饰图

胎釉的鉴定，是区别真品和仿品的重要一环。胎为胎骨，是陶瓷的坯体，而釉类似于胎的皮肤和外衣。老陶瓷器物自然老化，其胎釉散发出一种精气内敛、含蓄的“宝光”，而新仿制或作伪的新器物，则是一种外射、漂浮、刺目的“浮光”。

马口窑陶器从创烧到窑址消亡，距离现在的时间不算特别久远，且有大量的实物遗存，民间收藏的精品器物众多，这些都是马口窑鉴定和断代的优势。马口窑陶器的鉴定可根据其肩部、底足等不同位置进行。马口窑陶器肩部的不同装饰与造型为鉴定提供了相当的信息，可根据其上的磨损情况进行鉴定。（图5-21-1至5-21-4）生活陶器常用来盛放酒、水、油、米、面等物品，其内壁和外壁釉面、底胎会受到不同程度的侵蚀，器物在长期的使用过程中受外在条件的影响，从而会留下较为明显的微观痕迹。

陶瓷鉴定者除了要熟悉该器物窑口、窑系的工艺方面的主要特点外，还应注意到绘画、雕塑、织绣、木版画、剪纸等相关艺术形式对陶瓷的装饰、纹样等方面的影响。

图 5-21-2
肩部装饰图

图 5-21-3
肩部装饰图

图 5-21-4
肩部装饰图

肆

第四节 鉴定术语

陶器鉴定有一些行业专用术语，可以作为马口窑陶器鉴定的参考。

图 5-22
开片

◎ 开片：陶瓷器釉面的一种自然开裂现象。

图 5-23
爆釉

◎ 爆釉：釉面凸起如水泡状，其形成原因是施釉不均，烧制时温度过高。

图 5-24
粘釉

◎ 粘釉：釉料未干透的器物紧挨在一起导致釉面粘连，烧制完成后，人为将粘连的部分分开，从而形成的片砾般的釉块。

图 5-25
窑粘

◎ 窑粘：器物在烧制时与其他器物粘连，在器物釉面、口沿、底胎形成的块状胎骨。

图 5-26
磕碰

◎ 磕碰：器物口、底足的外沿受外力碰撞出现的缺损、痕迹等。

图 5-27
冲线

◎ 冲线：器物因磕碰、震动而在器身、口沿、底足出现长短不等的纹裂，也有外冲里不冲的现象。

图 5-28
伤釉

◎ 伤釉：器物釉面因硬物、布帛摩擦而产生牛毛般的细纹。

图 5-29
伤胎

◎ 伤胎：器物釉面和胎骨因硬物刮擦而产生的缺损和胎骨划痕。

◎ 包浆：专指古器物经过长年累月之后，在表面上形成的一层特有的自然光泽。

◎ 毛口：口沿上部的釉面出现部分脱缺。

◎ 毛边：口沿侧边的釉面出现部分脱落。

◎ 磨口：口沿出现磕碰、毛口后，将其部分磨去或全部磨掉。

◎ 重皮：器物釉面因受损后出现的断面隐患，但外观尚完整；胎釉已分裂却未剥离，往往一触即脱落。

◎ 棕眼：釉面气泡在窑中融裂爆破后，未曾弥合而形成的小孔。

◎ 缩釉：入窑时火候骤紧，导致釉收缩而露出胎骨，或胎面上有油污，所施的釉未能全部附着在胎面上，导致胎骨露出。

◎ 漏釉：器物施釉时局部有透漏，导致出现露胎无釉的现象。

◎ 剥釉：又称“崩釉”，可能用于釉面受酸、碱侵蚀，或器物入土受浸而使釉面脱落。

◎ 短釉：为蘸釉、浸釉工艺，釉料不到底足，或者随意挂釉。

◎ 窑缝：器物胎体较松，被高温烧炙后胎体紧缩，局部出现短缝。

◎ 片纹：陶瓷器釉面上出现的长短不一的相互交错的细裂纹片，与开片略同。

◎ 炸纹：器物的颈、肩或腹部受撞击后，出现的放射状鸡爪纹。

◎ 补釉：在器口磕缺部分或磨口处敷以釉料入火烧制。

◎ 复烧： 二次入窑烧制。

◎ 后刻款：在器物上用金属工具刻写款字。

◎ 做旧：将新器物以烟熏、打磨、浸泡等方式处理，使得器物表面有老损痕迹以冒充老货。

伍

第五节 鉴定与断代的原则及依据

马口窑陶器的鉴定相对简单，但断代却是个难题，民间收藏界和学术界在这方面存在颇多争议。

马口窑陶器的年份不远，窑口分布和流通范围相对集中，工艺特点和艺术特色显著，对它的鉴定相对简单，但断代却是个难题，民间收藏界和学术界在这方面存在颇多争议。其原因有以下几点：第一，窑口的历史文献资料严重缺失，而作为生活实用器的马口窑不具备陪葬、祭祀的功能，所以没有明确纪年的墓葬、陪葬陶器的实物出土；第二，马口窑陶器为粗陶且价格低廉，其使用年限相对较短，而在使用过程中也会发生破损、丢失等情况，所以留存和传世概率较小；第三，普通的生活陶器不能和贵重的金银珠宝相比，也不能和精美轻巧的瓷器相比，没有传世的价值，只有少部分的精品和作为实用器的普品留存，且由于自然灾害、家族迁徙、战乱等诸多外在的因素，流传数量较少；第四，马口窑作为民窑，有别于官窑和大型窑口，没有在器物底部留下款识或者标注纪年的传统，偶尔有在器物装饰和绘画上以文字的形式注明年份的，属于工匠的个别行为，不具普遍性。

马口窑于20世纪90年代初期停产，最后一代的窑工所剩无几。近年来，一批有志于继承和弘扬传统技艺的有识之士，组织了新老窑工对马口窑陶器进行仿制。同时，一些不法商贩将新仿的马口窑陶器进行做旧处理，以新充老，以牟取暴利。至此，马口窑收藏市场无假货、无仿品的历史也结束了。此外，马口窑和周边其他几个地方窑口的陶器，如麻城窑、蕲春窑，在器型、釉色、装饰绘画上较为接近，和宜兴的均山窑、长沙的铜官窑在工艺方面也有相似之处，容易混淆。因此，马口窑的断代研究，除了以极少数的带纪年的实物作为标准器之外，更多地需要从器物本身的工艺和使用痕迹上去进行综合判断。

①许之衡．饮流斋说瓷 [M]．余光仁，评注．上海：上海人民美术出版社，2016：342．

②同①：348．

图 5-30
民国
十八学士人物坛
私人藏

图 5-31
民国
十八学士人物坛
私人藏

图 5-32
民国
十八学士人物坛
私人藏

一、马口窑陶器鉴定的基本原则

陶瓷的鉴定和断代一般遵循这样一个过程，即目测（看器型），上手（掂重量），审底（看圈足），定纹饰（看文字、图案特征），观胎釉，看工艺。[①]马口窑陶器的鉴定，首先要对烧制年代的历史、文化、经济和工艺水平等方面有所了解。陶器在制器工艺、器物造型、装饰绘画、胎骨、釉料烧制工艺等方面都有演变的过程，这是鉴别的基础。我们可以从器型、胎骨、釉面、装饰绘画、款识、底足等六个方面进行识别。

器型 造型是陶瓷鉴定的一个重要依据。陶瓷的造型有明显的时代性特征，能反映出不同社会时期人们的审美观和工艺特征。陶瓷器型主要有瓶、罐、坛、壶、杯、钵、洗、碗、盘、尊等。其口沿部分有唇口、卷口、喇叭口、盘口、斗笠口、敛口、海棠口、葵口等。底有砂底、釉底、旋削底、线割底、洒釉底；圈足有平底、高圈足、卧足、饼足、双圈底、泥鳅背、鲫鱼背等。成型工艺有拉坯、泥条盘筑、模压、注浆、合模、接胎等。[②]

马口窑陶器的造型以坛、罐、缸、壶、钵为主，还有油灯、烛台、香筒、烘炉等生活类器型。自清代以来，传世的器物以酒坛、罐、壶类居多。（图5-30至图5-34）陶器底足为砂底无釉；圈足为平底收足，也有少量的平底丰足。口颈以矮颈圈口居多，还有少量的收口和广口，“锁口坛”的颈部则较高。在制器工艺方面，清代的中小型器物

采用拉坯成型工艺，缸类等较大型器物采用接坯工艺，1949年以后出现了模压和注浆工艺。中小型的坛类器物的胎体厚度在4～7毫米左右，大型的缸类器物的胎体厚度在2～3厘米左右。清代早期和中期的器物造型饱满厚重，清末民国初相对瘦长，而1949年以后的造型略显单薄。一般来说，国营汉川马口窑厂建立之前为纯手工制作，器物不是绝对的周正匀称。国营时期，由于使用机械化生产以及模具、注浆工艺的使用，器型规整单一。

图 5-33
清代
寿字纹提梁酒壶
私人藏

胎骨　胎土的颗粒粗细、纯净度，胎色，有无杂质，胎体的重量，含水量，成分构成等，都是鉴定胎骨的因素。不同年代的陶器在胎质上有所不同。马口窑陶器的胎骨不够细腻，带有明显的颗粒感和近似紫砂胎泥的特征。随着烧制技术的不断进步，胎骨的质地更加细腻，炼泥和制胎的工艺方法也逐渐改进。一般而言，大型的器物颗粒较粗，中小型的器物较为细腻纯净；器物胎骨的水分含量因其使用时间的长短而有一定区别；烧成温度的高低和使用年份的长短都在胎骨上有所反映。

图 5-34
清代
寿字纹提梁酒壶
私人藏

釉面　鉴定时要看釉的厚薄、玻化程度、透明度，釉色，釉表的展现，气泡的形状大小，釉病（如缩釉、棕眼、爆釉、剥釉等），开片的大小形状，底釉的色泽与厚薄，口沿釉的情况（如酱口、白轮口、紫口铁足等），施釉工艺。

①许之衡．饮流斋说瓷[M]．余光仁，评注．上海：上海人民美术出版社，2016：349.

马口窑陶器的釉料烧成后的厚度在0.5毫米左右，为典型的"鳝鱼黄"釉，其釉面色泽明亮，有透明感，有的具有较强的玻璃质感。釉色的深浅、冷暖因草木灰和河泥的调配比例、烧制温度的不同而有所不同，有的器物会因温度过高而产生爆釉现象。也有个别器物局部产生蓝紫色"釉变"，这是釉料里面的漕泥含某些矿物质成分导致的。外壁一般采用浸釉法，内壁为荡釉法。有的器物靠近底足部分不施釉，有的内壁和底胎均不施釉，但底胎和圈足部分会有局部的釉料堆积和粘连现象，个别胎底有人工擦拭的痕迹，粘在底胎上的部分釉料经烧制后呈现青黄色或褐绿色的痕迹，与本身底胎的赭红色形成强烈对比，色彩斑驳。由于浸釉后陶器直立晾干，口沿釉料因流动而变得单薄，烧制后呈深褐色。大部分器物在口沿顶部一圈不施化妆土，烧成以后呈现深褐色。由于在窑内采用叠烧或装烧法，口沿顶部和底足常存在窑粘现象。部分釉面较厚的器物有冰梅状的细密开片。一般来说，明末清初的釉料较厚，玻璃质感明显，釉色较深，在长期的使用过程中，釉面呈现一些密度不一的开片现象。清末民国初，釉料相对单薄，色泽更鲜亮，但玻璃质感不明显。需要强调一点，马口窑陶器的釉色较深，给人以沧桑古旧之感，很容易错误判断其年份，这一点在进行断代研究时特别需要引起注意。

装饰绘画　陶瓷的装饰分为三种：1.胎装饰，包括刻、划、印、堆贴、雕塑、镂空、绞胎、镶嵌等；2.釉装饰，有釉下彩、釉上彩、釉中彩、复合彩；3.胎装饰和釉装饰复合装饰。[①]

马口窑陶器的装饰属于胎装饰，技法以刻划为主，也有少量的印花和堆贴。装饰题材多样，每个时期均有不同特色。

不同时期的马口窑陶器的绘画风格、艺术特色和艺术水平都有所不同，总体来说越是早期的画工越好，艺术价值也越高。另外，同一题材在表现方式、装饰绘画技法选择和风格上也有所不同。例如，清代的十八学士人物和马匹的造型较为写

实生动，装饰精细繁缛，绘画的意味浓厚，画面更有古意，与同时代的绘画有着内在联系；到了民国，其人物和动物的造型趋于装饰性和图案化，韵味也略逊一筹。器物的断代需要从装饰绘画的题材、内容、表现手法、艺术水平、艺术风格等方面进行综合判断。

款识 在一些陶瓷器皿的底部、中部或口沿等位置，书写着皇帝年号等款识，分为官窑款和民窑款。款识的内容包括年号、工匠姓名、窑口标识、商号，以刻、划、模印、釉彩书写等方式标志款识。款识的识别，是古陶瓷鉴定中较为重要的一个环节，它可以鉴定出古陶瓷的年代及价值。需要注意的是，古玩界仿造年款的现象极为常见，即便是在古代的陶瓷烧制中也存在仿制前朝年款的现象。

马口窑陶器没有在器物底部落年款的传统，但有在器物装饰上留下年号、商号、人名（工匠、定制者）的特例，如光绪乙未年冬瓜罐（图5-35）。此坛器形饱满圆润，釉面呈现清代马口窑标准的“鳝鱼黄”色，剔地部分呈现酱褐色，色泽对比强烈，釉面质感厚重，玻璃质明显，肩部装饰一圈卷草纹，底足装饰宽莲瓣纹，器物主体装饰花瓶、花篮和延伸的缠枝花卉，花卉与瓜瓞绵绵中的金瓜花一致，其间有一只喜鹊。最为醒目的是在缠枝花卉中间，有四个圆形开光，每个开光中间均有五个字。其品读顺序应为：夫子何为者，栖栖一代中。光绪乙未年，芥卿江品芝。“夫子何为者，栖栖一代中”是唐玄宗李隆基诗作《经邹鲁祭孔子而叹之》里面的句子。唐玄宗开元十三年（725年）十一月庚辰，李隆基到泰山祭天，行封禅大礼。封禅后顺

图 5-35
清代
光绪乙未年
冬瓜罐
私人藏

道经曲阜至孔宅，派使者以太牢祭孔子墓，因有感而发，遂作此诗。此诗感叹了孔子复杂坎坷、栖遑不遇的一生，对孔子生前的际遇深表同情，并寄托悼念之情。作为民间制陶匠人能够吟诵此诗，且所书文字的书法点画、笔法和结构严谨，颇为不俗，由此可见，制作、刻写此文字坛匠人的文学及书法修养非同一般。

此罐文字后两句为："光绪乙未年，芥卿江品芝。"这两行文字可谓弥足珍贵，主要有以下原因：其一，马口窑陶器通常没有在器物上留下年款的惯例，也无在器物上署名的习惯。其二，虽然说诗文装饰器物在马口窑陶器中并不少见，但是，在一件器物上同时有诗文、纪年款和署名款，且装饰和刻画得如此精美的可谓凤毛麟角。光绪乙未年即光绪二十一年（1895年），为清代晚期。江品芝可能是制作陶器的匠人，也有可能是专门到窑场请工匠定制此器物的主人，但制陶匠人的可能性较大。其三，也是最重要的一点，此坛上面的"光绪乙未年"四字可确定为纪年文字，为我们提供了一个标准的断代器物。此器物的器形、胎质、釉色、装饰绘画风格、款识文字风格、底足等方面，符合清代晚期的陶器艺术特征，由此，我们可以将此器物断定为这一时期的标准器。

还有一点很有意思，这个冬瓜坛上的"光绪乙未年"纪年，正好比光绪二十年（1894年）田宗汉撰写《汉川图记征实》的时间晚一年。《汉川图记征实》记载："近因山平土乏，货财大非前观，致生计日蹙矣。"说明在这一时期对窑场附近丘陵地带陶土的大量挖掘，导致制陶胎泥贫乏，生产的规模和销售状况已大不如从前。由此可以看出，此时，马口窑陶器无论在生产规模、工艺水平上都大不如从前。

另外一个带纪年款的马口窑陶器是"六开光时在癸丑年罐"（图5-41），此器物的开光中有"癸丑年"和"冬至"的字样，但没有具体的年号。其底足部分较光绪乙未年冬瓜罐干涩，使用磨损的痕迹和包浆不够明显，判断该器年代更晚。按照天干地支推断，此处所写"癸丑年"应为1913年，推断此器物为民国所制。可见，这种带有纪年文字的马口窑陶器实物，对于鉴定和断代具有非常重要的意义。

马口窑陶器的底足不施化妆土，不施釉料，这一特点可以让我们更加直观地观察和研究它的胎骨，并且能够更清晰地考察马口窑陶器胎骨因长期使用而产生的微痕特征，有利于鉴定和断代。手工拉坯导致马口窑陶器的底足通常带有较明显的不规则旋纹。底胎的胎泥颗粒粗细略有细微差别。由于长期在厨房等环境中使用，受到外在因素的影响，以及器物的盛装物如酸碱性物质的侵蚀，底胎的色泽也会随之发生明显的变化。（图5-36）

图 5-36
清代
底胎图

二、马口窑陶器的年代划分及特点

1.年代划分

◎ 发展期:

明代末期（1567—1644年）

◎ 鼎盛期:

清代早期（1644—1735年）

清代中期（1736—1850年）

清代末期（1851—1911年）

◎ 没落期:

民国时期（1912—1949年）

中华人民共和国成立初期（1949—1962年）

国营厂时期（1962—1990年）

当代（新仿）：2000年以后

2.特点

（1）造型特点（以坛类器物为例）

◎ 明代末期：器型规整，圈足圆形不太规则，尺寸中等，器型较为饱满，矮颈，平肩，圆腹直腰或者收腰，平底收足。

◎ 清代早期：器型规整，圈足圆形不太规则，尺寸较大，器型圆润饱满，矮颈（锁口坛除外），平肩或者圆肩，圆腹，平底收足。

◎ 清代中期：器型规整，圈足圆形不太规则，器型圆润饱满，矮颈（锁口坛除外），平肩或者圆肩，直腰，平底丰足。

◎ 清代末期：器型较规整，圈足圆形不太规则，器型圆润饱满，矮颈（锁口坛除外），圆肩或者斜肩，直腰，平底收足。

◎ 民国时期：器型不够规整，圈足圆形不太规则，整体造型较为瘦长，颈偏高，斜肩，直腰，平底收足。

◎ 中华人民共和国成立初期：器型不够规整，圈足圆形较规则，整体造型较为瘦长，颈偏高，斜肩，直腰，平底收足。

◎ 国营厂时期：机械转轮拉坯，圈足有明显且十分规则的圈形轮印，器型规整，尺寸较小，颈偏高，斜肩或无肩，无腰，平底收足。

◎ 当代（新仿）：机械转轮拉坯，以仿制明末、清代早期和中期的精品器物为主。

（2）装饰特点

◎ 明代末期：以釉下堆贴工艺为主，刻花剔地为辅，图案粗犷，造型传神，题材以人物、花鸟为主，从肩部到底部有3～4层装饰图案。

◎ 清代早期：以刻花剔地工艺为主，肩部装饰刻花剔地蝙蝠纹或缠枝花卉纹、卷云纹（尖头云纹）、回纹，肩部和器身交界处有模印纹，图案精美，装饰繁复，线条流畅，造型生动传神，大量采用吉祥寓意图案，装饰题材以文学故事、戏曲人物、十八学士、花鸟、瓜瓞绵绵为主，从肩部到底部大约有4～6层装饰。

◎ 清代中期：以刻花剔地工艺为主，肩部装饰刻花剔地蝙蝠纹或缠枝花卉纹、卷云纹（尖头云纹）、回纹，肩部和器身交界处有模印或刻花纹，图案精美，装饰繁复，线条流畅，造型生动传神，采用吉祥寓意图案，装饰题材以戏曲人物、十八学士、八仙人物、花鸟鱼虫、瓜瓞绵绵为主，从肩部到底部有4～6层装饰图案。

◎ 清代末期：以刻花剔地工艺为主，肩部装饰刻花剔地蝙蝠纹、卷云纹（尖头云纹）、回纹，肩部和器身交界处有模印或刻花纹，图案规则，装饰相对简单，线条流畅，造型较为简练，装饰题材以八仙人物、花鸟鱼虫、瓜瓞绵绵为主，从肩部到底部有3～4层装饰图案。

◎ 民国时期：兼有刻花剔地和釉下水花，肩部装饰剔地蝙蝠纹、卷云纹（尖头云纹）、回纹，无明显的纹样间隔，装饰简单，绘画较随意，装饰题材以喜鹊、吉语、诗词、花卉为主，采用开光装饰和点景式装饰，常见以万字纹作底纹衬托的花卉装饰，从肩部到底部有2～3层或无明显分层的装饰。

◎ 中华人民共和国成立初期：兼有刻花剔地和釉下水花，装饰简单，绘画较粗率，线条生硬，造型粗劣，这一时期出现了口号、装饰，也有口号和简笔的花卉、喜鹊相结合的装饰形式，从肩部到底部有无明显分层的装饰。

◎ 国营厂时期：以刻花剔地为主，图案单一，线条较生硬，造型呆板，以文学故事、龙凤、梅花、剪纸等图案居多，从肩部到底部无明显的间隔和边饰（仿明清精品器物除外）。

◎ 当代（新仿）：刻花剔地装饰，釉面刻花剔地的胎面剔刻不平整，刻花线条生硬呆板，造型拙劣，以仿制明代末期和清代早期的精品人物坛为主，题材以状元打马游街、闹元宵、戏曲人物等为主。

（3）釉面特点

◎ 明代末期：浸釉工艺，釉水肥厚，釉面呈深褐色并带有浑厚深沉的宝光，底色和图案色彩对比不明显，局部釉面有开片现象，开片较为细密，圈足不施釉，有深褐色的釉料残留在圈足，底部和圈足交界的边缘有较厚的釉料堆积。

◎ 清代早期：浸釉工艺，釉水肥厚，釉面呈黄褐色或者青黄色并带有深沉的宝光，线刻、剔刻部分釉色呈深褐色，底色和图案色彩对比强烈，个别器物有蓝紫色釉变，釉面较厚的器物局部有开片现象，开片较为细密，圈足不施釉，有青褐色的釉料残留在圈足，底部和圈足交界的边缘有较厚的釉料堆积。

◎ 清代中期：浸釉工艺，釉水肥厚，釉面呈黄褐色或者青黄色并带有深沉的宝光，线刻、剔刻部分釉色呈深褐色，底色和图案色彩对比强烈，局部釉面有开片现象，圈足不施釉，有青褐色的釉料残留在圈足，底部和圈足交界的边缘有较厚的釉料堆积。

◎ 清代末期：浸釉工艺，釉水较为饱满，釉面呈亮黄色或青黄色，剔刻、线刻部分釉色呈青褐色，圈足不施釉，有青褐色的釉料残留在圈足，底部和圈足交界的边缘无釉料堆积。

◎ 民国时期：浸釉或刷釉工艺，釉水较单薄，剔刻、线刻部分釉色呈青褐色，图案部分呈亮黄色或者亮青黄色，无明显的宝光，圈足不施釉，底胎干涩，无滴釉。

◎ 中华人民共和国成立初期：浸釉或刷釉工艺，釉水单薄，剔刻、线刻部分釉色呈青褐色，图案部分呈亮黄色或者亮青黄色，釉面鲜亮，圈足较规则，底胎干涩无滴釉。

◎ 国营厂时期：浸釉或刷釉工艺，釉水单薄，剔刻、线刻部分釉色呈青褐色，图案部分呈亮黄色或者亮青色，釉面光亮，圈足规则圆整，底胎干涩无滴釉。

◎ 当代（新仿）：刷釉工艺，釉料为化学釉料调配而成，剔刻、线刻部分釉色呈深褐色，图案部分呈亮黄色或者亮青黄色，釉面色泽生硬并带有刺眼的光亮，圈足十分规则圆整，底胎干涩无滴釉。

（4）包浆和使用痕迹

◎ 明代末期：包浆浑厚，口沿、圈足偶尔会有局部磕碰，底胎磨损和使用痕迹明显，底足胎骨沙化明显，颗粒较粗，有明显的液体浸透的痕迹，底足胎骨油润老旧，呈现暗褐色或酱褐色。

◎ 清代早期：包浆浑厚，口沿、圈足偶尔会有局部磕碰，底胎磨损和使用痕迹明显，有明显的液体浸透的痕迹，底足胎骨油润老旧，呈深褐色。

◎ 清代中期：包浆明显，口沿、圈足偶尔会有局部磕碰，底胎磨损和使用痕迹较明显，底足胎面油润，有明显的液体渗透的痕迹，呈深褐色。

◎ 清代末期：有包浆，口沿、圈足偶尔会有局部磕碰，底胎有使用痕迹，有液体物质渗透的痕迹，底足胎骨呈暗褐红色。

◎ 民国时期：几乎无包浆，口沿、圈足磕碰较少，底胎使用痕迹不明显，有盛装液体物质渗透，底足胎骨呈现深赭红色。

◎ 中华人民共和国成立初期：无包浆，口沿、圈足无磕碰，底胎使用痕迹不明显，有少量盛装液体渗透的痕迹，底足胎骨呈赭红色。

◎ 国营厂时期：无包浆，口沿、圈足无磕碰，底胎无明显使用痕迹，无液体物质渗透的痕迹，底足胎骨呈现赭色或红色。

◎ 当代（新仿）：无包浆或者有人为做旧，口沿、圈足无磕碰，底胎无使用和摩擦痕迹，胎骨干涩，底足胎骨呈灰白色或者灰红色。

三、马口窑陶器年代划分及特点图示

图 5-37

明代末期

堆贴八仙人物坛

立面图

肩部图

底胎图

图 5-38

清代早期

六开光吉祥图案坛

立面图

肩部图

底胎图

图 5-39

清代中期

瓜瓞绵绵双将军罐之一

立面图

肩部图

底胎图

图 5-40

清代末期

光绪乙未年冬瓜罐

立面图

肩部图

底胎图

图 5-41

民国时期

六开光时在癸丑年罐

立面图

肩部图

底胎图

图 5-42

国营厂时期

双龙戏珠锁口坛

立面图

肩部图

底胎图

第六部分 马口窑陶器代表题材

马口窑陶器的精品主要以坛类器物为主，其中原因有三点：第一，坛类器物的器型大小适中，适合于描绘各类形式和题材的装饰绘画内容，对缸类、酒海等大型的器物进行装饰绘画，通常耗时费力，其效果也不理想；而罐、钵等器物可用于装饰的面积过小，通常不宜作过多的装饰。第二，坛类器物适用范围最广，可以做酒坛、腌菜坛和小吃、米面储存坛等，是普通百姓生活中最为常用的生活器皿。尤其是在婚丧嫁娶或重大节日等日子里，酒坛一类的器物被频繁使用，它们不仅用于盛装酒水和食品，还常作为馈赠亲友长辈的礼物，有时酒坛类器物也会用于各种祭祀场合，因此对于这类器物的装饰绘画和艺术表现有着较高要求，这些精美的器物及其装饰更受百姓喜爱。市场庞大的需求量，使得窑场扩大了生产规模，从而也更好地提升了坛类器物的产品质量和品质。第三，坛类器物通常饰以成对的绘画题材，所装饰的纹样和题材均寓意美好，深受百姓喜爱，在装饰形式上，这些器物体现出成套和系统化的理念，很好地符合了民间审美的需求。

马口窑艺术融合了绘画、书法、雕刻等诸多艺术形式的元素，其器物不仅造型丰富多样，而且装饰绘画的形式、技巧丰富，题材也丰富多样，其中精品种类繁多。以下列举最具代表性的名品分别进行介绍。

壹 第一节 状元打马游街坛

《明史·选举志》云："一甲止三人，曰状元、榜眼、探花，赐进士及第。"[①]科举时代，一旦状元及第，骑马巡游三日，这被视为光宗耀祖的事，是科举时代读书人的最高理想和追求。

状元制度始于唐代，至宋初才成为定制。武则天时期，试贡举之士立于殿前，门下省长官奏状，名次最高者置于最前，故称为"状头"，也叫"状元"。宋代，以殿试第一甲第一名为状元，状元这个名称被沿用。唐代孟郊曾作《登科后》诗："春风得意马蹄疾，一日看尽长安花。"故"春风得意"又成为进士及第的代称。唐代进士常科登第后，还要经吏部考试，即选试，合格者才能授予官职。唐代诗人柳宗元进士及第后，被即刻授予"集贤殿正字"。如果在吏部考试中落选，只能当节度使幕僚，然后再争取得到朝廷正式委任的官职。韩愈在考中进士后，三次选试都未通过，不得不去当节度使幕僚，后来才踏进官场。

①张廷玉，等. 明史 [M]. 北京：中华书局，1974：1693.

图 6-1
明代
《状元图考》
丁显画像

图 6-2
明代
《状元图考》
任享泰画像

我国历来就有描绘状元形象的绘画，这体现了国家和社会对儒学的重视，也体现了民间读书入仕风尚。《明状元图考》记录了明洪武四年至万历三十五年（1371—1607年）状元七十七人，分别绘画像并附小传。图6-1描绘状元郎丁显策马扬鞭，马蹄高举，几只蝴蝶追逐着马蹄翩跹飞舞，正是“踏花归去马蹄香”的真实写照。图6-2中的任享泰，是明代襄阳唯一的一名状元，也是首位以圣旨建状元牌坊表彰的状元，曾经显赫一时。

在中国传统绘画中，具有典型意义的图式和绘画一般有着约定俗成的模式和相对固定的组成形式，经过长时间的积累和演变，有些图式便固定下来并广为流传，如八仙人物图、麒麟送子图、福禄寿三星图等。作为民间绘画题材的“状元打马游街”，其内容主要表现状元郎骑马巡游的场景。从画面的构成来看，有一些是必须具备的关键要素，具体的形象和内容却是可以丰富多样的。确切地说，它是一种概念化的题材，或许最初按照某种形式确定为一定的程式，随着时间的推移，画师、工匠和艺人们的理解和表现各有不同，因而产生了多样的变化。

状元打马游街坛是马口窑陶器的极品。由于这一类题材画工烦冗，人物众多，构图复杂，耗费的工时长，对制器、装饰工艺、绘画艺术水平都有极高的要求，一般匠人很难驾驭。因此，在以生活陶器为主的马口窑，这一类器物无法大批量地生产，一般

为大户、望族特别定制，或为了某种需要而专门烧制，故存世量极少。又因其器型硕大，制作精良，装饰细腻，绘画人物众多，具有极高的欣赏价值、艺术价值和收藏价值。随着马口窑陶器收藏热的兴起，状元打马游街坛也成了陶艺界和民间收藏界竞相收集的对象。

作为马口窑陶器最负盛名也是最为神秘的作品，状元打马游街坛的真正面目也一直是学术界和民间收藏界争论的一个焦点。

对于李正文教授在《即将消逝的文明：湖北马口·麻城·蕲春民间陶艺研究》一书中对状元打马游街坛的描述，笔者持怀疑态度。其选用和断定为状元打马游街坛的器物，主体画面所描绘的场景中缺少一个至关重要的点题人物，即一位身着官袍、头戴官帽、跨骑高头大马的成年状元郎。这个状元郎犹如戏曲舞台表演里的主角。李正文教授认定的状元打马游街坛，画面主体是一位肩上驮着一位垂髫孩童的长须老者，跟随在众多孩童嬉戏的队伍后面，除此以外，大量的人物为抬宝塔队伍、仪仗队伍、器乐队伍和观礼队伍。[①]

状元打马游街这一题材在明清时期的工艺美术作品中较为常见，并非马口窑独有。明清时期在木雕、民间版画和青花、粉彩的瓷器以及地方烧制的陶制筷笼中，时常可以看到类似的题材（图6-3、图6-4）。这些图案或绘画绝大多数是以单个人物或者一小组人物的形象出现的。而以满画幅、大场景、横向展开的形式在陶器上表现这一题材，则是马口窑陶器绘画的独创。

①李正文．即将消逝的文明：湖北马口·麻城·蕲春民间陶艺研究 [M]. 武汉：湖北美术出版社，2005：50-55.

图 6-3
清代
民间年画状元游街

图 6-4
清代
民间剪纸状元及第

图 6-5
1962 年
胡圣幼先生绘制
“闹元宵图”画稿

图 6-6
1956 年
胡圣幼先生绘制
“状元游街”画稿

马口窑非遗传承人胡圣幼老人年轻的时候曾在国营汉川马口陶瓷厂做技术人员，他留存了当年创作的一批画稿，其中一件是他在20世纪60年代绘制的“闹元宵图”（图6-5）。画面中的人物有七十六人，右半部分有两组观礼的人群，其中一组是七口之家，除了观礼的老叟孩童外，其余人群皆为成年人形象。画面中有抬宝塔、舞狮、仪仗队、器乐队、划旱船、踩高跷、观礼队伍驮童子的老者等，画面左前方的仪仗队伍举着“迎春”字样的旗子，整个画面洋溢着欢乐的节日气氛。这一图式与李正文教授书中认定的状元打马游街坛图案有着极高的相似度。元宵是长江中下游地区的重大节日和最为重要的民俗活动，在元宵节，人们舞龙狮、巡街、看花灯、祭拜佛道神灵。

胡圣幼老人保留的另外一件画稿，画面右下角明确标注为“状元游街”（图6-6），画面也有驮童子的老者、舞狮、仪仗队伍和观礼人群，构成和组织形式与“闹元宵”画稿相似，而参与观

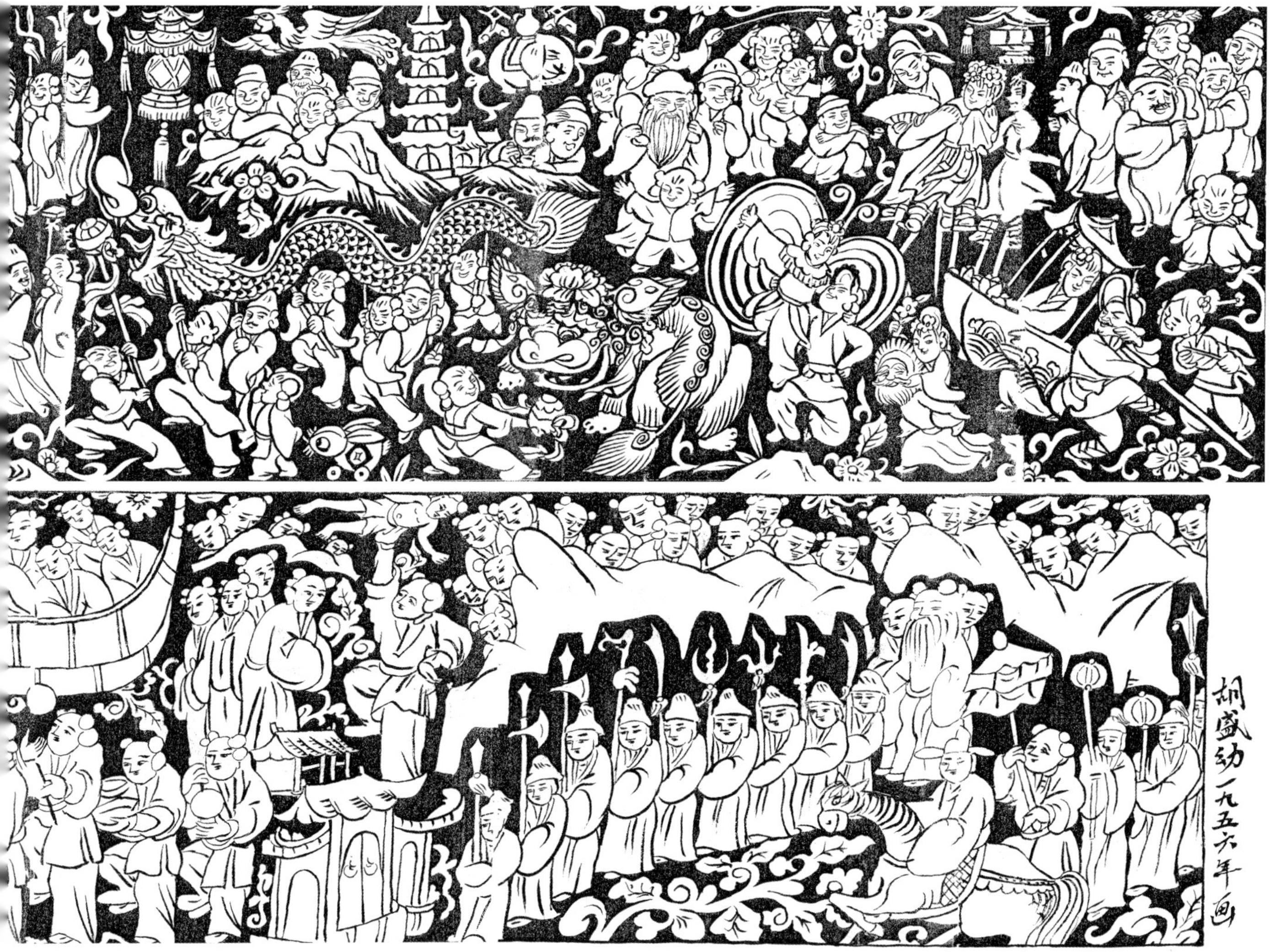

状元游街
康熙年

礼、仪仗和戏狮的皆为童子形象，和婴戏内容也颇为相似，唯一不同的是在画稿的右下角有一位骑马的状元郎，而这一形象恰恰就是整个画面的点睛之处，点明了此图的主题。据胡圣幼老人介绍，这一“状元游街”画稿的组织和绘制，并非照抄、照搬某一个现有的器物绘画内容，而是根据主题的需要，进行多方调整组合而成。可见，“状元打马游街”这一题材的构图形式并非固定的，其内容与“闹元宵”“婴戏图”有着较高的相似性，因而易于混淆。

据李正文教授介绍，被公认为明代的马口窑状元打马游街坛确有实物存在，是20世纪50年代初在汉江边上出土的，当时由湖北省文博部门请窑场的老画工和技术人员对此器物进行复制，据说仅复制了几件，后均散落在民间，而出土的器物原件今天也不知所终。到了20世纪60年代，在林斌厂长的组织下，马口窑厂又复制了一批状元打马游街坛，并拓展和丰富了其他题材，如“闹元宵”“百子图”“关公夜读春秋”等。

图 6-7
清代
冷枚
《百子图》局部骑竹马图

图 6-8
打马状元游街图
（局部）

那么，真正的状元打马游街坛实物究竟是怎样的呢？我认为，除了单幅的状元游街造型之外，大场景的状元打马游街坛的绘画必须具备几个要素。第一，画面中必须有骑马的状元郎。状元是画面的点题人物，不可或缺。需要强调的是，这个状元郎还必须是头戴官帽、身着官袍、身跨高头大马的成年男子，而非童子。因为在民间广为流传的图式中，有童子骑竹马或者童子骑麒麟的形象，这种形象为典型的婴戏图或百子图形象，在传统绘画和民间工艺美术作品中均可以找到例证。唐李贺《唐儿歌》中的“竹马梢梢摇绿尾”描述的就是孩童骑竹马的场景。清代冷枚的《百子图》中也有孩童骑竹马的形象（图6-7）。而童子坐麒麟为麒麟送子的典型图式，这在清代的粉彩瓷器中十分常见，用于婚礼的马口窑酒坛中也有这样的图式。第二，画面要有仪仗队伍。仪仗队伍是官方威仪的象征。历代凡是官员出游皆有仪仗队，以体现权力和威严。第三，画面中必须有观礼的人群。观礼人群是画面气氛的烘托者，他们可以使画面构图充实饱满，具有大场景的画面感，这是马口窑这一题材和其他工艺美术的状元打马游街图式最重要的区别。尽管大场景的状元打马游街没有固定的模式和构图，但是以上几个关键点不可或缺。在一件清代的马口窑四开光器物中，有一位状元和举着华盖随从的童子形象，画面仅描绘两人，同样也可以称为状元游街，只是没有宏大的声势和场面而已，可以看作马口窑状元打马游街题材的一种简化形式。（图6-8）

图 6-9
清代
状元打马游街坛
私人藏

不难发现，民间艺人们在前辈艺人口授心传的同时，大多随意发挥，根据画面需要，可增可减，并不受固定的模式局限，这也是民间艺术的特点之一。

图6-9的状元打马游街坛具备以上三个要点，画面主体为状元郎，人物众多、场景宏大，由此可以断定为状元打马游街坛。而且，从该器物造型、釉色、装饰绘画风格、使用痕迹等综合因素来看，此坛为清代早期作品而非20世纪六七十年代的仿古作品。至于画面除了状元郎为青壮年之外，其他均为孩童，其因有二：首先孩童是多子多孙的代表，符合民间追求子孙满堂、期望子孙昌盛的愿望；其二，童子观状元游街，有对孩童劝勉和教育之意。

此件状元打马游街坛在画面构图上，肩部、底足以模印纹、回纹、卷草纹做区隔主体画面，底足为宽大的莲瓣纹。整体画面以横向从左到右展开，画面人物多层次组合。状元郎面带春风，跨骑骏马作回望状，身后是一名举华盖的童子随从。此外还分组描绘了童子戏狮、观礼和仪仗队伍。画面主体造型之外的空白处均以花、叶、藤蔓穿插，与十八学士的画面组织方式相同。其人物造型源于中国传统的白描表现手法，线条简练，尤其是数十名童子的造型极为生动传神。童子或作揖行礼，或翘首观望，或低头私语，或仰头招手，或俯首戏狮，姿态各异。其人物造型有别于同时期工艺美术作品中的概念和装饰性特征，属于现实生活的艺术再现，具有浓厚的生活情趣。画面人物有数十人之多，是一幅生动、热闹、喜庆的民间风俗画卷，体现了马口窑民间匠人高超的绘画技巧和艺术功力。该器物整体装饰细腻，釉色明亮，色彩对比强烈，艺术效果浑厚、古朴，是明清时期地方民窑中难得一见的陶艺精品。

第二节 婴戏图 百子图

贰

①扬之水．从孩儿诗到百子图 [M]. 北京：人民美术出版社，2014: 6.

婴戏图和百子图是我国传统绘画题材之一，寓意多子多福、子孙满堂。百子图是在婴戏图基础上的丰富和拓展。当然，这里的“百”是一个概数。唐代的敦煌莫高窟壁画和金银器的装饰绘画中就有婴戏的图案。故宫博物院藏唐代铜镜，铜镜背面是莲花化生的孩儿图案，一对童子头戴荷叶帽、手持莲花舞于莲花中央，此为童子戏莲图案（图6-10）。[①] 宋代以后，婴戏内容成为瓷器常见的装饰绘画题材。（图6-11、图6-12）

图 6-10
唐代
童子戏莲铜镜
故宫博物院藏

图 6-11
清代
康熙青花童子戏莲图（摹本）

图 6-12
金
磁州窑红绿彩婴戏图残片
私人藏

唐代诗人路德延的《孩儿诗》五十韵，对孩童游戏、样貌做了详细的描绘，这些描述可以在同时代的美术作品和工艺作品中找到相似的画面。宋代以后的绘画和工艺美术，进一步拓展了婴戏图这一题材，最为经典的作品要数现藏于台北故宫博物院的宋代苏汉臣的《秋庭戏婴图》（图6-13）。[①] 这件作品描绘的便是两名孩童在庭院中专心摆弄玩具的场景。画面右侧的坐墩上摆放着一些孩童玩具，有陀螺、棋盒和玲珑宝塔等。苏汉臣所绘婴戏图作品以及其他同类风格的婴戏图多半典雅工细，具有写实之风。宋代磁州窑枕图案中的婴戏图，则更具天真稚拙之趣。

百子的典故最早出于《诗经·大雅·思齐》“大姒嗣徽音，则百斯男”，歌颂周文王子孙众多。“百”含有大或无穷的意思，它把祝福、恭贺的良好愿望发挥到了一种极致的状态。现藏于台北故宫博物院的苏汉臣的《长春百子图》和美国克利夫兰艺术博物馆藏的南宋《百子图》都有这一美好的寓意。如果说唐宋时期的婴戏图和百子图是生活场景的写生和再现，那么明清时期的婴戏图和百子图则是一种美好的寓意和祝愿，成为一种典型的吉祥寓意绘画题材。婴戏图和百子图所寓意的连生贵子、百子千孙等美好祝愿，不论在宫廷还是在民间均广受欢迎。明清时期婴戏图达到鼎盛，无论是一两个孩童还是几十上百个，描绘的童子神态活泼，场面热闹。明嘉靖皇帝求子心切，命景德镇御窑限期烧制一批绘有婴戏纹的瓷器进呈。

①扬之水．从孩儿诗到百子图 [M]. 北京：人民美术出版社，2014：23-25.

图 6-13
宋代
苏汉臣
《秋庭戏婴图》
台北故宫博物院藏

此后数年间，众多绘有婴戏纹饰的瓷器陆续进入宫中。百子图在中国传统文化中是一种特定的符号。自古以来，新娘的嫁妆中，多有绘制百子图的锦缎被褥、瓷器和家具；自古以来装饰有百子图案的物品也常作为亲友的贺礼，寓意喜庆和祝福，并期盼新娘早得贵子、子孙满堂、阖家和美。

图6-14的“百子图大号锁口坛”为20世纪六七十年代马口窑的仿古作品，其目的是传承工艺，具有明显的仿制特征。该器物高度约45厘米，在同类型的器型中属于较大的体形；器型周正圆润；口颈部较一般的酒坛要高，约6厘米，颈部有两个对穿的小孔，是典型的锁口酒坛造型。该器物的装饰绘画繁杂细密，以横向展开的构图方式组成一个完整的画面。器物整体的釉色偏深，呈青褐色，是烧制时温度偏高所致，在靠近肩部的釉面有部分的“爆釉”现象，也是温度过高或温度不均所致。当然，这些“瑕疵”并不影响它的艺术价值。

图 6-14
20 世纪六七十年代
百子图大号锁口坛
私人藏

“百子图大号锁口坛”画面描绘的主体为一名长者肩上驮着一位童子在人群中观礼嬉戏，剩余数十人皆为童子形象，有的抬着宝塔，有的舞龙，有的手举仪仗，有的在一旁围观，画面中还有一群童子趴在山石后方。长须老者形象点明了“百子千孙”的主题。画面除了一名老者外，其余皆为孩童的形象，进一步点明了这一场景的活动是由孩童参与的嬉戏，而并非简单的节日场景或普通的巡游活动，更不是状元打马游街的场景。舞龙、举旗及各种兵器是孩童模仿成人的婴戏内容，画面童子所抬的宝塔，类似于童子拜塔中的宝塔形象。苏汉臣的《百子嬉春图》中有童子拜观音的场面，垒砖为塔似乎已成为宋代儿童的常见游戏。（图6-15-1、图6-15-2）今藏于日本东京国立博物馆的《合欢多子图》也绘有童子拜塔的场景，塔中有佛，有礼佛之意，童子礼佛在明代已经成为婴戏图的表现内容之一。故宫博物院所藏陈洪绶的《戏婴图》以此为题材，从构图方式中可以看出它对前朝绘画的继承关系。同时，童子拜塔这一图式也成为明清时期各种工艺美术作品中婴戏图题材。现藏于台北故宫博物院的明代雕漆百子图印匣，图中小儿围绕宝塔嬉戏的场景，其构思同样是源于童子拜塔。[①]马口窑的绘画盛行于明清两季，它的绘画内容和形式受到了同时期的主流绘画和工艺美术的影响。

“百子图大号锁口坛”虽然为仿古作品，其装饰绘画的造型和神韵不及明清时期的古雅和生动，但是，从此器物的制器、造型和装饰绘画来看，其艺术水平极高，是对传统工艺很好的继承。

在传世的马口窑陶器中，有一对私人藏“麒麟送子喜字坛”，其主体绘画集合了麒麟送子、喜字、喜鹊登梅、童子戏莲等吉祥图案。从器物成对的形式以及绘画内容来看，其显然是用于婚礼场合的定制器物。其中童子戏莲就是典型的陶瓷婴戏图题材，将这一图案装饰于器物之上，以祝愿新人早生贵子、多子多福，是婴戏题材最为常见的吉祥图案。

①扬之水．从孩儿诗到百子图 [M]. 北京：人民美术出版社，2014：29.

图 6-15-1
宋代
苏汉臣
《百子嬉春图》
故宫博物院藏

图 6-15-2
《百子嬉春图》局部
童子拜观音（摹本）

图 6-16
宋代
十八学士图（其一）
台北故宫博物院藏

叁 第三节 十八学士人物坛

图 6-17
清代
木雕学士图（局部）
私人藏

“十八学士”这一称谓最早源于唐代。李世民做秦王时在长安城设文学馆，广纳人才，以杜如晦、房玄龄、于志宁、苏世长、姚思廉、薛收、褚亮、陆德明、孔颖达、李玄道、李守素、虞世南、蔡允恭、颜相时、许敬宗、薛元敬、盖文达、苏勖十八人为学士，后命画家阎立本画像，由褚亮题赞，为《十八学士图》，现藏于台北故宫博物院。当时被李世民选入文学馆者被称为“登瀛洲”，因而有所谓“十八学士登瀛洲”的说法；又因李世民常与门下十八学士弈棋，后人画有《十八学士弈棋图》。唐玄宗开元年间也有“十八学士”，他们是张说、徐坚、贺知章、赵冬曦、冯朝隐、康子元、侯行果、韦述、敬会真、赵玄默、毋煚、吕向、咸廙业、李子钊、东方颢、陆去泰、余钦、孙季良，唐玄宗命董萼画像，并记录所有学士的姓名、表字、爵位、籍贯等。五代十国时期，南楚文昭王马希范在位时曾设天策府文学馆，其中的十八位号称“天策府十八学士”。《资治通鉴》载：“楚王希范始开天策府，置护军都尉、领军司马等官，以诸弟及将校为之。又以幕僚拓跋恒、李弘皋、廖匡图、徐仲雅等十八人为学士。”（图6-16）

随着“十八学士图”这一题材在民间的流传，明清时期的石雕木雕等工艺美术作品上也有类似的题材和表现形式（图6-17）。这一题材表现的是学富五车的儒士风范，反映了平民百姓对儒学风尚的尊重，同样也体现了底层百姓渴望通过读书取仕这一途径实现人生价值的理想。正如宋汪洙《神童诗》中写的：“玉殿传金榜，君恩赐状头。英雄三百辈，附我步瀛洲。”

和八仙人物坛一样，十八学士人物坛也以对坛的形式出现，每坛九人。值得注意的是，民间

工匠在陶器上绘画时，有时会因器物大小和画面的构图的不同，学士的数量会有所减少，除了标准的九人之外，有时会有八人坛或七人坛。实际上，这里面的“十八”和“九”只是一个概数，如千手观音的千手千眼，又如百子图里面的孩童，其数量的多少并不会影响作品的艺术价值，这也符合马口窑陶器民间艺术随意性的特点。民间收藏界常以学士的多少予以不同称谓，如所谓的“九学士”“八学士”，并以学士数量的多寡论器物价值的高低，这实则是对民间艺术的曲解。马口窑陶器的价值主要取决于它的艺术性，而并非人物数量的多寡。

由于画面人物相对较多，人物、马匹及配景的表现比一般的题材更加复杂和多变，对绘画造型、整体构图、装饰要求极高，制作此坛的工匠一定要有几十年的从业经验。现在见到的十八学士人物坛实物，多为清代中期到民国时期的作品。清代中期的作品器型圆润饱满，平肩或者圆肩，装饰丰富，构图饱满，画面细腻复杂，其造型生动传神，人物、马匹较为写实，且神态各异。主体装饰和边饰纹样精细、富丽和饱满，具有很强的传统绘画造型的意味，且因器型和器物大小的不同，装饰画面的艺术风格也不尽相同，风格多样。清末的十八学士人物坛器型稍显单薄，平肩居多，整体器物装饰稍有简化，人物和马匹的造型、神态相对单一。民国时期的十八学士人物坛数量较少，装饰绘画越发简单，人物和马匹形态呈现图案化、抽象化的特点，人物和马匹的造型神态较单一、呆板。当然，即使是同一时期的作品，也因工匠们绘画水平的高低而有一定的差别。一般而言，处于鼎盛期的清代中期的作品的艺术水平和艺术价值最高，民国时期的许多作品流于粗率。

图6-18的十八学士人物坛为马口窑鼎盛阶段的代表作。从绘画的风格和工艺特征来看，其创作和制作的时间与前文提到的“状元打马游街坛”接近。此器物高36厘米，肩部最宽处为25厘米，小口矮颈，丰肩鼓腹，底部收足。从肩部到底足部，自上而下有七层装饰图案，分别为回纹、云纹、模印万字纹、卷草纹、主体画面、回纹和莲瓣纹。器物刻花和剔地的线条釉色呈青褐色，其余釉面呈鲜亮的“鳝鱼黄”色，器物的整体装饰图案和绘画既富丽繁茂，又不失古朴厚重之美。

在同类的题材中，此坛以装饰绘画的精美细腻而显得较为突出。画面主体为八位身着官袍、头戴官帽、跨骑骏马的学士。每一位学士均为青壮年造型，丰额圆脸，张口含笑，嘴角微微上扬，充满欢快喜悦之情。马匹的造型和动态更是丰富多样，姿态各异，有的仰头嘶鸣，有的低额颔首，有的踏步缓行，有的跨步飞奔，形态极其生动，马尾和鬃毛也随着马匹的运动呈现不同形态。主体画面空白部分是富有强烈装饰意味的缠枝花卉和枝叶，整个画面构图饱满充实。尤其值得注意的是，除了骑马的学士之外，还描绘有两只与马匹大小接近的喜鹊。其中一只展翅飞翔，

图 6-18
清代
十八学士人物坛
私人藏

一只立于枝头，具有强烈的动感。在学士的上方还有一捆书简，根据画面推断，书简为高中状元的嘉奖喜报，而喜鹊报喜正好传递出状元及第、皇帝敕封、加官晋爵的含义，整个画面充满着喜庆和欢快之情。此坛的器形、装饰绘画、人物造型和线条表现力极其精彩，其釉色、烧制工艺等，均符合清代中期的马口窑艺术风格，是一件难得的艺术精品。

图6-19和图6-20所展现的是马口窑十八学士人物坛的另外一种构图和画面组合形式。从画面来看，除了描绘学士形象之外，还有马匹、松柏、桥梁、棋盘等，最为特别的是，学士行礼作揖，图式与周文矩的《文苑图》（图6-21）有相似之处。棋盘这一元素，点明了李世民与门下学

图 6-20
十八学士人物坛主体绘画
完整图例

士弈棋的场景，印证了《十八学士弈棋图》的主题。画面描绘了学士在路遇、下马、弈棋等场景中互相行礼作揖，是儒家“君子待人以礼”思想的体现。此件器物主体绘画简练大方，人物刻画传神，是同时期马口窑陶器绘画的精品。更为重要的是，它为马口窑十八学士这一题材提供了一种不同的画面组织方式。同时，“学士弈棋”这一画面证实了这一题材与传统绘画之间的传承关系，也是儒家文化在马口窑陶器上的具体表现。

马口窑十八学士人物坛通常为对坛，遗憾的是我们目前很难同时见到完全成对的传世器物。

图 6-19
十八学士人物坛主体绘画完整图例

图 6-21
五代
周文矩
《文苑图》
故宫博物院藏

肆 第四节 八仙坛

八仙是中国民间传说中的八位道教神仙。历史上“八仙”有多种，汉代指号称“淮南八仙”的八位文学家，当时又称“八公”。晋代谯秀的《蜀纪》中有“蜀之八仙”的记载。唐代杜甫有《饮中八仙歌》，指的是号称酒中八仙的八位诗人。这几处的八仙与民间所传的道教八仙并无关系。

道教八仙的事迹散见于唐宋时期的书籍中，但当时还没有形成“八仙”这样一个群体。北宋文学家苏洵在苏轼出生之前，就在其眉山的家中悬挂一幅八仙中的张果老画像。因为苏家第一胎生的是女孩，第二胎虽为男孩却夭折了，于是苏洵每天在此画像前祷告，之后苏轼、苏辙相继降生。① 可见宋代八仙中的人物已经成为民间信奉的神灵。最先将道教八位神仙合称为“八仙”的是元杂剧。马致远的《吕洞宾三醉岳阳楼》第四折末《水仙子》，作者借吕洞宾之口对八仙作了介绍，包括汉钟离、铁拐李、蓝采和、张果老、徐神翁、韩湘子、曹国舅和吕洞宾，八位均为男性，没有何仙姑。明代，吴元泰的神魔小说《八仙出处东游记》一书问世后，八仙的名单和排序才确定下来，并流传至今。吴元泰排定的顺次为：铁拐李、汉钟离、蓝采和、张果老、何仙姑、吕洞宾、韩湘子、曹国舅。

①林语堂 . 苏东坡传 [M]. 张振玉，译 . 长沙：湖南文艺出版社，2012：17.

与许多道教神仙不同，八仙均来自人间，他们都有多彩多姿的凡间故事，后来才得道成仙。其中有将军、皇亲国戚、乞丐、道士、女性等。此八人皆非生而为仙，而是俗世凡人，分别代表了富贵贫贱的不同身份。因此，一般道观都有供奉八仙的地方，或独立设置八仙宫，神明庙中也有八仙。明清时期，八仙成为中国民间艺术广泛采纳的创作题材。在笔者的家乡江西赣南的客家民俗中，人们将八仙的形象制成银饰作为孩童花帽的装饰，有借神灵护佑之意。

马口窑的八仙坛包括暗八仙装饰和八仙人物装饰，八仙人物坛（图6-22）以成对的形式出现，以开光的形式分别刻画四位神仙人物，一对合为八仙。八仙人物坛作为盛酒的器皿，常出现于民间祭祀、节庆，寓意吉祥喜庆，与广大劳动人民的日常生活、审美习惯有着紧密的关联。

坛是马口窑陶器中装饰八仙人物题材最为经典的器型，流传于明末、清代、民国时期，八仙人物坛是马口窑坛类器物中数量最多的一种，其造型特色和装饰特点随时代的变迁而变化。

八仙人物坛具备马口窑陶器装饰绘画的基本特色，是马口窑装饰绘画艺术的典型代表。其中的八仙人物、蝙蝠纹和莲瓣纹，充满浓郁的民间文化特色。八仙坛的人物刀刻风格明显，兼具陶瓷、绘画和雕刻的艺术特色。器物主体立面为八仙中的四仙，分为四开光，每一开光有边框装

图 6-22
清代
八仙人物坛
系马口陶瓷博物馆藏

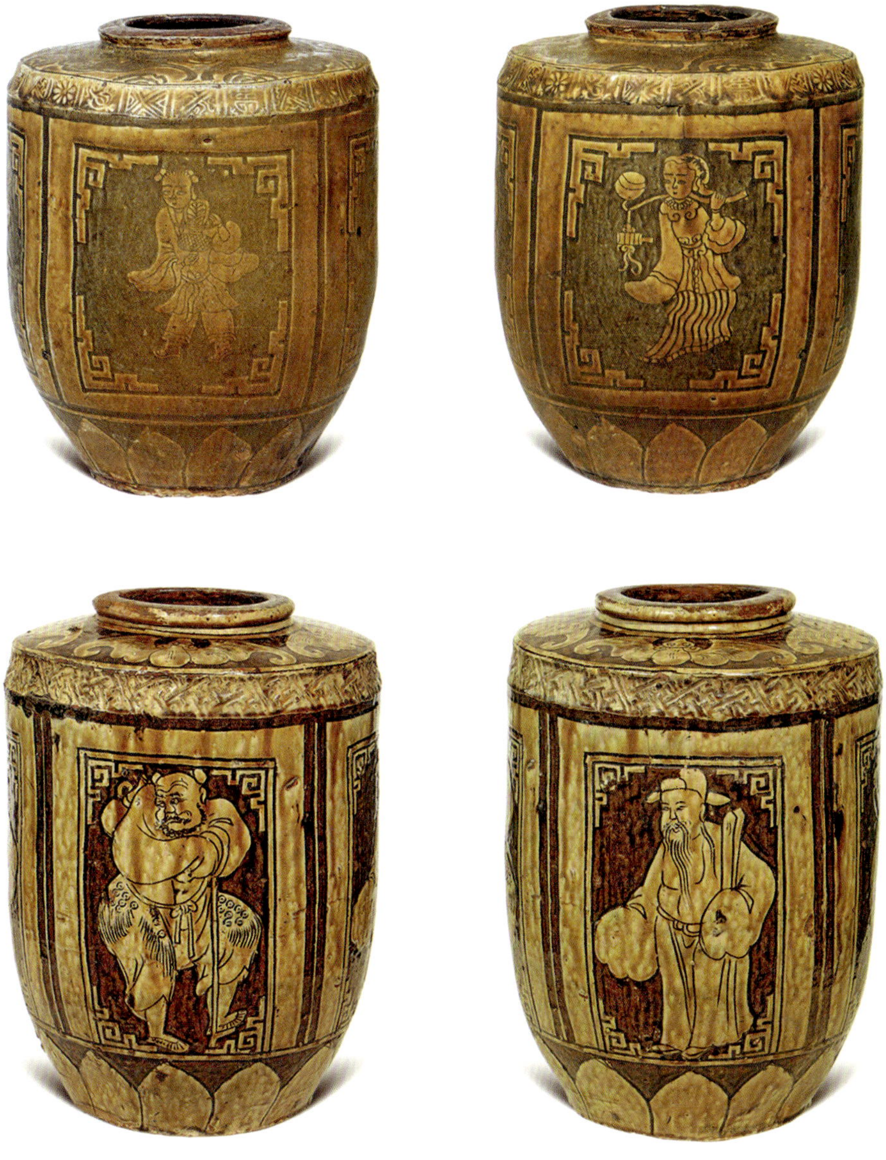

饰。它以简洁凝练的线条造型，不拘泥于细节，描绘神态各异的人物，意趣盎然。（图6-23-1至图6-23-4）八仙人物分布在两个器物上，并无固定的模式和规律，一般来说，铁拐李、张果老、何仙姑、汉钟离为一组，吕洞宾、曹国舅、蓝采和、韩湘子为另一组。（图6-24、图6-25）也有一个器物只描绘八仙中的一位人物的。坛的底足装饰莲瓣纹，肩部到器身过渡的部位通常有模印的团寿纹或者万字纹。从肩部到底足一般有3～4层的装饰绘画图案，装饰层次越多越精美。

明末的八仙人物坛以堆贴手法为主，肩部同样装饰刻花蝙蝠纹，以用堆贴的边框作为四开光边框，在开光内用白泥在器物的坯体上以堆贴法塑造人物造型，具有浅浮雕的艺术效果，而八仙的人物特征并不太明显。清代以后的八仙人物坛以刻花技法为主，清代早期和中期的八仙人物坛艺术价值最高，其造型生动，线条流畅，人物的个性特征鲜明。清代早期的八仙人物坛的规格较小，肩部稍平，肩部主要装饰蝙蝠纹，器身以模印万字纹、寿字纹作为边饰。开光的边框装饰细腻，整体装饰绘画风格精美，人物极为传神。清代中期的八仙人物坛器型硕大，装饰和绘画大气磅礴，肩部的蝙蝠纹运用多种纹样组合，变化多样。民国以后，八仙人物坛从制器、拉坯到装饰绘画等，整套工艺均流于粗糙，器型由清代的圆肩、圆腹变为斜肩和平腹，装饰绘画越来越趋于简单甚至粗率，严重地影响了其艺术价值。

在八仙人物中，要数铁拐李、韩湘子、何仙姑的造型特征最为突出。铁拐李的年龄、身份和形态特征最为明显，尤其是跛脚、拄铁拐、背挂葫芦这些标志性特征，极易辨认。韩湘子与何仙姑的性别、年龄和形态特点也十分明显。韩湘子作侧身吹箫之态，衣袂飘飘，大有潇洒出尘之风；何仙姑手持荷花、莲叶或莲蓬，女性的发饰、服装刻画细腻，性别特征明显。

马口窑的八仙人物坛具有造型敦厚、绘画艺术性强、风格特征明显等特点，其器型和装饰绘画风格随着时代的发展而有所变化，传递了明清至近现代各时期的社会政治、经济、文化、伦理道德、绘画和审美等丰富的信息，具有历史的、民俗的价值。同时，马口窑八仙人物坛是道家思想在民间艺术的直接体现，具备深厚的历史文化底蕴和典型的宗教色彩，具有物质、精神和审美的多重价值。

图 6-23-1
八仙人物坛（摹本）

图 6-23-2
铁拐李造型（摹本）

图 6-23-3
八仙人物坛（摹本）

图 6-23-4
韩湘子造型（摹本）

图 6-24
铁拐李、张果老、何仙姑、汉钟离造型（摹本）

图 6-25
吕洞宾、曹国舅、蓝采和、韩湘子造型（摹本）

伍

第五节 麒麟送子喜字坛

①沈约 . 宋书 [M]. 北京：中华书局，1974.

②刘向 . 说苑 [M]. 北京：商务印书馆，2018.

麒麟在中国文化中被赋予了“仁”的品质，传说其性温善，不覆生虫，不折生草，头上有角，角上有肉，设武备而不用，因而被称为“仁宠”。西凉武昭王《麒麟颂》曰：“一角圆蹄，行中规矩。游必择地，翔而后处。不蹈陷阱，不罹罗罟。”《宋书·符瑞志》曰：“含仁而戴义，不饮池，不入坑阱，不行罗网。”[①]《说苑》亦载：“含仁怀义，音中律吕。行步中规，折旋中矩。择土而后践，位平然后处。不群居，不旅行。纷兮其质文也，幽闲循循如也。”[②]麒麟之所以能够被接受并受到世人崇拜，是因为它所具备的“仁”的品质符合几千年来儒家所倡导的礼教之风。

在民间传说中，麒麟与孔圣人有着密切的关系。传说孔子降生之时，有麒麟降临并口吐玉书，上有“水精之子孙，系衰周而素王”“徵在贤明”的字样。孔子父母将一彩绣系在麟角之上，以示谢意。周敬王后期，有人在曲阜掘土犁田时，竟挖出了那条当初系于麟角的彩绣。之后，人们又引申出麒麟到曲阜人家送三卷玉书，孔子精读后成为圣人的传说。后来文庙、学宫中便常以麟吐玉书为装饰，以示祥瑞降临，圣贤诞生之意。孔子所处的时代，礼崩乐坏，社会动荡。传说麒麟见于郊野，为人所贱，孔子喟叹麒麟“出非其时”，所以《春秋》于此绝笔，故《春秋》又被称为《麟史》《麟经》。

我国民间的佛寺里供有送子观音，以供善男信女膜拜。不孕或祈求生男孩的百姓会前往佛寺进香礼拜以求子嗣。麒麟送子后来演变成为民间的祈子风俗，并以图式、绘画的形式

广为流传，体现了百姓多子多福的理念。值得注意的是，不论是麒麟送子，还是婴戏图、百子图，这些题材所描绘的童子皆为男童形象。这是因为，在我国漫长的封建社会时期，重男轻女的思想占据了主流。社会结构、政治体制、经济制度和长期以来形成的文化观念，使男性在社会生活中占据了绝对权威的地位。

图 6-26-1
清代
麒麟送子喜字坛
私人藏

麒麟送子这一题材通常用于婚庆场合。和八仙坛、十八学士人物坛一样，麒麟送子这一题材往往以对坛的形式呈现。图6-26-1和图6-26-2的麒麟送子喜字坛就是对坛。该器物肩部的蝙蝠纹、器身边饰的回纹和底足的莲瓣纹等纹样细腻，尤其是在底部圈足部分，优美的云头纹纹饰华丽精美，富有浓厚的形式美感。主体画面分别绘有麒麟送子（图6-26-3）、喜鹊登梅、童子戏莲以及喜字图案，都是寓意吉祥美好的题材。麒麟脚踏五彩祥云、背上驮着童子跨步前行，童子右手执莲花，神态怡然；画面的梅花占据了整体图案的大部，枝干和花朵穿插其间，将不同的图案很好地串联起来。童子戏莲源自佛教太子玩莲的图案，和麒麟送子同样具有早生贵子之意。喜字图案占据了主体画面的四分之一，突出和强化了喜上加喜的主题。喜字的图案不同于一般的文字装饰，其结构、造型和线条具有强烈的书法意味，与其说是喜字纹样，倒不如说是具有装饰意味的书法作品。在主体图案之外的空白部分，花叶密布其间，整体画面花团锦簇，一派祥瑞喜庆之气。多个有吉祥寓意的图案相组合，通过横向展开的构图方式巧妙地组合在一个整体的画面之中，蕴含婚姻美满、早生贵子、喜事连连之意，是此器物装饰绘画的最大特色。该器物圆腹、丰足，形体硕大，造型尤为独特。从工艺特征上来看，此坛属于清代早期的作品，而且是存世量极少的定制类器物，无论是器物造型、烧制工艺，还是装饰手法、绘画水平，这一对麒麟送子喜字坛称得上是马口窑陶器鼎盛时期难得一见的精品。

图 6-26-2
清代
麒麟送子喜字坛
私人藏

图 6-26-3
清代
麒麟送子喜字坛
麒麟送子图（局部）

陆

第六节 瓜瓞绵绵将军罐

图 6-27-1
清代
瓜瓞绵绵大号将军罐
私人藏

图 6-27-2
清代
瓜瓞绵绵大号将军罐
（摹本）

瓜瓞绵绵图又称为金瓜蝴蝶图，这一题材以金瓜花和蝴蝶的造型为主，是马口窑陶器花卉装饰图案中最为重要的题材。第一，金瓜在日常生活中极其常见，为南北广泛种植的瓜果，也是粮食富足和丰收的象征。金瓜或金瓜蝴蝶寓意多子多福，美意绵绵，符合当时社会劳动人民渴望幸福美满生活的精神追求。第二，从装饰绘画的角度看，金瓜题材的适用范围极其广泛。金瓜花的缠枝花卉造型蜿蜒盘桓，藤蔓缠绕，线条优美，适合于装饰大小各异的器物。无论是器形硕大的坛类、酒海器物，还是精巧的小罐，均可依照装饰部位的面积、形状做灵活处理。这一装饰题材可采用满工装饰、点景装饰或者以万字纹作为底纹衬托装饰。第三，满工通体装饰形式突破了马口窑陶器常见的分层装饰和开光装饰的单一性，丰富了马口窑装饰绘画的艺术形式。清雍正时期民窑工艺中有一种特殊的花卉类纹饰技法，即所绘的花卉图案从器物内壁越过器物口沿延续到外壁，这种技法被称为“过枝花”或“过墙花”。当时的民窑青花龙纹盘也常常采用这种技法，龙头及前半截身体画在盘心，后半部分经过盘口转折后画在外壁上，这种龙饰图案被称为“过墙龙”。此技法在雍正时期以后十分流行，官窑的粉彩器物上也常常见到过枝花技法的绘画。马口窑满工的瓜瓞绵绵图采用类似的装饰手法，除了底部的莲瓣纹装饰外，缠枝花卉装饰满整个器物，并延伸到器物的肩部，形成丰富饱满、繁富茂密的装饰效果。第四，金瓜题材的花卉和果实与马口窑陶器的釉色一

致。马口窑陶器的釉色呈黄褐色或金黄色，与金瓜和金瓜花的色彩一致。以生动细腻的刻花线条表现金瓜、金瓜花和蝴蝶的造型，烧制后整个器物和釉面呈现富贵鲜亮的金黄色，给人以喜庆富丽之感，因而深受百姓喜爱。（图6-27-1、图6-27-2、图6-28）

图6-29的瓜瓞绵绵广口罐，造型为丰肩、圆腹、束腰，器形圆润饱满，釉水肥厚，色泽温润而鲜亮，刻花装饰的刀工刚劲犀利，线条富有音乐般的节奏和韵律之美，图案造型大气而不失精美，整体给人以古朴浑厚之感。此器型为典型的将军罐造型，除了口沿有简单的卷云纹装饰和底部的一层卷草纹装饰外，器物通体运用金瓜花果、藤蔓和蝴蝶进行装饰，所描绘的金瓜和藤蔓交错缠绕，从器物主体底部生发，蔓延至整个器物，遍及器身和肩部，枝叶连绵不绝，几只蝴蝶穿插其间，翩翩起舞，其形态或正或侧，或高或低，生动传神。厚重的玻璃质釉面，釉色晶莹透亮，呈现鲜亮的金黄色，晶莹剔透，富贵喜人。在剔花露出胎骨的剔地釉面呈现深褐色，色彩对比强烈，富有极强的艺术感染力。这件瓜瓞绵绵广口罐是马口窑鼎盛期清代中期的代表作。

清代中期，瓜瓞绵绵的图案通常装饰在马口窑较大的器型上。到了清代和民国时期，瓜瓞绵绵图案多装饰在小型的罐类器型上，这种器物造型圆实敦厚，小巧可人，其装饰和绘画精美，刻画细腻，也是这一时期马口窑具有代表性的作品。

图 6-28
清代
瓜瓞绵绵将军罐
私人藏

图 6-29
清代
瓜瓞绵绵广口罐
私人藏

柒 第七节 戏曲人物坛

“以小说戏曲为代表的明清文艺描绘的却是世俗人情”，“小说、戏曲、木刻版画，相当全面地构成了明中叶以来的文艺的真正基础”。[1] 戏剧和小说是明清时期文学艺术的代表，而盛行于这一时期的马口窑艺术，同样受到了明清戏剧和小说的深刻影响。

湖北地方戏剧剧种丰富，特色鲜明，成就辉煌，拥有楚剧、荆州花鼓戏、黄梅戏等大量具有浓郁地方特色的戏剧。戏剧人物是马口窑陶器装饰绘画重要的题材之一，一般以开光的形式予以表现，单幅画面以表现戏剧的某个场景或者某个故事为主，人物从一人到数人不等，有的开光画面能容纳七八人。马口窑戏剧人物的画面构图十分简单，人物生动传神。同一件器物的开光内容既可以相互关联形成系列，也可以各自独立。有些内容有时与花鸟、吉祥图案相间分布或巧妙结合。马口窑陶器的戏曲人物题材中常见的剧目有：《空城计》《穆桂英和杨宗保》《穆桂英挂帅》《白蛇传》《打金枝》《贵妃醉酒》《西厢记》等。此外，有些单纯从画面上看，很难断定其剧种和具体的剧目，需要从地方戏剧、民俗等多方面进行考证，目前暂时笼统地将这类题材称为“戏曲人物”题材。（图6-30）

①李泽厚．美的历程：修订彩图版 [M]. 天津：天津社会科学院出版社，2002：232-241.

四大名著中的人物和故事广为流传，民间艺术作品常以这些小说为题材，马口窑也不例外。20世纪七八十年代，马口窑烧制的“西游记三打白骨精坛”就是这一传统的代表作。

由于带纪年款的马口窑陶器实物留存极少，对戏曲和文学题材类器物断代，往往需要通过分析器物上所描绘的戏曲场景、人物及道具等元素。此外，还需要结合江汉平原及其周边地区流行的戏剧剧种和剧目等信息进行综合判断。

图 6-30
清代
戏曲人物坛（组图）
私人及系马口陶瓷博物馆藏

马口窑

MA KOU YAO

下卷

主编 李正文

长江出版传媒
湖北美术出版社

MA KOU YAO

第七部分 马口窑陶器精品图鉴

MA KOU YAO

第一章 马口窑

壹 第一节 马口窑概述

马口窑陶器属于天然的红陶制品，使用草木灰釉，具有价格低廉、结实耐用、环保无污染等特点，以风格独特的内容和表现形式为装饰，具有实用和审美的双重价值。

马口窑陶器伴随着普通百姓的日常生活，为数代人提供了生活必需品，是荆楚大地民众无法磨灭的生活记忆。随着马口窑的实用性逐渐淡化，其艺术价值和文化价值日益凸显。在工业与科学技术高速发展的今天，我们倡导环保低碳，回归自然，发扬工匠精神，追求艺术生活以及淳朴自然的生活方式。马口陶器所承载的物性特征、工艺特色、艺术价值和人文精神契合了这种精神。

马口窑陶器具有以下几方面的显著特征:

第一，具有深厚的传统文化承载价值。马口窑艺术根植于传统文化，具有深刻的文化内涵和教化功能。读书考取功名、建功立业是明清时期社会的主流，这一思想在马口窑陶器绘画中处处可见。当时佛教、道教文化的盛行，丰富了马口窑陶器表现题材。马口窑通过其独特的刻花剔地技艺，以生动的绘画、图式、纹样、文字等表现了人文精神，诠释了人生哲理，展现了现实和理想生活的人间百态。

第二，独特的工艺特征和艺术特色。马口窑以当地红黏土为制陶原料，手工拉坯成型，施天然草木灰釉料，以柴窑高温烧制，兼具陶与瓷的优点，有着陶的结实厚重与瓷的釉面质地。马口窑结合实用和审美的双重需求，创造出独具特色的器物造型，并借助红黏土和白色化妆土的特性，以独特的剔刻花装饰手法，表现丰富多彩的装饰纹样和绘画，寓意丰富而深刻，表达了人们对美好生活最为淳朴的向往和追求。

第三，厚重的地域文化特色。荆楚文化的精神特质是马口窑艺术的灵魂。马口窑陶器朴实厚重的特点和自由浪漫的绘画风格正是荆楚大地人们精神外化的真实写照。经由能工巧匠之手成型，在水与泥的交融中经历火的淬炼，搭配丰富多样的装饰，每一件陶器都是独一无二的创造。它们饱含着浓郁的民俗文化气息和独具个性的精神面貌及艺术风格，是当地先民精神理想的率意表达和真实反映，无不体现着气韵玄妙和独具匠心的创造精神。

第四，鲜明的时代特征。无论是制器造型还是装饰绘画，马口窑陶器均烙上了鲜明的历史印记。匠人们以高超的手工技艺和丰富生动的图像文化符号，来表达当时人们的生活状态、精神面貌、理想追求、人物事件和时代特征，记录了文化的传播和嬗变，是明清及近现代荆楚地区历史和文明发展的见证。

第五，时间跨度大、流通范围广。马口窑作为地方的民间窑口，从明代后期一直到20世纪80年代，窑火延续烧了四百多年，在近代陶瓷史上实属罕见。在长江、汉江流域的湖北周边区域，如四川、安徽、湖南、江西、江苏等地都能看到马口窑陶器的身影。作为这一时期重要的民用陶器，马口窑陶器对城镇居民的日常生活产生深远的影响，也成为民间文化与艺术的传播媒介和物质载体。

贰 第二节 马口窑的历史渊源及地区分布

图 7-1
现在的马口镇

图 7-2
1930 年汉江码头的老照片

图 7-3
清代
《同治汉川县志》

图 7-4
“系马口”邮戳

马口窑位于今天的湖北省汉川市汉江边的马口镇（图7-1）。马口的历史文明源远流长，新石器时代，其处于长江流域的京山屈家岭文化、枝江的大溪文化，以及黄河中下游的龙山文化覆盖的范围内，居于多种文化的交织中，这奠定了此处陶器具有统一而多样化的特点。远古时期制陶工艺较为粗率，胎泥提纯不足，烧制成型后的器皿透出稚拙、古朴的审美趣味，但也不乏精美细致的薄胎彩陶。从考古发掘来看，汉江流域出土的文物具备淳朴的艺术形式，注重实用的审美趣味，带有强烈的地域性文化特征，凸显出原始陶器文明的融合与创新。

马口镇，位于湖北省中部、江汉平原腹地、汉江下游。汉川在汉代隶属江夏郡，明清属汉阳府。马口镇临近汉江，有较大的集市和水运码头（图7-2）。清代的《同治汉川县志》（图7-3）称马口镇为“系马口”，光绪年间的《汉川图记征实》称其“系镇”，

为“系马口”的简称（图7-4）。其地名由来与三国名将关羽有关。明《嘉靖汉阳府志》（图7-5）记载：“献帝建安三年九月，蜀先主败于长坂，斜趋汉津与关羽船会，得济沔到夏口。”其时，关羽途经此地系马饮水，故而得名为“系马口”，后简称“马口”。现在统称的马口窑是指包括喻家窑、刘家窑、熊家窑、张家窑、七屋窑、八屋窑、杨家窑、徐家窑、王家窑等在内的诸多窑口。时至今日，马口镇许多村名依然沿用当时窑口的名称。

马口窑创烧于距今四百多年的明代隆庆年间，此观点普遍为考古界和学术界所认可。作为地方民窑，历史上有关的文献资料极为有限，对马口窑记载最为翔实可靠的历史文献是清代光绪二十年（1894年）邑人田宗汉撰写的《汉川图记征实》一书（图7-6）。该书在《物产·缶类》中对马口镇陶器和制陶业作了较为详尽的介绍：“凡鐗、缸、坛、瓮及大小缶器，泥作而火成者，俗曰‘窑货’。邑南境系镇多业之，其器较他处为坚。”并特别说明马口镇烧制陶器的由来和历史规模：“其法得自前明隆庆间，有应山老人来镇授之，惜未记其姓字。历今三百有年，工日益精。往者岁货远方，归金数万计，藉资生活者二三千人。”马口镇现存的龙窑遗址属于明清时期的窑口。2008年湖北省政府在马口窑窑口遗址竖立了保护碑，注明“马口窑址（明、清）”（图7-7）。

图 7-5
明代
《嘉靖汉阳府志》

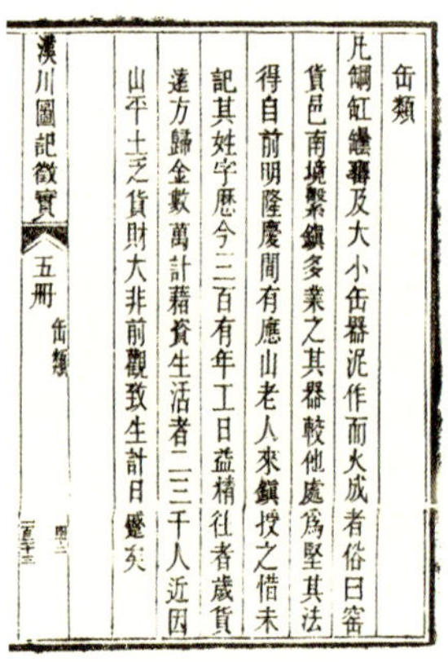

缶類
凡鐗缸罎罋及大小缶器泥作而火成者俗曰窰
貨邑南境繫鎮多業之其器較他處爲堅其法
得自前明隆慶間有應山老人來鎮授之惜未
記其姓字歷今三百有年工日益精往者歲貨
遠方歸金數萬計藉資生活者二三千人近因
山平土乏貨財大非前觀致生計日蹙矣

漢川圖記徵實 五冊 缶類

图 7-6
清代
《汉川图记征实》

图 7-7
马口窑址（明、清）保护碑

①湖北省汉川县地方志编纂委员会．汉川县志 [M]. 北京：中国城市出版社，1992：235.

根据以上文字记载可知，马口窑所生产的器物以缸、坛、瓮一类生活器皿为主，相对周边其他窑口的陶器更加坚实耐用。该窑口的烧制年代始于明代隆庆年间（1567—1572年），其烧制技艺是由来自应山（今属广水市）的艺人（应山老人）传授。

在光绪之前，马口窑的产业规模相当庞大，所制陶器远销各地，而到了光绪二十年（1894年）前后，由于陶土资源匮乏，制陶业大不如前，已呈现衰落之势。据《汉川县志》（1992年版）等相关文献记载，民国时期的马口镇、马鞍乡一带分布有36座龙窑[①]，窑火依然兴盛。

《中国考古学年鉴2009》刊发了李桃元、汪艳明撰《湖北省汉川市马口黄家窑窑址》一文，记录了2008年湖北省文物考古

图 7-8
清代
光绪乙未年冬瓜罐
刻字“光绪乙未年”
私人藏

研究所、孝感市博物馆、汉川市博物馆联合对修建汉宜铁路线时的黄家窑窑址进行了调查发掘，证实此窑址为汉川马口镇36座龙窑之一。窑址内出土的器皿多为日用陶器，有罐、缸、钵、坛、壶、管、火坛（烘炉）等。这些日用陶器的装饰纹样包括万字纹、寿字纹、双喜纹、波浪纹、锯齿纹、折带纹、卷草纹、花卉纹等，其烧制时间应为清末至20世纪70年代之间，而此窑址最早的烧陶时间为清代早期。

据实物考证，目前发现有准确纪年的明代马口窑器物，是一件天启三年（1623年）的香筒。该器物为唇口，深腹，略呈喇叭状，近底部突起圆箍状，内外着黄釉，上刻：“每日清晨一炉香，谢天谢地与三光，丘丘处处天河水，但愿人人寿命长。天启三年五月立”。可见此物为定制品。

目前尚存的清代马口窑实物较多，如光绪乙未年冬瓜罐。（图7-8、图7-9、图7-10）

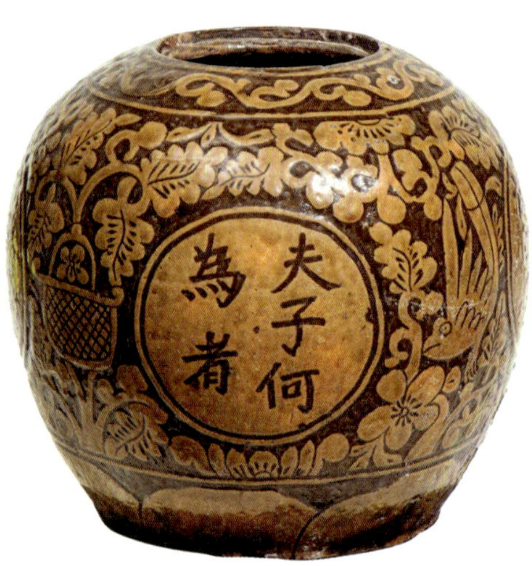

图 7-9
清代
光绪乙未年冬瓜罐
刻字“夫子何为者”
私人藏

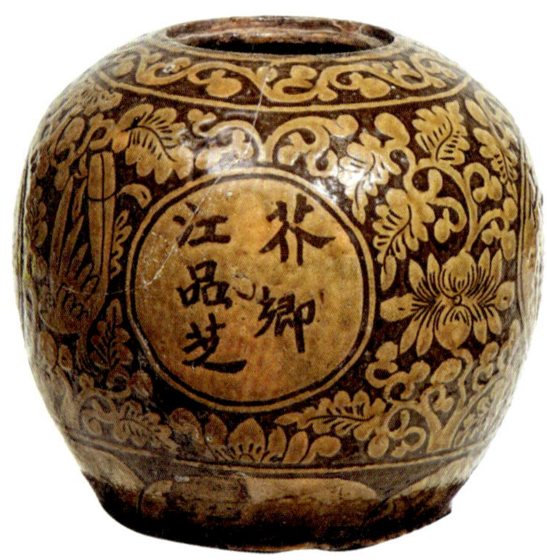

图 7-10
清代
光绪乙未年冬瓜罐
刻字“芥乡江品芝”
私人藏

叁 第三节 马口窑陶器的工艺特征

马口窑制陶所用的材料，如陶泥、化妆土、釉料、烧制的松柴等均就地取材。精泥、窑子泥、黄蜡泥、红陶泥和白陶泥以及混合而成的泥料是经过晾晒、碎土、去杂提纯、和泥陈腐等多道工序加工而成。马口陶土可塑性强，由其制成的陶坯具有耐高温、烧制中不易变形等特点。陶胎拉坯成型之后干燥至70%～80%，浸上一种来自汉阳县陡埠头产的白色化妆土，后在其表面进行刻花装饰，最后再罩上透明的灰釉。灰釉也称为草灰釉、土釉，是马口窑陶器一直沿用的釉灰，由南漳县硬木栗树烧制而成，经过淘洗、过滤，去掉灰中碱性成分，加入当地细腻的河泥，按照8:2的比例调和、配制和研磨而成为釉料。上好釉料的陶器晒干入龙窑，经过三天1100～1200℃的高温烧制[①]，出窑的陶器釉面呈现独特的“鳝鱼黄”色，底足未施釉料的部分呈赭红色，其胎体厚重，釉面肥厚光亮，玻璃质感较强，具有古朴、沉稳的艺术风格。

马口窑陶器造型独特，风格统一，在数百年的发展中，在统一中求变化，样式特征明显、辨识度高，兼具艺术性和实用性。

①李正文．即将消逝的文明：湖北马口·麻城·蕲春民间陶艺研究［M］．武汉：湖北美术出版社，2005：32.

如最具代表性的八仙坛，其器物造型就经过了不同时期的多次演变，器型的高矮胖瘦，以及肩部、腹部、底足的形态等，均有细微的变化，体现不同时期的工艺水平和审美趣味。

总体来说，马口窑陶器的器形较大，高度大多在30～50厘米，以罐、坛、壶、盆、缸等器型为主。马口窑罐类器物多为唇口、短颈、弧肩、鼓腹、底足微收；坛类器物多为小口、短颈、弧肩或折肩，坛体下部弧形内敛，平底，也有高圈足外撇的造型。从马口窑陶器的装饰风格来看，肩部多以蝙蝠纹、花草纹、回纹、云纹、万字纹为主要装饰；坛下部内敛，以莲瓣纹装饰居多，莲瓣纹来源可追溯至元代时期。

一、制器工艺

马口窑陶器的制作工艺包括制器、施化妆土、装饰、施釉、入窑烧制等几个流程。制器工艺需要经过练泥、成型两大阶段。制器方式主要有两种：一是拉坯成型，二是旋环成型。

马口窑的拉坯技术和传统的陶瓷拉坯一样，完全依靠人力脚蹬手摇带动圆木盘旋转进行制作。这种纯手工、高强度的制器方式，人为因素和手作特点明显，这一制作一直延续到中华人民共和国成立初期，20世纪50年代以后多采用模制成型。

二、造型特色

马口窑器型多以缸、坛类为主，继承了传统制陶技艺，在生产实践中结合了当地的自然资源和民间智慧，涌现出一代又一代能工巧匠。他们所制器物古朴、厚重，较同时期的陶瓷制品更加结实耐用，器物有青花、粉彩等瓷器所没有的敦厚和古朴之美，使用范围更加广泛。其造型因用途不同而各具特色，呈现形态、大小、宽窄、高矮的差异。不同时期的器物造型虽有细微的差别，但总体而言，早期的器物饱满、厚重、挺拔，后期的器物则较为瘦长、单薄。（图7-11）

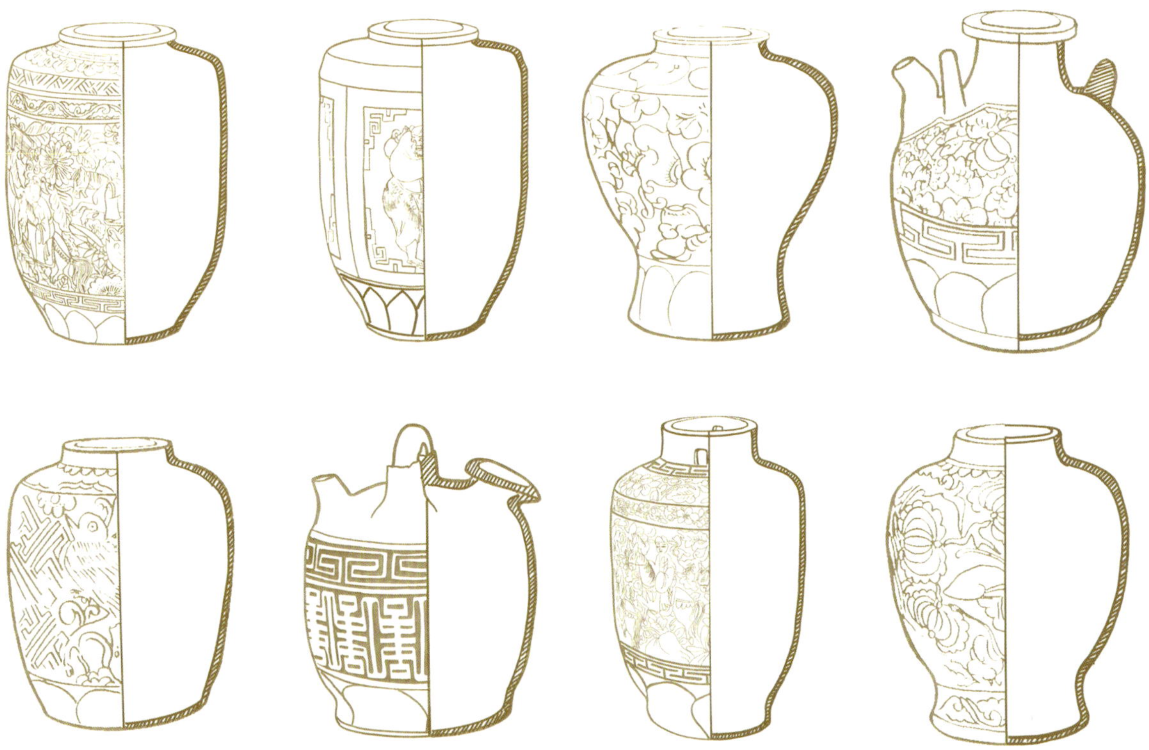

图 7-11
马口窑典型器型示意图

1. 缸

缸是马口窑陶器里面最大的器型，多为酒缸、水缸和米面缸等。由于形体硕大，其胎体较一般的器型厚数倍。缸类造型有大小、高矮、浅腹、深腹之分。常见的缸类器型特点是口径大、底小，盛水可见底，盛装食物取用方便，器物外部装饰常以印花纹为主，如金钱纹、寿字纹，内外壁均施厚釉料，外壁的印花纹样形成的肌理，搬运时可增加摩擦力。（图7-12）

图 7-12
拍印纹缸

2.坛

马口窑在民间历来被称为“坛子窑”，所以要数坛类造型最具特色，数量也最多。马口窑坛类器物的胎骨厚度较普通的瓷器更加厚实，器物体积略大。其造型特点以宋代梅瓶、玉壶春瓶为雏形，硕大高耸的形态受明代磁州窑酒坛造型影响较大。

马口窑坛类器物在各时期的大小和造型有着细微的差别。明末器形适中，造型为圆肩、平肩和直腰；至清代中晚期基本定型，造型为圆口、短颈、平肩或者圆肩、鼓腹，腹下部渐内收至底足，腹部圆润饱满，器形高大；到了清晚期和民国，八仙酒坛器型广为流行，这时的造型较为单薄，肩部变为斜肩，直腰平腹，没有早期酒坛的圆润饱满。（图7-13）

图 7-13
八开光花卉坛

锁口坛是马口窑坛类器物中最具特色的。工匠们在普通浅口坛类的基础上将口颈部分加高，在上面开两个对穿的小孔，有方孔和圆孔之分，陶盖的相同部位也开上两个同样大小的对穿孔。坛子加盖以后，用竹制的长销子对着器物颈部和盖子的孔洞对穿，再用一把铜锁将销子锁起来，陶盖和坛子便牢牢地锁在一起。锁口的设计既能将食物密封，便于搬动和运输，又能防尘、防盗。这种独特的创造，是民间工匠智慧的体现。（图7-14）

图 7-14
刻花锁口坛

图 7-15
瓜瓞绵绵将军罐

图 7-16
瓜瓞绵绵广口罐

图 7-17
王富记春字纹提梁壶

3.罐

马口窑的罐类器形比坛类小，是由其使用范围决定的。坛类器型主要功用是存储和搬运，用于盛酒、腌菜、装米面等；而罐类器型主要为日常生活所用，方便移动使用，用于盛放米果、糖果以及厨房用的油、盐、酱、醋等，一般带盖，其整体器型主要以明、清时期的将军罐、冬瓜罐为雏形，具有厚重、饱满、圆润的造型特点。（图7-15、图7-16）

4.壶

马口窑壶类包括酒壶、茶壶、油壶等，壶类器物一般带提梁、双耳或者系。在其造型上有提梁壶、把手壶、长嘴壶、双嘴壶等。最具代表性的是提梁酒壶。马口窑的提梁酒壶为双嘴壶，器物顶部有前后两个大小嘴，两个嘴的中间有横向弧形的提梁把手造型。

马口窑的提梁酒壶，除了用于盛酒之外，还能置于锅中温酒。其造型圆润饱满、古朴厚重，釉水鲜亮肥厚，器物通体多以寿字纹、回纹或者花草纹装饰，既实用又美观。其显著的特点体现在提梁和壶身黏合处，通常有两个比提梁直径稍大的耳朵状环形杯口，提梁的两端从杯口伸出，既增强了提梁和壶身黏合处的承重力，又增添了造型和装饰的形式美感，结实稳重，又有流畅飞动之势，这一设计完全符合力学和美学的原理。（图7-17）

图 7-18
瓜瓞绵绵花卉枕

图 7-19
狮子纽陶盖

5.其他

马口窑陶器其他器型还有香筒、笔筒、筷笼、陶枕、烘炉、虎子、油灯、烛台等。陶枕是十分独特的器型，延续了明清时期瓷枕的造型，中空，造型类似于元宝，以剔刻花装饰细腻著称。（图7-18）

马口窑陶盖装饰造型分为普通型和动物纽雕塑造型。普通型顶部带纽，盖顶面有剔刻花装饰或者无装饰。动物纽造型数量相对稀少。马口窑的动物纽陶盖打破了陶瓷装饰平面的单一性，以立体捏塑和刻花相结合的手法，具备了小型雕塑的艺术特征和手法，拓展和丰富了马口窑陶器装饰的样式。（图7-19、图7-20）

图 7-20
锁口坛老鼠纽陶盖

三、装饰手法

马口窑陶器作为粗陶制品，区别于青花瓷、彩瓷的软毫绘画装饰技法，它以硬质材料特制而成的刻刀、画笔为工具，类似于宋元以来的单色釉陶瓷刻划花装饰技法。其装饰均为釉下工艺，以刻、剔、刮、划技法为主，兼有堆贴、印、描等手法，结合本地的胎泥、化妆土、釉料等材料特性，在数百年的摸索和实践中，创造性地运用、发展和开创了独特的装饰手法，在技巧、形式、内容和思想上赋予了器物生命力，使得它的艺术价值得以最大程度地彰显。

1.堆贴

用手指将白陶泥(化妆土)在胎体表面进行堆塑造型，具有浅浮雕的艺术效果。马口窑陶器在明末和清初的装饰手法以釉下堆贴为主，辅以刻、划技法。

2.刻花剔地

刻花剔地技法是马口窑陶器最为主要的装饰手法，也是马口窑装饰艺术特色的具体体现。其做法是在胎体表面敷上白色化妆土，干后或半干后用竹、木或金属类工具刻画出各种图案，再将图案空白处的化妆土剔掉，露出胎体，然后施釉入窑烧造。

3.水花

水花装饰是近代麻城窑的主要装饰手法。其方法是用扁平的竹木工具在施有半干化妆土的胎体表面上进行刮画，用笔飞动流畅。水花技法最大的特点就是方便快捷，用刻、剔、刮、划的不同手法，充分表现手工制陶的特色。

4.模印

马口窑的模印装饰主要在器物中起间隔和边饰的作用，也用于大型器物的外壁主体装饰。以陶范制作而成的图案进行印花装饰是陶瓷常见的装饰技巧之一，多用于器物肩部、底足的间隔装饰或边饰。这种装饰手法在原始彩陶中十分常见，如绳纹、万格纹等。

5.描花

用毛笔蘸较厚的白色化妆土在未施化妆土的器物胎体表面描绘文字、图案，多以寿字纹、菊花纹作点缀式装饰，烧造后呈现出类似青铜器描金的装饰效果。

四、装饰题材

马口窑陶器的装饰纹样具有传统的地域特征，以及对生命意识的尊重与崇拜的特点。纹样有来

源于现实生活环境中的自然元素，如花、鸟、瓜、蝶为主的组合，象征瓜瓞绵绵，寓意子孙后代人丁兴旺、生活幸福；有以人物为主、花鸟为辅，极具戏剧性、装饰性、趣味性的世俗人物，如八仙和十八学士坛；有依诗附景、文人雅趣的诗画，如李白的诗《与史郎钦听黄鹤楼中吹玉笛》；有1949年后出现的标语、口号，这类作品折射出时代的印迹。

马口窑陶器的装饰绘画题材非常丰富，凡是现实生活中的题材均可入画，根据器型和使用场合而定，内容或喜庆吉祥，或表现理想生活，寓意美好。用于婚嫁的器物有喜鹊登梅、麒麟送子、百子图、瓜瓞绵绵等；祝寿的器物多以八仙、仙鹤、寿字纹、万字纹、吉祥图案等为主，涵盖人物、动物、花卉、文字等。

马口窑装饰绘画题材的来源和思想内涵，有来自儒释道思想的影响，也有传统民间和民俗的美好寓意，更不乏基于现实生活的创造和灵感，梳理、研究其传承、应用、发展和创新的关系，对于深入理解马口窑艺术极为重要。

马口窑陶器的装饰和绘画题材按器物的结构可分为四个部分：

1.肩部多装饰蝙蝠纹、卷云纹（尖头云纹）、卷草纹、缠枝纹，并常以回纹作间隔边饰。（图7-24）

2.间隔和边饰纹样包括回纹、卷草纹、缠枝纹、卷云纹（尖头云纹）、莲瓣纹、钱纹、盘长纹、万字纹、寿字纹等。根据边饰纹样表现技法的不同，又分为刻花纹样和印花纹样。

3.器身主体装饰纹样以回纹、卷草纹作为上下间隔；主体绘画图案以人物、动物、花卉、吉祥图案为主，内容包括状元、学士、童子、道教人物、神话人物、戏剧人物、龙、凤、鹤、麒麟、狮、象、松鼠、鹿、兔、鸡、鱼、喜鹊、蝴蝶、螃蟹、金瓜花、牡丹、梅、兰、竹、菊、松、石等等，根据主题和内容不同予以表现，并按不同的装饰形式进行自由组合。

4.底足装饰主要以莲瓣纹为主，也有少量的卷云纹和海水纹。

图 7-21
肩部蝙蝠纹（摹本）

肆

第四节 马口窑陶器的人文价值

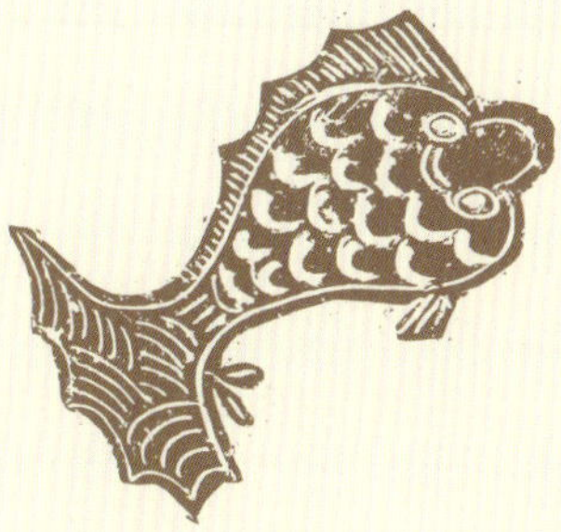

一、物质和精神的双重属性

任何艺术形式都根植于特定的历史、文化和时代背景，是具有民族特色和区域特色的思想情感的展现。马口窑艺术产生和兴盛于江汉平原的一个普通小镇，根植于有着几千年传统的民间生活。漫长的历史背景和特定的社会现实、地理环境等都对其产生了深刻影响，为其打下了民族的、时代的、地域的烙印。作为江汉大地的乡村民窑，马口窑的陶器首先是实用的，它的产生和发展与农耕时代的生产劳动、社会生活息息相关，在人们的日常生活中起到不可或缺的重要作用，满足着人们物质生活的需要。人们在长期使用过程中，逐渐赋予了它更多的精神属性、文化内涵，并在此基础上产生了“美”的意识。可以这样说，包括马口窑陶器在内的明清陶瓷是中国古代物质文明长期发展的产物。从不同时期的陶瓷艺术审美中，我们可以清晰地了解一个时代的精神追求和审美取向，以及一个国家的民族精神内核。

二、地域文化的折射

受江汉平原的民风、民俗影响，当地的戏剧、剪纸、皮影、挑花等民间艺术，直接成为马口窑陶器装饰的艺术元素，也间接地反映了当时社会的政治、经济、文化和社会生活。

酒缸、酒坛、酒壶一类酒器是马口窑陶器的代表性器型，因此马口窑和酒结下了不解之缘，成为地方民风、民俗的物质载体。酒的最初功能是用于祭祀，后受儒家礼乐思想的影响，形成了“无酒不成礼”的酒文化现象。酿酒业的兴盛离不开粮食生产的丰收。位于江汉平原的汉川、荆门、京山、仙桃等地，土地肥沃，水资源丰富，粮食生产较为富足，各种民间风俗、节令等，促进了酿酒业的发展。而用于酿酒和存储的酒缸、酒坛、酒壶的大量使用，促进了马口窑酒器的生产。

湖北自古便有丰富的戏剧文化，代表剧种有黄梅戏、楚剧。黄梅戏起源于湖北黄梅，发展壮大于安徽安庆，广泛流传于湖北、安徽、江西、福建、浙江等地。楚剧原称“黄孝花鼓”，是清代中期以后流行于黄陂、孝感、黄冈、黄梅一带的花鼓戏，黄陂、孝感一带称其为“西路子花鼓”，黄冈、黄梅一带称其为“东路子花鼓”。清代和近代的马口窑陶器中，戏剧人物成为独立的装饰绘画题材，以开光的形式表现某一剧目的某一场景，称为“折子戏”。从目前所见实物来看，其剧目丰富，具有鲜明的戏剧文化特色，在中国陶瓷绘画史上也是别具一格。

闹元宵、龙灯会是江汉平原正月十五节庆活动的重要组成部分。在端午这个重大的节日，人们除了赛龙舟、插艾草、饮雄黄酒之外，还有“送节礼”的习俗，在汉川、应城、荆门、京山等地，民间俗称女子为“坛子”，是因为用马口窑烧制的酒坛盛装的“坛子酒”在婚嫁活动中扮演着极其重要的角色，在提亲、婚礼及回门的时候，“坛子酒”是重要的物质媒介。马口窑陶器体现了江汉平原普通大众和劳动阶层的物质需求、审美取向和价值观念。

三、实用与社会艺术功能

作为民间生活用器的马口窑陶器有实用和观赏的双重功能。使用和流通的长久性、广泛性使其具有宣传教化的功能，因此马口窑陶器的装饰图案也就具备了与同时代的主流绘画相同的社会功能。在马口窑陶器装饰绘画题材中，许多作品都体现了这一特征，如常见的“状元打马游街”“十八学士”“鲤鱼跳龙门”“一路连科”等，表现的就是民间所渴求的状元及第、金榜题名，通过科考获取功名而实现人生价值的思想观念，是当时社会的主流。在马口窑陶器的文字坛中，常出现“状元及第”“踏花归去马蹄香”等文字，表现了当时读书人最高的人生理想和追求。（图7-22）

在马口窑器物的人物装饰中，延续时间最长、最具代表性、影响最为深远的就是八仙坛，其八仙图案是典型的道家图式。明清社会，作为本土宗教的道教，在民间具有广泛的信仰基础，尤其是在清后期，国力衰微，百姓生活困苦，寺庙和道观成了民众精神寄托的重要场所，这里大量使用的香筒、签筒、生活器皿也与马口窑紧密相关，促进了窑口的生产。

图 7-22
马口窑十八学士陶罐展开示意图

由此可见，中国传统文化及地方文化成了马口窑陶器发展和兴盛的思想源泉和实际动力，同时也给马口窑陶器赋予了文化属性。中国传统文化具有广泛的影响力，对广大的民众起到精神引领与熏陶作用。在文化的流传和嬗变过程中，陶器具有见证、记录、传播、交流和传承等方面的功能。这时候的陶器已经不再是普通和简单的生活用具，其装饰也不仅是简单的图案，而是数百年来大众生活和精神面貌的真实反映，它承载着老百姓对美好生活的向往与追求，寄托着人们对天地宇宙、世间万物的无尽想象和赞美。

图 7-23
荒废的窑厂

伍 结语

马口窑陶器从形式、内容和制作技巧三方面达到了高度的和谐统一，形成了极具代表性的民间艺术形式，它是农耕时代和地域文化的产物，也是不可复制的文化遗产。到了20世纪80年代后期，由于市场经济大潮的冲击，现代工业化进程的加速，这一传统民间手工制造业日渐衰落，其产品逐渐被价格低廉、缺乏特色的塑料制品、玻璃制品所代替。20世纪90年代初，马口窑的窑场彻底关闭，辉煌数百年的窑口如同一缕青烟，消失在历史的长河之中，令人慨叹和惋惜。

马口窑陶器作为生活用品，与人们日常生活息息相关，人们在长期的使用过程中赋予了它艺术的美感、人文的内涵和人性的光芒，使得最普通的生活器皿成了不朽的艺术品，这正是劳动创造艺术之美的绝佳典范。马口窑陶器的胎骨、制器、造型和装饰，以及它特有的意蕴和内涵，体现了最为朴实和纯真的民间审美与智慧：以简约、朴素的构成元素和装饰手法展现它独特的艺术魅力。从陶器上那些源自普通大众世俗生活的鲜活画面，我们感受到了民间工匠和艺人们对生活的热爱，对丰收的喜悦，对世间万物的大爱以及对美好未来的期许。那些栩栩如生的灵兽、悠然自得的游禽、欣欣向荣的花草、浪漫不羁的道家仙班和俗世人物呈现在我们面前，构成一个生机盎然、欢愉自由的精神世界。在这些陶器上，人们对生活真挚情感的表达都全然融入装饰技巧、艺术法则、绘画意境之中。在工业和科技高度发达的今天，马口窑艺术传达出来的人文情怀和工匠精神是我们宝贵的精神财富，为现在的社会增添了许许多多的乡土风情和历史余韵，成为我们回归自然、追求淳朴生活的一种精神归宿。

精品赏析

MA
KOU
YAO

麒麟送子喜字坛

时期： 清代
尺寸： 高 39 厘米，直径 32 厘米，口径 14 厘米
收藏： 黄金林

该器物高颈、鼓腹，丰足外撇，形体硕大，造型浑厚饱满，尤其是外撇的高圈足，让整体造型显得挺拔高耸、气宇轩昂，在同类器型中极为少见。其肩部的蝙蝠纹、器身边饰的回纹和底足的莲瓣纹等纹样装饰细腻，底部圈足部分饰以优美的云头纹。主体画面分别绘有喜字纹图案、麒麟送子、喜鹊登梅以及童子戏莲，寓意婚姻美好、早生贵子，是典型的新婚喜酒酒坛。从工艺特征来看，此坛属清代中期的作品，而且是存世数量极少的定制类器物，无论是器物造型、烧制工艺还是装饰手法和绘画艺术水平，皆为一流，堪称马口窑陶器鼎盛时期难得一见的精品。

婴戏图人物坛

时期：清代
尺寸：高 41 厘米，口径 14 厘米
收藏：武汉博物馆

此件为清代马口窑婴戏图人物坛。婴戏图是描写童子生活、嬉戏玩耍的装饰题材，寓意多子多福、子孙满堂，是古代百姓生活中喜闻乐见的吉祥图案之一。宋代以降，有关婴戏的题材在陶瓷装饰中屡见不鲜，成为我国南北陶瓷窑口常见的装饰之一，马口窑以剔刻花的装饰手法延续了这一经典题材。此坛造型圆浑挺拔。肩部和底足部以回纹、蝙蝠纹、卷草纹、宽莲瓣纹为装饰。器物主体图案部分构图丰富饱满，描绘了近六十位童子的生动形象，他们或嬉戏，或观花，或玩莲，或骑驴，形态稚拙天真，体态丰盈，憨态可掬，表现出孩童天真无邪、稚拙烂漫的精神状态，融绘画、雕刻、装饰和美好寓意于一体，在同时期的陶瓷装饰中，具有独特的艺术魅力。

状元打马游街坛

时期： 清代
尺寸： 高 39 厘米，直径 32 厘米，口径 14 厘米
收藏： 万晴、鲁志觅工作室

此件状元打马游街坛的主体装饰在构图上采用横向展开的形式。器物的肩部、底足以模印纹、回纹、卷草纹边饰作间隔来区分主体画面，底足为宽大的莲瓣纹。整体画面以横向从左到右展开，画面人物多层次组合。状元郎面带春风，骑骏马作回望状，身后是一名举华盖的童子随从。此外还分组描绘了观礼、童子戏狮和仪仗队伍。

画面主体造型之外的空白处均以花、叶、藤蔓穿插，与十八学士的画面组织方式相同。其人物造型取法于中国传统白描的表现手法，线条简练，尤其是描绘数十名童子的造型极为生动传神。童子或作揖行礼，或翘首观望，或低头私语，或仰头招手，或俯首戏狮，顾盼生情，姿态各异。其人物造型有别于同时期工艺美术作品中的概念化和装饰化特征，是现实生活的艺术性再现，具有浓厚的生活情趣。画面人物有数十人之多，是一幅生动、热闹、喜庆的民间风俗画卷，体现了马口窑民间匠人高超的绘画技巧和艺术功力。该器物整体装饰细腻，釉色明亮，色彩对比强烈，艺术效果浑厚、古朴，是明清时期地方民窑中难得一见的陶艺精品。

十八学士人物坛

时期： 清代
尺寸： 高 38 厘米，直径 26 厘米，口径 13 厘米
收藏： 黄金林

此坛是马口窑十八学士人物坛的另外一种画面组合形式。从画面来看，除了描绘九位学士形象之外，还有马匹、松柏、桥梁、棋盘等元素。棋盘这一元素印证了《十八学士弈棋图》的主题。画面描绘了学士路遇、下马、弈棋等场景中互相行礼的场景，是儒家所提倡的“君子待人以礼”思想的体现。此件器物主体绘画简练大方，人物刻画传神，是同时期马口窑陶器绘画的精品。更为重要的是，它为马口窑十八学士这一题材提供了一种不同的画面组织方式，证实了“学士弈棋”这一题材与传统绘画之间的传承关系，也是儒家文化在马口窑陶器上的具体体现。

十八学士人物坛

时期：清代
尺寸：高 34 厘米，直径 23 厘米，口径 12 厘米
收藏：李波工作室

该器物造型为平肩、圜口、直腹、收足。自上而下有七层装饰，分别为肩部回纹和简笔卷云纹，肩部和器身交界处的印花万字纹、回纹，主体图案，卷草纹，底足宽莲瓣纹。此坛图案部分釉色呈青黄色，剔刻部分呈青褐色，器形较为瘦长。此器物从造型和装饰绘画风格来看，属于清代晚期的器物。主体画面描绘八位骑马的学士人物，马匹的造型装饰概念化特征较为明显，与初期的风格明显不同。

十八学士人物坛

时期： 清代

尺寸： 高 34 厘米，直径 24 厘米，口径 15 厘米

收藏： 系马口陶瓷博物馆

此件十八学士人物坛器型规整、剔刻细密，人物和马匹的造型稚拙，是清代初期的精品。这个时期的十八学士人物装饰性、图案化的趋势更加明显，人物、花卉的点睛技法运用广泛，装饰手段也趋于多样性。

MA KOU YAO

十八学士人物坛

时期：清代
尺寸：高 35 厘米，直径 25 厘米，口径 12 厘米
收藏：李涛工作室

此坛规则周正，肩部平缓，矮颈圈口便于布帛封口。此坛自上而下分为七层装饰，肩部和器身交界处以陶范压印的方式，将原本突兀的转折面进行装饰。肩部为回纹、如意纹，器身为万字团寿纹、回纹、主体画面，底部为卷草纹和花瓣纹。该器物造型平缓、过渡自然，呈现方中带圆的形态。釉面为典型的“鳝鱼黄”色，剔刻部分呈浅褐色，说明烧制时窑火的温度偏低。

该器物的主体绘画风格极具民间艺术特征。其人物和马匹的造型稚拙、憨态可掬。以点睛法表现人物和马匹的眼珠，在浅浮雕式的刻花装饰手法基础上增加了点的深度空间。马匹的造型极尽夸张变形之能事，其形态和画面结构具有一种内在的张力，造型上虽然脱离了客观物象的真实性，其特征、神态和韵味却得到了最大限度的强化。我们可以从中找到它与剪纸、皮影、木版年画等民间艺术之间的关系。

十八学士人物坛

时期：清代
尺寸：高 36 厘米，直径 25 厘米，口径 14 厘米
收藏：系马口陶瓷博物馆

此坛小口矮颈，丰肩圆腹，底部收足。从肩部到足部自上而下有七层装饰图案，分别为肩部回纹和云头纹，模印万字纹、卷草纹，主体画面，回纹，底足莲瓣纹。器物刻花和剔地的线条釉色呈青褐色，其余釉面呈鲜亮的"鳝鱼黄"色。整件器物的装饰图案和绘画既富丽繁茂，又不失古朴厚重之美。

此坛在同类的题材中以装饰绘画的精美细腻而显得异常突出。画面主体为八位身着官袍、头戴官帽、跨骑骏马的学士。每一位学士均为青壮年造型，丰额圆脸，嘴角上扬，充满欢快喜悦之情。马匹的造型和动态更是丰富多样，姿态各异，有的仰头嘶鸣，有的低额颌首，有的踏步缓行，有的跨步飞奔，形态极其生动，马尾和马鬃毛也随着马匹的运动呈现不同形态。纹样空白部分是富有强烈装饰意味的缠枝花卉和枝叶，整个画面构图饱满充实。

除了骑马的学士之外，画面还描绘有两只与马匹大小相近的喜鹊。其中一只展翅飞翔，一只立于枝头，具有强烈的运动感。在学士的上方还有一扎书简。根据画面推断，书简为高中状元的嘉奖喜报，而喜鹊报喜正传递出状元及第、皇帝敕封、加官晋爵的寓意，整个画面充满着喜庆和欢快。此坛的器形、装饰绘画、人物造型和线条表现力极其精彩，其釉色、烧制工艺及使用痕迹、包浆等，均符合清代中期的马口窑艺术风格，是一件难得的艺术精品。

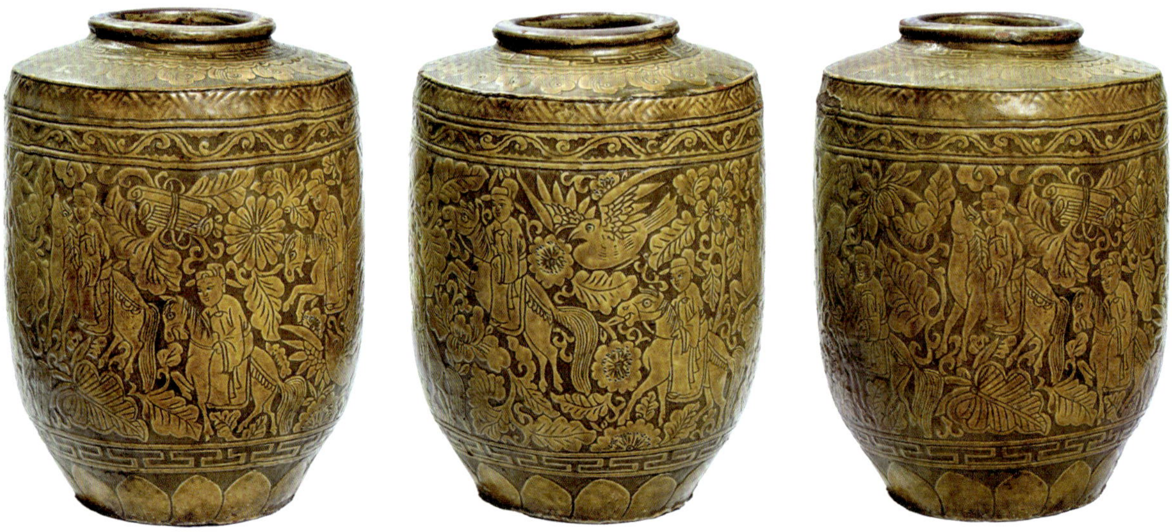

十八学士人物坛

时期: 清代
尺寸: 高 37 厘米，直径 24.5 厘米，口径 12 厘米
收藏: 李波工作室

该器物造型为圆肩、矮颈、鼓腹、收足，整体器形圆润、浑厚、饱满。自上而下有六层装饰，分别为肩部回纹和缠枝花卉纹（金瓜蝴蝶），器身卷草纹、主体学士图、回纹及底足卷云纹。此坛装饰图案部分釉色呈青黄色，剔刻部分呈深褐色，画面装饰繁缛细腻。刻花图案用刀干脆利落，线条优美流畅且刚劲有力，回纹和卷草纹造型规整。主体画面的学士人物造型生动，各具神态。其构图形式和绝大多数的十八学士人物坛有所不同，马匹运动方向和人物脸部朝右方，以逆时针旋转的方式向右横向展开。底足也不是常见的莲瓣纹，而是较为少见的卷云纹。由此体现了马口窑陶器作为民间艺术的随意性、多样性以及鲜活多变的艺术特色。

十八学士锁口坛

时期：清代
尺寸：高 37 厘米，直径 24 厘米，口径 13 厘米
收藏：李波工作室

该器物为清晚期典型的锁口酒坛造型，颈部较高，开有对穿的圆孔，可以与坛盖对穿上锁，这是马口窑陶器造型的独创。圆肩直腹，底部收足，器形较为瘦长。自上而下有六层装饰，分别为肩部回纹和简笔卷云纹，器身的回纹、主体画面、回纹，底足宽莲瓣纹。从此器物的造型和装饰绘画风格来看，属于典型的清末民国初的器物。此坛图案部分釉色呈青色，剔刻部分呈深褐色。主体画面描绘八位骑马的学士。人物和马匹造型生动，人物有的回望，有的低首，马匹也有作嘶鸣状。装饰纹样和图案较为随意，卷云纹和莲瓣纹装饰性和概念化特征明显。

十八学士刻花对坛

时期： 清代
尺寸： 高 37 厘米，直径 26 厘米，口径 13 厘米
收藏： 万晴、鲁志觅工作室

此对坛唇口、平肩、直腹、敛足。装饰手法刻花剔地和点睛并用。肩部刻画梅花缠枝纹，连接处模印万字纹，上下间隔纹饰分别刻画一圈回纹，底足为双线莲瓣纹。中间主画面运用横向展开装饰形式，描绘十八学士主体图案，每坛均绘有九人九马，以花卉缠枝纹为背景，人物为年轻学士形象，头戴官帽骑马前行。坛身釉水饱满，色泽呈暖黄色，釉面有雨滴状流淌感。十八学士坛应是成对器物，但因年代久远大多遗失破损，存世成对器物罕见。此对坛器型、纹饰、釉色、刻画手法均十分一致，应为原配对坛，保存至今实属难得。

渔樵耕读刻花对坛

时期： 清代
尺寸： 高 37 厘米，直径 26 厘米，口径 13 厘米
收藏： 万晴、鲁志觅工作室

此对坛圈口、圆肩、直腹、敛足。装饰手法采用刻花剔地和点睛。坛肩刻画牡丹和金瓜纹，上部间隔纹是菱形纹，下部是牡丹缠枝纹，底足是莲瓣纹。两个坛上部间隔纹饰稍有区别。其中一坛刻画有“书生对读”“樵夫骑马”“丹凤朝阳”的图案，配以古树和古建筑；另外一坛刻画有“渔夫获鱼”“农夫耕田”“喜鹊登梅”的图案，配以古树和奇花。对坛图案内容描绘的渔樵耕读是中国农耕社会的四业，代表了劳动人民的基本生活方式。“喜鹊登梅”寓意喜庆、好运的到来；“丹凤朝阳”比喻贤才遇上了好时机，前途光明。从其寓意和纹饰的独特性可以推断，其或为定制烧造的酒坛。此对坛釉色饱满黄亮，画面拙朴传神，构图巧妙连贯，题材寓意吉祥，匠师创作率真。原配保存至今实属难得。

五开光吉祥图案刻花坛

时期： 清代
尺寸： 高 36 厘米，口径 14 厘米，底径 15 厘米
收藏： 万晴、鲁志觅工作室

此坛唇口、矮颈、平肩、鼓腹、敛足，属清代中期器型特点。装饰手法刻花剔地和模印并用。运用分层、开光与形结合的装饰形式，坛肩刻蝙蝠、祥云、梅花随形纹饰，衔接处模印万字纹，上下间隔纹用双细线条分隔，主体画面用单细线条分割，画面内绘矩形窗花框，分别绘有“太平有象”“喜鹊登梅”“花开富贵”“暗八仙葫芦”“仙鹿寿桃”五幅吉祥图案。蝙蝠象征福气，太平有象寓意平安吉祥，喜鹊登梅象征喜庆，花开富贵象征财富，仙鹿寿桃象征长寿，葫芦象征俸禄。此坛釉水肥厚，色泽黄亮呈玻璃状，造型敦实厚重，纹饰刻画秀美，寓意美满，应为马口窑清代佳作。

万字纹八仙人物坛

时期： 清代
尺寸： 高 35.5 厘米，直径 24 厘米，口径 13 厘米
收藏： 系马口陶瓷博物馆

此坛器型为唇口、平肩、鼓腹、收足，釉面为亮黄色，剔刻部分为深褐色。此坛最大的特色是以约 45 度角倾斜、长短不一的刻画直线条，剔刻的线条衬托出四方连续的阳线万字纹，并且以此纹作为底纹，衬托出主体八仙人物造型。由于密集的剔刻线条呈深褐色，视觉上形成后退的感觉，具有强烈的装饰感，也使得主体的人物造型异常突出。以万字纹作为底纹装饰，是马口窑装饰的常用手法之一。

四开光八仙骑马刻花坛

时期： 清代
尺寸： 高 41 厘米，直径 28 厘米，口径 14 厘米
收藏： 万晴、鲁志觅工作室

此坛唇口、矮颈、平肩、直腹、敛足。装饰手法刻花剔地和模印并用。坛肩刻画云头纹，衔接处模印万字纹和团寿纹，间隔纹是粗犷的单线条。主体画面为四开光矩形窗花画框，分别绘有吕洞宾身背宝剑、蓝采和手持花篮、韩湘子手握笛子、曹国舅身背笏板。四人均为骑马前行的造型。这种骑马八仙造型罕见，推断应是匠师将八仙形象和十八学士形象相结合，偶然创造出来的。背景绘有松、竹、梅，三者合称“岁寒三友”。这三种植物在寒冬时节仍保持顽强的生命力，是中国传统文化中高尚人格的象征，也借以比喻忠贞的友谊。

古有“松竹梅，岁寒三友；桃李杏，春暖一家”之说，据此推断吕洞宾图案背景之树，应是“桃李杏”之一的果树。坛身釉色饱满呈亮黄色，较一般八仙坛高大，八仙形象独特，配景寓意深刻，反映了马口窑匠师敢于创新的精神。

八仙花卉坛

时期：清代
尺寸：高 48 厘米，直径 21 厘米，口径 13 厘米
收藏：万晴、鲁志觅工作室

此坛敛口、圆肩、鼓腹、敛足。坛肩刻画蝙蝠祥云图案，间隔纹为上下一圈的单线条，底足为尖莲瓣纹。主体画面采用横向展开的装饰形式，分别绘有铁拐李手持拐杖和葫芦、何仙姑身背荷花、蓝采和双手拿花篮、曹国舅手拿笏板。仙人服饰特征鲜明，动态传神，人物之间用形态各异的奇石和花卉纹点缀，刻画细腻，釉色饱满光亮，横向装饰结合背景纹饰的手法别具特色。此法在马口窑八仙坛中运用较少。此坛应是其代表佳作。

八仙人物坛

时期： 清代
尺寸： 高 35 厘米，直径 25 厘米，口径 12 厘米
收藏： 黄金林

此坛为圆肩、鼓腹、敛足，颈部上小下大。釉色偏深，剔刻部分呈黑褐色。肩部装饰为刻花蝙蝠祥云纹。主体绘画部分四开光，分别描绘八仙中的四仙造型，底足莲瓣纹较为细密，刻画规整。此坛器形圆润，釉色深沉，装饰手法细腻，人物造型生动。

八仙人物坛

时期： 清代
尺寸： 高 36 厘米，直径 25 厘米，口径 12 厘米
收藏： 黄金林

此坛器型为唇口、平肩、鼓腹、敛足、圈口。釉色偏黄褐色。肩部装饰为刻花蝙蝠纹，肩部和器身交界处装饰细密的刻花回纹。主体绘画部分开光，描绘八仙中的四仙人物。底足为卷云纹。此坛绘画构图饱满，空白处装饰云纹，人物描绘细腻、形象生动，充分借鉴传统绘画中的白描手法，线条飘逸灵动，融绘画、雕刻于一体，十分特别，具有独特的魅力。

八仙人物坛

时期：清代
尺寸：高 41 厘米，直径 28 厘米，口径 15.5 厘米
收藏：系马口陶瓷博物馆

此坛为唇口、平肩、鼓腹、收足，釉面为典型的“鳝鱼黄”色，剔刻部分为红褐色，釉色鲜亮喜人。此坛描绘的八仙中的铁拐李造型极为传神，无论是人物造型、服饰的细节处理、神态刻画，还是人物内在性格和精神世界的表达，都极为精妙，从中可以看到民间艺术向同时期主流绘画的学习和借鉴。

四开光暗八仙花卉坛

时期：清代
尺寸：高 36 厘米，直径 22 厘米，口径 11 厘米
收藏：蒋志祥

八宝图案是对佛家、道家精神的图式化和形象化呈现，是宗教精神的体现。清代官窑和民窑都有装饰佛教八宝和道家八宝图案的陶瓷，寓意神灵护佑、吉祥平安。马口窑除了最具代表性的八仙人物外，还有一些以开光形式表现的暗八仙图案，如以葫芦、拐杖象征铁拐李，以渔鼓象征张果老、以花篮象征蓝采和、以荷花象征何仙姑等。此坛立体图案即采用此种表现手法。此坛以盘长纹为开光边框装饰，以缠枝花卉为衬托，画面具有强烈的装饰意味。

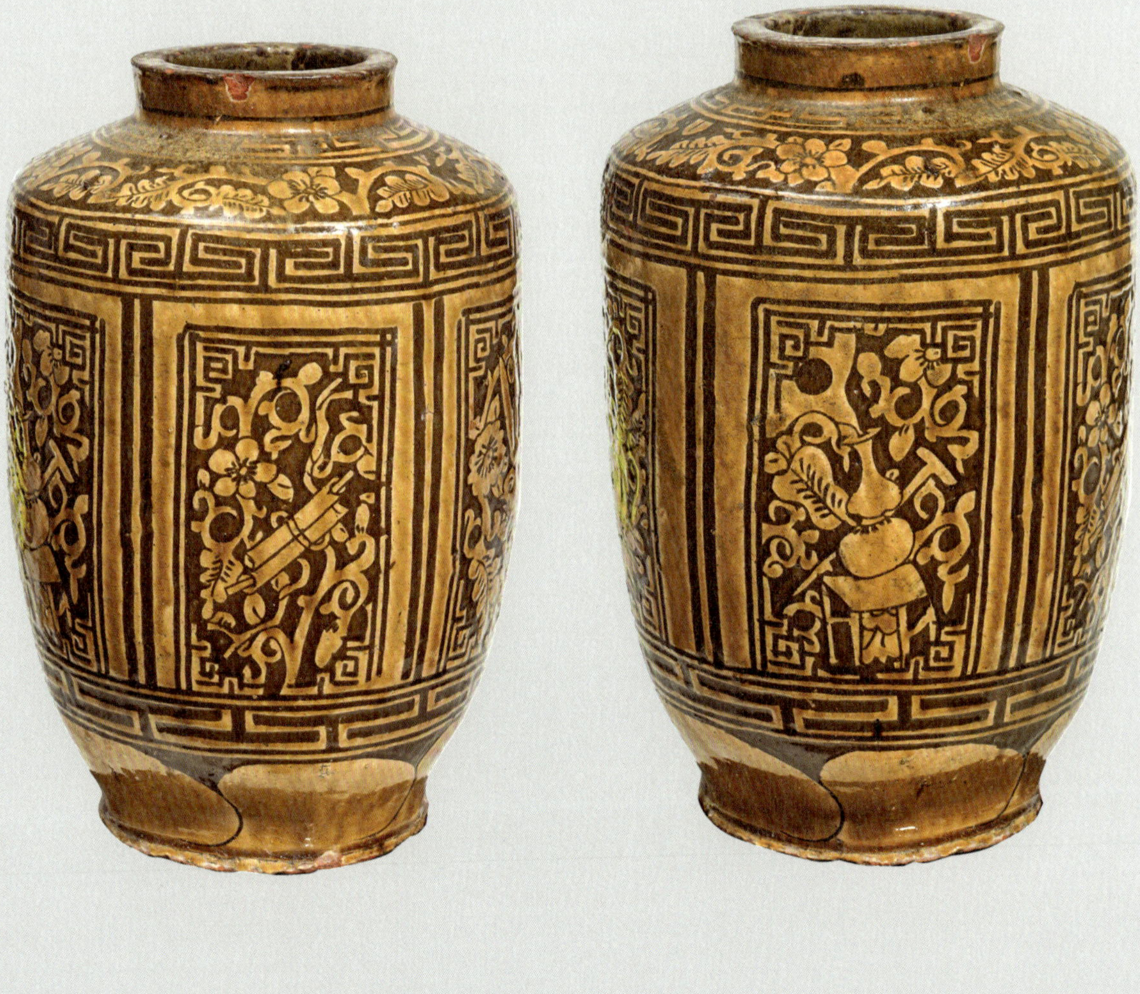

四开光刻花吉祥花卉坛

时期：清代
尺寸：高 36 厘米，直径 22 厘米，口径 14 厘米
收藏：万晴、鲁志觅工作室

此坛体形较大，唇口、平肩、直腹、敛足，肩部纹饰较有特色，近口沿处刻画一圈回纹和由杏花、叶子、金瓜、暗八仙（笛子）组成的纹样。连接处模印万字纹，其间点缀团寿纹。上部间隔纹是一圈杏花连叶纹，下部间隔纹是一圈缠枝纹，底足是双线莲瓣纹。中间主画面以四开光装饰，每面开光均采用盘长纹分割，中间开圆窗，分别刻有“缠枝金瓜”“博古金瓜”“缠枝杏花”“缠枝牡丹”四组吉祥花果图案。坛身釉水色泽饱满，呈暖黄色，釉面有雨滴状流淌感。此坛满工刻画，从上至下七层装饰，整体繁复华丽。

寿字纹花鸟六开光坛

时期： 清代
尺寸： 高 36 厘米，直径 24 厘米，口径 14 厘米
收藏： 毛宗泽工作室

此坛为清代初期马口窑出品，做工精致，器型完整，装饰简洁新颖。由于水花需趁湿刮刻，画面中图案与文字边缘有凸起的痕迹，增加了画面的立体效果，如图中仙鹤的形态，回首独立，动静有致。由于使用水花技法，坛体画面的立体感更强，更生动。坛的肩部有模印花纹，图案清晰明澈，宁静有致，使整个陶坛充满一种舒适喜庆的氛围，又蕴含雅致宜人的文化内涵。

琴棋书画刻花锁口对坛

时期：清代
尺寸：高 42 厘米，直径 26 厘米，口径 12 厘米
收藏：万晴、鲁志觅工作室

此坛为典型的锁口坛造型，直口、高颈、圆肩、收腹、圈足。装饰手法刻花剔地和点睛并用。坛肩刻画一圈回纹和花卉缠枝纹，上下各一圈回纹作为间隔纹饰，底足是双线莲瓣纹。其中一坛坛身刻画有“弹琴”“书法”“赏花”“喝茶”的场景，背景配以古树、奇花和亭台。另外一坛刻画有“对弈”“吟诗”“绘画”“对酒”的场景，背景配以古树和景石。对坛图案内容展示的琴、棋、书、画、诗、酒、花、茶实际上是古人八大雅事。“弹琴”“喝茶”描绘一乐师端坐于椅上手抚琵琶弹奏，一旁两童子侍奉一老者喝茶听曲，另一边老者读书赏曲，童子藏于身后。“书法”描绘亭台下一位老者端坐于桌前，双手扬起，正欲挥墨书写，而友人则在两旁会神拜读墨宝。“赏花”描绘三人信步树下，两人交谈甚欢，一人扭身欣赏博古架上的奇花。“对弈”描绘三人围坐棋桌，两两对弈、一人观棋，另有一童子在旁侍奉。“绘画”描绘树下三人，一人半蹲状，手拿画纸，一人俯身握笔绘画，一人在旁观赏，还有一老者正策马赶来。“吟诗”“对酒”疑似描绘两人石前树下吟诗对酒（此景特征并不明显，根据之前图景推断）。整幅画卷，放逸山林之中，透出浪漫和雅致，仿佛凝固了时间。罐子釉色哑光呈酱黄色，故事情景刻画生动，属原配锁口对坛。

五开光戏曲故事刻花坛

时期： 清代
尺寸： 高 35 厘米，直径 22 厘米，口径 14 厘米
收藏： 万晴、鲁志觅工作室

此坛唇口、矮颈、平肩、直腹、敛足。装饰手法刻花剔地、点睛、模印并用。坛肩刻有一圈梅花缠枝纹，衔接处模印万字纹，间隔纹是上下各一圈的回纹，底足为莲瓣纹。主体画面是五开光矩形窗花画框，分别绘有《穆桂英挂帅》《辕门斩子》《白蛇传》《文王访贤》《遇龙封官》五个戏曲故事场景。坛身釉色饱满，呈酱黄色，共描绘十五个人物形象，人物形象刻画简练传神，在马口窑戏曲坛中少见。据整体风格、特征推断，此坛应为清代中期器物。

MA KOU YAO

六开光戏曲人物花鸟坛

时期： 清代
尺寸： 高度 45 厘米，直径 28 厘米，口径 14 厘米
收藏： 系马口陶瓷博物馆

此坛为六开光戏曲人物花鸟坛，其中一个画面描绘了杨宗保和穆桂英。戏曲人物是马口窑陶器装饰绘画的重要题材之一，一般以开光的形式予以表现，单幅画面以表现戏曲的某个场景或者某个故事为主，人物从一人到数人不等，有的可以达到七八人之多。

打金枝锁口酒坛

时期：清代
尺寸：高 45 厘米，直径 28 厘米，口径 14 厘米
收藏：系马口陶瓷博物馆

此坛为典型的锁口酒坛，器型为圆肩、鼓腹，颈部较高并开有对穿的两个方形孔洞，底足为丰足，器形较一般的酒坛大。釉面为亮黄色，剔刻部分为深褐色。主体画面为六开光人物、花卉、花鸟等吉祥图案，其中一开光描绘了戏曲《打金枝》的故事。

MA KOU YAO

金瓜蝴蝶灯笼对坛

时期：清代
尺寸：高 48.5 厘米，直径 13.5 厘米，口径 13.5 厘米
收藏：万晴、鲁志觅工作室

此坛坛体上下变化大，重心偏上，因而更加秀美。花卉刻画为马口窑所长，坛中间满工装饰面积大、冲击力强，蝴蝶花、梅花张放自如，如沐阳光。活力与张扬本来就是生命的表达，此坛图案规整但不拘束，这是难能可贵的。此坛为马口窑清代代表作。

六开光吉祥图案坛

时期： 清代
尺寸： 高 37 厘米，直径 25 厘米，口径 14 厘米
收藏： 系马口陶瓷博物馆

此坛器型为唇口、矮颈、平肩、鼓腹、敛足，器型圆润饱满，釉面为青黄色，剔刻部分为青褐色。装饰以肩部蝙蝠纹、印花回纹、底足卷云纹。主体画面为六开光吉祥图案，分别绘有太平有象、花开富贵、暗八仙、麒麟吐玉书、一路连科、犀牛望月的图案。此坛以器型宽博厚重、装饰精美、绘画生动、釉水肥厚见长，是清代初期的代表作品。

六开光吉祥图案坛

时期： 清代
尺寸： 高 36 厘米，直径 24 厘米，口径 14 厘米
收藏： 系马口陶瓷博物馆

此坛敛口、矮颈、圆肩、鼓腹、敛足，是清代中期的器物。主体画面为六开光吉祥图案，分别绘有一路连科、犀牛望月、花开富贵、暗八仙等图案。肩部剔刻典型的蝙蝠纹装饰，尤为独特的是在蝙蝠纹下方，同时刻画了一只松鼠和葡萄。“松鼠葡萄图”也是传统吉祥图案之一，寓意丰收、吉祥，在明清时期的青花、粉彩瓷器中十分常见，体现了马口窑装饰系统性和多样性的统一。

凤蝶起舞坛

时期： 清代
尺寸： 高 38 厘米，直径 29 厘米，口径 14 厘米
收藏： 万晴、鲁志觅工作室

此器物造型圆润饱满，釉水肥厚，釉面呈酱褐色和黄褐色，色彩喜庆鲜亮。以传统的凤纹为图像符号作装饰，在民间窑口中并不多见。画面中描绘的凤凰昂首展翅，带有楚文化崇尚浪漫与张扬的气息。几只蝴蝶翩翩起舞，穿行在花叶藤蔓丛中，一派祥和喜庆之气，表达富贵吉祥的美好祝愿。此坛深虽为实用器物，但也备受珍爱，流传至今，难能可贵。

瓜瓞绵绵花卉坛

时期：清代

尺寸：高 43 厘米，直径 28 厘米，口径 14 厘米

收藏：系马口陶瓷博物馆

瓜瓞绵绵为我国传统吉祥图案之一。《诗经·大雅·绵》："绵绵瓜瓞，民之初生，自土沮漆。"传统的瓜瓞绵绵图式有两类：一类是瓜连藤蔓、花和枝叶；另一类是瓜、藤蔓、花叶加上蝴蝶的组合图案，即瓜瓞绵绵，"蝶"与"瓞"同音，有子孙昌盛、兴旺发达的吉祥寓意。由于寓意美好，这一题材成为马口窑花卉装饰中最为常见的一种，在坛、罐、壶、枕等器物中广泛应用。此坛器形较大，造型饱满厚重，为唇口、高颈、圆肩、鼓腹，高足外撇，釉色偏青，色泽古朴厚重。器身主体图案装饰金瓜花叶和藤蔓，点缀几只蝴蝶，造型简练概括，体现了民间陶器的审美意趣。

五开光鱼化龙坛

时期：清代
尺寸：高 36 厘米，直径 25 厘米，口径 13 厘米
收藏：李波工作室

此坛器型为唇口、平肩、鼓腹、敛足。釉面色泽为典型的“鳝鱼黄”，剔刻部分为青褐色。肩部装饰以剔花为主的蝙蝠纹，器身为印花回纹，底足为莲瓣纹。器身主体画面部分为五开光吉祥图案，分别绘有鱼跳龙门、暗八仙等图案。釉面出现局部的蓝色釉变，底足部分有明显的釉料堆积现象，由浸釉工艺产生的釉料流动所致。

四开光吉祥花卉对坛

时期： 清代
尺寸： 高 35 厘米，直径 22 厘米，口径 14 厘米
收藏： 万晴、鲁志觅工作室

此对坛唇口、无颈、平肩、直腹、敛足。装饰手法刻花剔地、点睛、模印并用。肩部刻画云头纹，连接处模印寿字纹、铜钱纹、梅花纹，底足为长莲瓣纹。坛身用宽直线条分隔出四个独立开光，图案采用长方形窗花边框。一坛绘有博古莲花、海棠花、博古梅花、石榴。博古莲花，并蒂同心，一茎双花，寓意夫妻和睦，白头偕老；海棠花寓意玉堂富贵；博古梅花在民间有传春报喜的吉祥象征；石榴寓意多子多福。另一坛绘有宝相花、博古牡丹、金瓜、博古海棠。宝相花，代表吉祥如意，富贵纯洁；博古牡丹意为富贵平安；金瓜象征金玉满堂；博古海棠寓意平安。两坛均釉水肥厚，色泽呈暖黄色，釉面有雨滴状流淌感。吉祥花卉刻画精美，匠师手法熟练老道，纹饰寓意吉祥美满。两坛釉色、造型、手法惊人一致，应为原配对坛。

五开光鲤鱼跳龙门坛

时期： 清代
尺寸： 高 36 厘米，直径 24 厘米，口径 13 厘米
收藏： 系马口陶瓷博物馆

此坛器型为唇口、斜肩、直腹、敛足，具有清代晚期器型特征，釉色呈亮黄色。肩部装饰蝙蝠纹和暗八仙纹，底足装饰卷云纹。主体画面为五开光吉祥图案，分别绘有鱼跳龙门、花开富贵、犀牛望月等图案。

满工缠枝花卉酒坛

时期： 清代
尺寸： 高 38 厘米，直径 27 厘米，口径 14.5 厘米
收藏： 蒋志祥

此坛器型为敛口、矮颈、圆肩、鼓腹、敛足，是清代晚期的器型。该器物釉面底色呈酱褐色，图案呈鲜亮的黄紫色，浓厚艳丽。装饰图案简洁、大气，主体图案造型浑厚而饱满，藤蔓线条简洁有力，具有强烈的运动之势，可见工匠在器物上运刀的干脆利落和胆大心细，体现了其炉火纯青的刻花技巧。

花卉瓶花锁口坛

时期： 清代
尺寸： 高 38.5 厘米，直径 25 厘米，口径 14 厘米
收藏： 蒋志祥

此坛为锁口坛造型，撇口、高颈、圆肩、鼓腹，圈足外撇，是清代晚期的器物。该器物从肩部到底足分别以三层剔花回纹作间隔，分割出肩部、器身主体和底足三个装饰区域，作为间隔的回纹同时又起到了重复和上下呼应的作用。器身主体图案为花瓶和蜿蜒的金瓜花卉藤蔓，寓意平安、吉祥、富贵及子孙延绵。

满工缠枝花卉酒坛

时期：清代
尺寸：高 38.5 厘米，直径 25 厘米，口径 14 厘米
收藏：蒋志祥

此坛圈口无颈、平肩、直腹、敛足，是马口窑鼎盛时期的典型器型。该器物最大的艺术特点是装饰繁密、纹饰细腻精美。器物自上而下有六层装饰图案，刻花、剔花、刻花剔地、印花等多种装饰手法并用，器物色彩对比强烈、釉面黄亮，给人以鲜花着锦般热烈、富丽的审美感受，堪称马口窑花卉坛的精品之作。

五开光花鸟坛

时期：清代
尺寸：高 43 厘米，直径 27 厘米，口径 14 厘米
收藏：系马口陶瓷博物馆

此坛器形硕大，器身竖长，高颈直口、圆肩直腹，矮圈足外撇，具有清代晚期造型特点。肩部两圈卷草纹作边饰，器身为五开光花鸟图案，绘有喜鹊、缠枝花卉等，线条随意、造型简练，具有强烈的装饰意味。

瑞兽花卉对坛

时期： 清代
尺寸： 高 35 厘米，直径 20 厘米，口径 14 厘米
收藏： 万晴、鲁志觅工作室

此对坛唇口、无颈、平肩、直腹、敛足。装饰手法刻花剔地、点睛、模印并用。肩部刻画云头纹，连接处模印，一坛为万字纹，另一坛为万字纹与梅花纹组合。两坛底足都是尖莲瓣纹。坛身用宽直线条分隔出四个独立开光，图案采用长方形窗花边框。一坛绘有“仙鹤祥云”“松鹿图”“麒麟踏祥云”“鱼化龙飞升仙宫”四幅图案。另一坛绘有“麒麟吐玉书”“仙鹤寿桃”“博古花卉”“富贵牡丹”四幅图案。

两坛均釉水肥厚，色泽呈暖黄色，釉面有雨滴状流淌感。其瑞兽和花卉细节都刻画精美，匠人手法熟练老道。两坛细节处略有不同，应不是原配对坛。但从器物大小、造型特征、装饰手法、题材寓意等方面来看，二者的风格非常接近，应为同时期的作品。

瓜瓞绵绵大号灯笼坛

时期：清代
尺寸：高 48 厘米，直径 26 厘米，口径 13 厘米
收藏：万晴、鲁志觅工作室

此坛直口、圆肩、鼓腹，肩部为最宽处，腹下部渐收拢为束腰，底足再稍变宽外撇，用增加底面面积的方法保证器物的稳定性。坛体采用分层装饰，肩部刻画蝙蝠花卉纹，上部间隔纹为一圈回纹，下部为一圈缠枝纹，底足为海水纹。中间运用横向展开装饰形式，描绘有瓜瓞绵绵主体图案。金瓜初生，其蔓不绝，绵延滋生，彩蝶飞舞，生机勃勃，象征子息绵延，繁茂昌盛。画面繁密、构图饱满。该器器型高大，底足高耸，造型优美，形态类似于灯笼，故名“灯笼坛”。

模印金钱满贯酒海坛

时期：清代
尺寸：高 48 厘米，直径 26 厘米，口径 13 厘米
收藏：万晴、鲁志觅工作室

此坛鼓腹敛口，腹部圆鼓如苹果状，可增加存储量，小口便于密封。主体器身装饰陶范压印圆形金钱纹，寓意金钱万贯，加之釉色黄亮如金，更增加了喜庆吉祥的意味。金钱纹在器物光滑的釉面上形成凹凸的斑纹，能增加摩擦力，可防止在搬运过程中滑落。

刻花金钱满贯坛

时期： 清代
尺寸： 高 31 厘米，直径 39 厘米，口径 24 厘米
收藏： 万晴、鲁志觅工作室

此坛为圆肩、矮颈、敞口，腹部圆浑。器身主体以刻花技法刻画出外圆内方的金钱纹四方连续纹样。整体器形饱满厚实，是极为实用的民间生活用品。

六开光花鸟诗文坛

时期： 近现代
尺寸： 高 40 厘米，直径 20 厘米，口径 12 厘米
收藏： 系马口陶瓷博物馆

马口窑陶器的文字装饰包括纪年款、署名款、定制款、诗文、谚语、吉语、口号以及福、禄、寿、喜等装饰文字。诗文内容带有明显的地域文化或者酒文化的特色。此坛有福寿纹、诗词、花鸟等内容，剔刻和水花技法相结合，内容极为丰富。

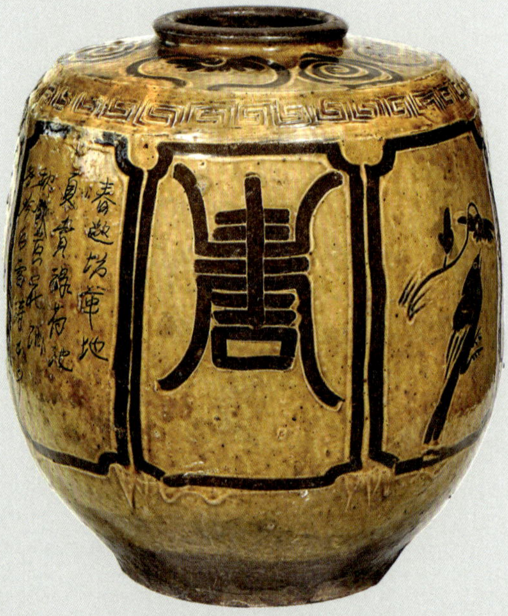

喜鹊登梅大酒坛

时期：近现代
尺寸：高 58cm，直径 34cm，口径 20cm，底径 23cm
收藏：李波工作室

此坛器形硕大，装饰刻画精美，保存完整。一般而言，马口窑陶器多在中小型的坛、罐类器物上进行刻花装饰，而大型的器物因装饰耗费工时长，且制器和烧制的工艺更加复杂，多以便捷粗糙的印花装饰为主，这件剔刻花装饰的四开光大号花鸟酒坛装饰图案生动，弥足珍贵。

节约粮食文字坛

时期： 近现代
尺寸： 高度 38 厘米，直径 24 厘米，口径 13 厘米
收藏： 徐世华

此四面分别刻有"细收细打""颗粒归仓""节约用粮""精打细算"字样，肩部刻有"保卫和平"四字。坛上文字平实地反映了当时的农民勤劳、朴实、节俭的优秀品质。节约粮食，当思来之不易，语言朴实无华，通俗易懂。

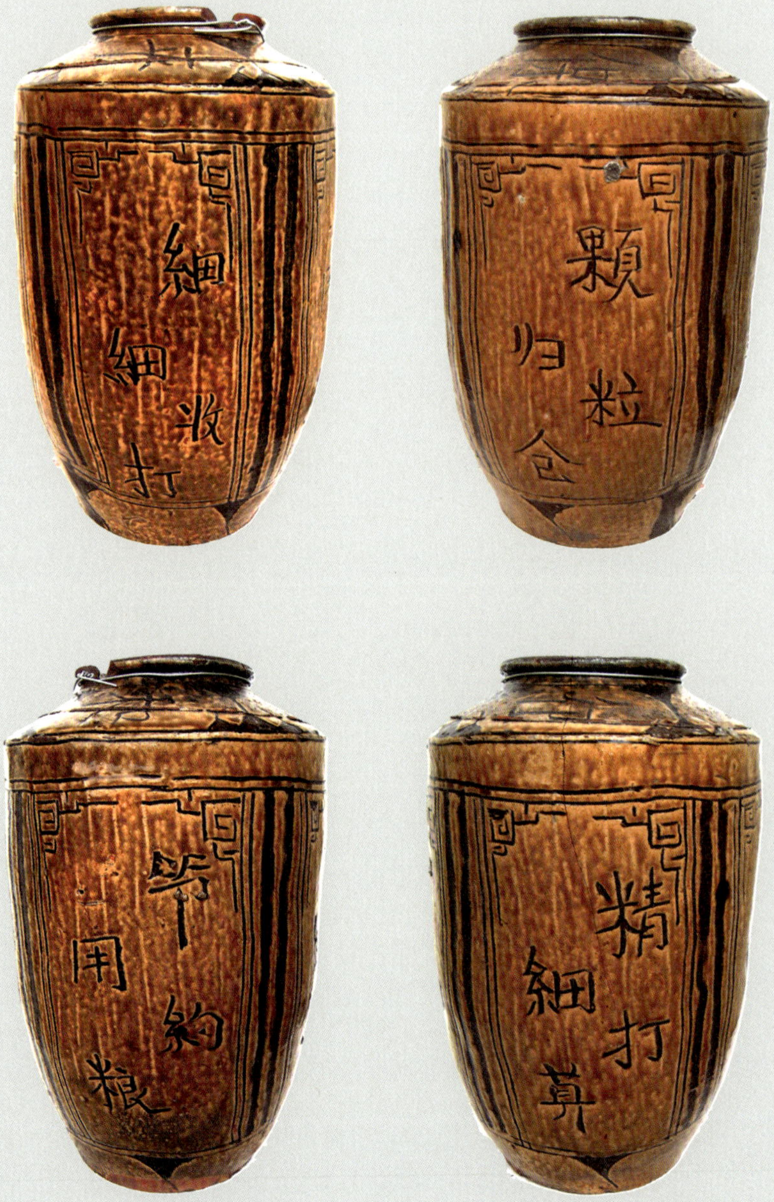

抗美援朝文字坛

时期： 当代
尺寸： 高 25 厘米，直径 22 厘米，口径 12 厘米
收藏： 徐世华

该坛上大下小，坛体较宽。开光成方形，正面刻有“抗美援朝”四字，另三面刻有“反对侵略，打倒美帝”，坛面环刻“保家卫国”四字。在 20 世纪 50 年代，很多陶器上刻有流行政治口号，这是此时期马口窑陶器最大特点。全国人民都满怀热情，投入抗击美国侵略者的人民战争中去，马口窑紧跟时代，在陶器上刻政治标语，用于宣传思想、发动人民群众。

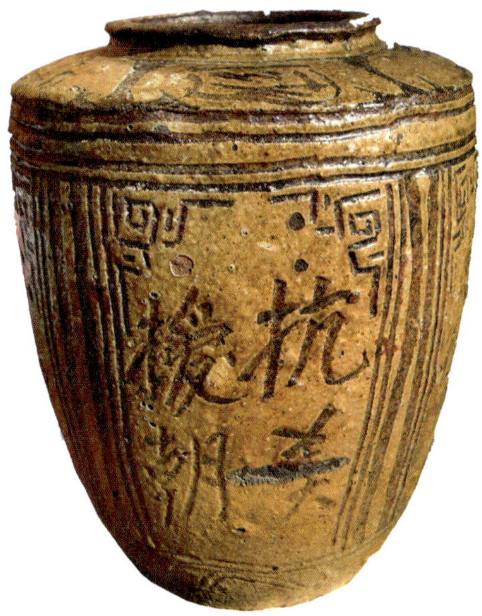

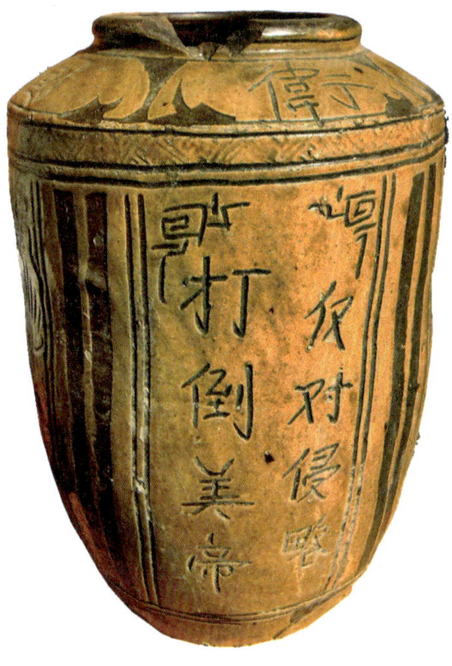

和平解放文字坛

时期：当代
尺寸：高 27 厘米，直径 19 厘米，口径 13 厘米
收藏：徐世华

此坛为20世纪50年代后期马口窑出品，坛身刻有文字“一定解放台湾”“世界和平”。另外两面都刻有花叶图案。这件陶器说明当年的政治口号深入人心，普及乡镇及普通百姓，是一件具有历史、文献价值的陶器，也记录了马口人那个年代的激情。

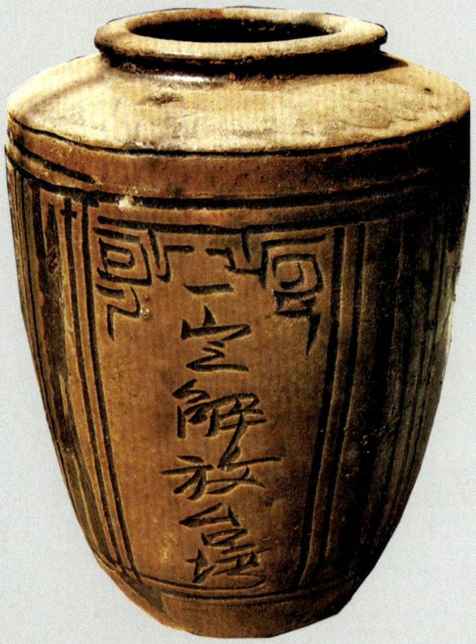

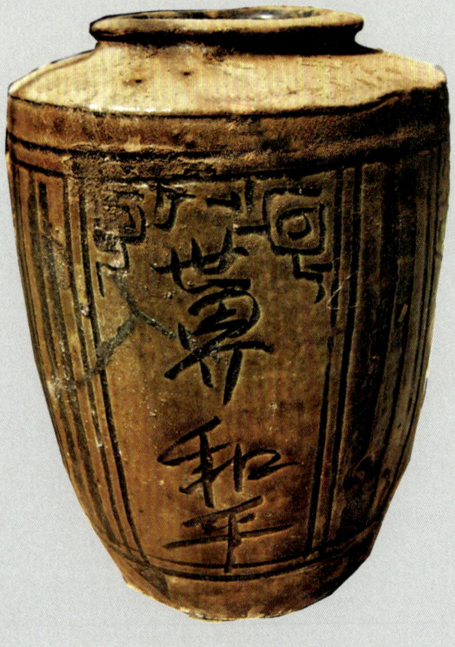

四开光堆塑奔马罐

时期：明代
尺寸：高 34 厘米，直径 35 厘米，口径 18 厘米
收藏：徐世华

此罐为典型的明代晚期马口窑风格。陶罐装饰以狮子云头纹作为开光外形，罐面采用贴塑与刻划相结合的装饰手法，奔马造型生动，姿态舒张有力，为难得精品。目前已发现多种同类陶罐，有兔、马、牛、花草、树木等造型，疑为十二生肖的一部分。该器物开光中马的造型十分健硕。民间素有“唐马三块瓦”之称，在这里，马头与脖颈形成第一线，前胸为第二线，背臀为第三线，三条弧线环环相扣，结构严谨，马的前腿奋起，后腿腾空，抬头、瞪眼、嘴紧闭、鼻孔大张，配以天空中的卷云、地面的扬尘，简练的手法塑造出一匹矫健飞动的天马，具有极强的艺术感染力。该器物釉色深沉而明亮，釉水肥厚，是同时期的精品。

四开光堆塑玉兔罐

时期：明代
尺寸：高 34 厘米，直径 33 厘米，口径 18 厘米
收藏：武汉长庭陶瓷博物馆

该罐釉色呈酱褐色，色泽深沉。据其造型及纹饰特点推测，应是明代晚期的作品。传说玉兔为月宫中的祥瑞灵兽，该器物四开光，描绘了玉兔回首望月的景象。在夜色下，薄云半遮月，周围树影朦胧，一只硕大的兔子猛然回头，正惊奇地睁大眼睛看着月亮。兔子的头部刻画得十分独特，粗犷有力，两只大耳，一前一后，仿佛在警惕周围。兔子身躯半抬起，后面两脚着地，前面两脚抬起，左高右低。天空的彩云追随着圆圆的月亮，随风飘动。

四开光堆塑松鼠罐

时期： 明代
尺寸： 高 39 厘米，直径 32 厘米，口径 14 厘米
收藏： 徐世华

该器物为明晚期作品。球形器身上有四开光装饰，分别塑有仙鹤、松鼠、兰花、花树等。特别突出的是仙鹤和松鼠，其结构写实而严谨，造型生动，尤其以松鼠描绘得最为传神，在同类罐中仅此一件。画面中一只松鼠沿山石爬行，十分警惕，小心四顾，瞪眼缩颈，而山石则以大写意的手法大面积平铺表现，以突出主体的生动传神。

四开光堆塑玉兔望月罐

时期： 明代
尺寸： 高 34 厘米，直径 35 厘米，口径 17 厘米
收藏： 湖北省美术院工作室

此罐有残，根据平肩、鼓腹及罐型釉面特征，可以断定此罐应为明代晚期马口窑写实作品的代表作。罐的主体造型以堆塑呈现，装饰图案局部如兔子的嘴、鼻、眼、脚爪、尾巴等细微之处，辅助以线刻加以表现，使其极为生动传神，充满浪漫与神秘色彩。圆弧形的开光顶部与树枝相交接，树下有一只硕大的兔子回首抬足，双眼圆瞪，显得十分警觉不安。兔子的造型结构十分严谨，头部刻画生动入微。左上角的云彩和地上的花草，使此罐形成完整的画面。

四开光堆塑状元及第罐

时期：明代
尺寸：高 39 厘米，直径 32 厘米，口径 14 厘米
收藏：武汉长庭陶瓷博物馆

此罐为明代晚期的作品。器物开光形态为狮子云头纹，分别在四开光的中间堆塑出“状”“元”“及”“弟（第）”四字。明代晚期书法端庄工整，字形较硬，多转折，顿挫有力，捺多偏长；明代初期字形较瘦，晚期偏肥。此罐纹饰和文字均采用白色化妆土贴塑的方法，整个器物造型为丰肩、鼓腹、短颈，近底处内收，成球状，器形饱满浑厚，腹部圆鼓，具有存储量大的作用，而小口短颈便于封口密封。

五子登科罐

时期：明代
尺寸：高 34 厘米，直径 35 厘米，口径 17 厘米
收藏：徐世华

此罐较秀俊挺拔，根据开光及狮子云头纹的特征推测，此罐为明晚期出品。五子登科罐是明代科举制度影响下的产物。其典故出自《三字经》，经曰："窦燕山，有义方，教五子，名俱扬。"窦仪的五个儿子仪、俨、侃、偁、僖相继及第，事见《宋史·窦仪传》。在封建社会，人们向往和仰慕的就是如此。此坛造型与前坛相比肩稍平，略长。书法有力，四字连贯，为一气呵成的行书，"五"字稳重，"子"字工整，"登"字紧健，"科"字洒脱，在突显个性中又转承有序，是很好的书法作品。文字两边的狮子云头纹高耸，充满动势。

吉祥如意罐

时期： 明代
尺寸： 高 39 厘米，直径 32 厘米，口径 14 厘米
收藏： 徐世华

此罐与前面五子登科罐均为晚明同一时期的马口窑产品。晚明的政治腐败，社会动荡不安，人们普遍希望拥有安定、美好的和平生活，祈盼吉祥，希望事事如意。当然这只能是一种美好的愿望，一种幻想，现实充满了战乱与痛苦。此罐字体工整、平实有力，也是当年颇受欢迎的定制件。

早生贵子罐

时期：明代
尺寸：高 39 厘米，直径 32 厘米，口径 14 厘米
收藏：武汉长庭陶瓷博物馆

2009 年藏家在马口附近农家收集，器型保存完整，釉面光泽如新，虽历经数百年但仍熠熠生辉。该罐由高温柴窑烧成，其自由的装饰，坚硬的陶胎，高品质的化妆泥，优质的灰釉，一切都令人震撼，这也是陶罐能长期保存的秘密。值得注意的是，观察该罐内壁，发现有上下相接的痕迹，这种工艺大量存在于明代的制瓷工艺中。用化妆泥贴塑的工艺，只发现于马口窑的早期作品中，自清初以后就没有了。此罐造型上大下小，挺拔多姿。装饰用的书法含蓄内敛，字形偏长，高耸而稳固，字字千钧，是难能可贵的书法类珍品。

寿比南山罐

时期：明代
尺寸：高 31 厘米，直径 31 厘米，口径 16 厘米
收藏：徐世华

此罐造型类似球形。寿比南山即长寿之意。“南山”一般指终南山，出自《诗经·小雅·天保》，原文意为寿命像终南山一样长久，所以人们常用寿比南山来祝福他人长寿。明代的陶器没有具体年款，只能从造型风格、图案装饰来判断。这些器物造型浑圆饱满，气势夺人。装饰图案以文字为主，刻画于陶器上，成为马口窑陶器的显著特点。

花开富贵刻花堆贴罐

时期：清代
尺寸：高 42 厘米，直径 35 厘米，口径 12 厘米
收藏：武汉长庭陶瓷博物馆

此罐小口敛足，圆肩鼓腹，为酒罐器型。此类器型在马口窑中不太常见，是清代早期的器物，这一时期的马口窑酒罐造型尚未完全定型。在装饰手法上，此罐以剔刻手法为主，刻花、剔花、堆贴并用。在装饰形式上，以两圈堆贴凸起的绳纹为间隔，自上而下依次分隔出肩部、器身主体、腹部和底足四块装饰区域，分别装饰有：肩部缠枝花卉，器身主体图案和文字，腹部万字纹，底足莲瓣纹。主体图案绘有仙鹤、鹿、花卉等，中间以圆形开窗，剔刻出“花开富贵”四字，给人以喜庆、吉祥的审美感受，是江汉平原酒文化和婚嫁文化的见证。

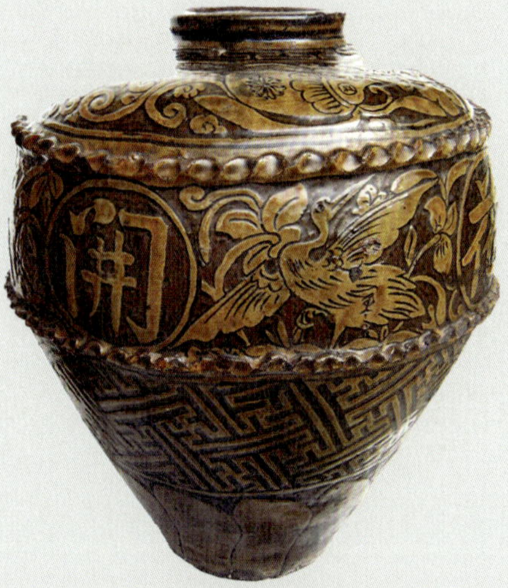

十八学士刻花将军罐

时期： 清代
尺寸： 高 37 厘米，直径 26 厘米，口径 13 厘米
收藏： 万晴、鲁志觅工作室

此罐直口、圆肩、鼓腹，肩部为最宽处，腹下部渐收拢为束腰，底足再稍变宽，以增加底面的面积保持器物的稳定性，底面为平底，不施化妆土和釉料。装饰手法刻花剔地和点睛并用。整体采用分层装饰形式，上部刻画回纹和云头纹，下部刻画缠枝纹和回纹，底足莲瓣纹；中间运用横向展开装饰形式，描绘“十八学士”主体图案，图案上人物和马匹刻画灵动，以古树、金瓜、树叶、草地等作为背景，构图疏密有致，相得益彰。罐身釉水肥厚，色泽呈暖黄色，釉面有雨滴状流淌感。马口窑现存的十八学士题材器物中，将军罐造型存世较少。此罐器形优美，纹饰刻画生动，釉色饱满，其烧制工艺及使用痕迹、包浆等特征，均符合清代中期的马口窑艺术风格。

回纹敞口罐

时期：清代
尺寸：高 32 厘米，直径 38 厘米，口径 23 厘米
收藏：蒋志祥

此罐为敞口、圆腹、敛足，肩部为回纹和缠枝花卉纹，主体部位是变体回纹及四个圆形开光，造型独特。匠人有意识地把回纹两两相对，共用共生。肩部树叶式的宽装饰带十分突出，有华丽之美。

水花一路连科罐

时期：清代
尺寸：高 36 厘米，直径 22 厘米，口径 11 厘米
收藏：蒋志祥

这件陶罐无论是造型还是釉色，都具有马口窑鼎盛期的特征，釉面通透，极富质感。天然灰釉在高温中形成均匀分布的雨滴状装饰，显示了釉质的极佳状态。广口丰肩造型有元代广口钵的神韵。罐身连续刻有鹭鸟、鳊鱼、螃蟹、虾、莲等。罐上所刻生物，均为江汉平原一带河湖常见动植物。鹭鸟与莲花在一起，寓意一路（鹭）连（莲）科。封建社会从达官贵人到平民百姓，无不追求科举顺利、步步高升。“金榜题甲（螃蟹壳）”更是成功的理想。鳊鱼是江汉河湖的特产，味美多产，这里寓意多子多福。把日常事务与理想联系起来，表达人们的愿望。

罐体图案的刻画十分有力，图案轮廓分明，动势强劲，剔去的线段加强了立体效果：斜倚摇曳的莲花，迎风招展如刚从水中浮出；果实饱满的莲子，粒粒欲坠；大片的花瓣与柔长的荷梗形成对比，加强了画面的感染力；螃蟹的横行，虾的逆向洄游，都极富生活情趣；点缀的水草，加强了氛围感。此罐为难得的佳品。

瓜瓞绵绵将军罐

时期：清代
尺寸：高 36 厘米，口径 11 厘米
收藏：武汉博物馆

此罐为将军罐造型，底足高耸，罐体饱满，近似圆球形，短颈、口小而敛。剔刻部分的釉面呈深褐色，保留化妆土部分的图案釉色肥厚鲜亮，具有强烈的对比效果。其装饰画面构图饱满，主体图案和底足分割为上下呼应的两个画面，线刻和剔花手法高超娴熟，画面中的金瓜花、金瓜和藤蔓、枝叶造型优美，几只蝴蝶或正或侧，或高或低，上下左右穿插于瓜果、花叶和藤蔓之间。其线条优美绵长，延绵盘旋，画面富贵喜人，极富装饰意味，在明清时期的陶瓷装饰中可谓独树一帜。

瓜瓞绵绵大号将军罐

时期： 清代
尺寸： 高 37 厘米，直径 25 厘米，口径 14 厘米
收藏： 系马口陶瓷博物馆

此器型为典型的将军罐造型，敛口、高颈、圆肩、鼓腹，高圈足外撇。除了口沿有简单的卷云纹装饰和底部的一层卷草纹装饰外，器物通体运用金瓜花果、藤蔓和蝴蝶进行装饰。所描绘的金瓜和藤蔓交错缠绕，由器物主体的底部生发，贯穿整个器物，枝叶延绵不绝，几只蝴蝶穿插其间，翩翩起舞，其姿态或正或侧，或高或低，生动传神。剔地釉面呈深褐色，厚重的玻璃质釉面色泽晶莹透亮，富贵喜人，富有极强的艺术感染力。

瓜瓞绵绵将军罐

时期：清代
尺寸：高 25 厘米，直径 20 厘米，口径 10 厘米
收藏：系马口陶瓷博物馆

此器物为典型的将军罐造型，明显受到同时期瓷器造型的影响，矮颈、圆肩，器身饱满、圆润，莲瓣纹装饰的高足微微外撇，使得整个器物高挑挺拔，造型精巧可人。主体图案装饰简洁，剔刻并用。

瓜瓞绵绵双将军罐

时期： 清代

尺寸： 高 20 厘米，直径 16 厘米，口径 8 厘米

收藏： 系马口陶瓷博物馆

两个器物均为将军罐造型，矮颈、圆肩，器身饱满，细腰，高足外撇。在口颈部和圈足等线条转折和形体过渡处，装饰简练大气的图案，细节精巧。圆弧形的造型线条优美。整个器物圆润、高耸、挺拔，形态可人，实属不易多见的马口窑罐类器物的精品。

“永兴和号”酒罐

时期：清代
尺寸：高 22 厘米，直径 21 厘米，口径 10.5 厘米
收藏：万晴、鲁志觅工作室

此罐敞口、圆肩、收腹，圈足微微外撇，具有清代晚期器型的特点。装饰手法采用刻花剔地法。罐肩刻一圈回纹并写有“永兴和号”四个汉字，并配金瓜缠枝纹。上下一圈线条作间隔纹，底足为莲瓣纹。罐身刻有“贾岛醉来非假倒，刘伶饮尽不留零，乙巳夏至候题”20 个汉字并配以金瓜缠枝纹。贾岛是我国唐朝著名诗人，擅饮。刘伶是“竹林七贤”之一，此人嗜酒如命。“乙巳夏至”或为道光二十五年（1845 年）夏天，抑或为光绪三十一年（1905 年）夏天。“永兴和号”应为酒庄的商号。此罐书法行云流水，落笔如云烟，一气呵成，酒文化趣味浓厚。有商号和明确纪年落款，应为清晚期马口窑定制类标准器。

醉打金枝大罐

时期：清代
尺寸：高 22 厘米，直径 24 厘米，口径 14 厘米
收藏：万晴、鲁志觅工作室

此陶罐十分精美，刻工细致，人物形象生动。肩部有三层花饰，分别为卷叶及缠枝花纹。底足为卷叶及莲瓣纹。中间为整个连续画面，计六段二十六个人物，段与段之间用花叶分开，远看为整个画面，近看则段落分明。其画面描绘的是家喻户晓的《郭子仪拜寿》故事，其大意为唐朝功臣郭子仪第六子郭暧娶升平公主为妻，公主自恃为金枝玉叶，不肯为公公祝寿，郭暧因此打了公主，后唐代宗未责怪郭家，并赦免郭暧过错，让公主为公公赔礼祝寿，劝导小夫妻和好如初，使得此事件不影响君臣关系。陶罐装饰未出现宏大祝寿场面，而是用折子戏的方式来表达。

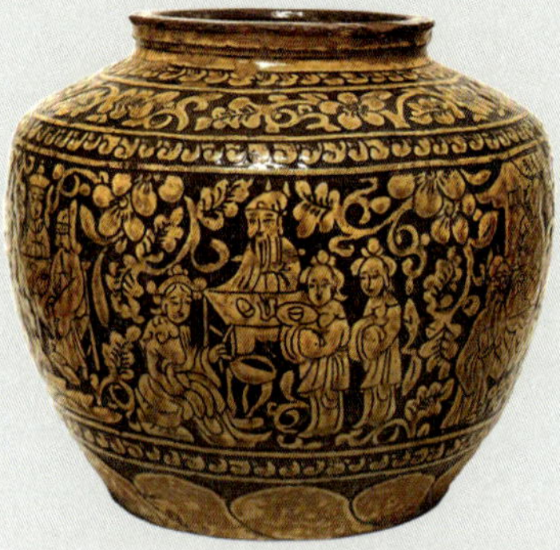

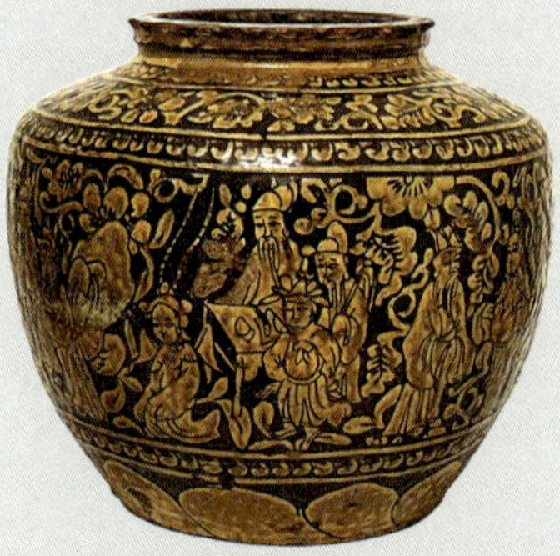

读书耕田刻花罐

时期： 清代
尺寸： 高 17 厘米，直径 15 厘米，口径 9 厘米
收藏： 万晴、鲁志觅工作室

此罐直口、圆肩、收腹，圈足微微外撇，具有清代晚期器型的特点。装饰手法采用刻花剔地。罐肩刻一圈回纹，一圈小莲瓣纹，一圈云头纹，底足为莲瓣纹。中部为主体，四开光，三面刻画花卉，一面为文字，其上剔画“二件事读书耕田”。字体为工整行楷，清秀而有张力。此罐最为可贵之处是文字表达的内容，让我们看到数百年前百姓的理想和生活，语言平实直白。生活可以概括为两件事：一读书，二耕田。它还有第二层含义：生活中的两件事，也是人生的两件事，相辅相成，读书是为了做官，种田是为了本业，是一切的根本，科举不是人生的目的。此罐内涵丰富，应是马口窑矮罐器型的代表作。

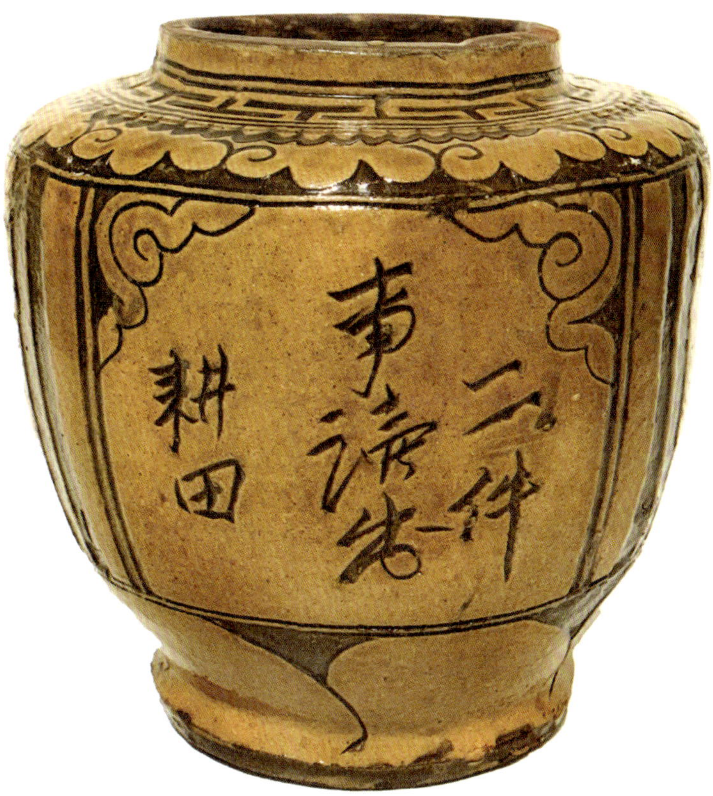

万字纹花卉冬瓜罐(上、下罐)

时期： 清代

上罐尺寸： 高 31 厘米，直径 36 厘米，口径 14 厘米

下罐尺寸： 高 37 厘米，直径 36 厘米，口径 14 厘米

收藏： 蒋志祥

上罐为平口、圆腹、敛足，整体器型呈冬瓜状。顶部有盖，肩部为缠枝花卉纹，底足为海浪纹。主体部分是万字锦地纹，衬托四个圆形开光，具有强烈的装饰效果。

下罐直颈、平口、丰肩，形成了类似将军罐的变形，四开光，为典型的马口窑陶器晚清样式。开光中分别刻绘金瓜和花草，造型敦实、厚重。

六开光时在葵丑年罐

时期： 近现代

尺寸： 高 13 厘米，直径 10 厘米，口径 9 厘米

收藏： 万晴、鲁志觅工作室

此罐广口、圆肩、收腹、敛足。装饰手法采用刻花剔地。罐肩刻一圈缠枝纹。中部主体六开光，四面刻画吉祥花卉，两面为文字，上有“时在癸丑年”“冬至日立”九个字。字体书写老道、有张力。此罐最为可贵之处是有铭文纪年，整体风格呈现清末民国初的特点，所以推断应是1913年冬造。罐身剔地部分呈深褐色，刻花纹饰和文字部分呈明黄色，对比强烈。此罐应是民国初年马口窑广口罐的标准器。

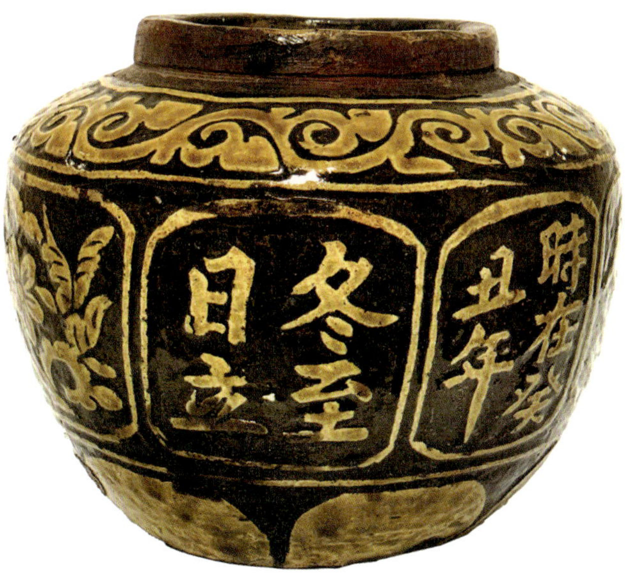

四面钱纹广口罐

时期： 近现代
尺寸： 高 31 厘米，直径 36 厘米，口径 22 厘米
收藏： 湖北陶瓷馆

此罐为民国时期的马口窑钱纹罐，广口、鼓腹、小足，造型质朴简洁。近口沿处和近足部各有一圈工字纹，罐身四面各刻一枚圆形方孔钱，钱的造型以黑白面与线条刻画，四钱造型各不相同，在统一中求变化。钱纹的四角刻有绳索环，仿佛被挂起。民国时期的经济、商业意识明显增强，与明代马口窑陶罐上刻“状元及第”“五子登科”体现的功名至上的观念形成了鲜明的对比。这件钱纹罐，大胆直白，钱是主题，反复刻画，用不同形式来表现，反映出作者对“钱”充满了热情，在当时应是大胆创新的。当然，不管作者的创作动机如何，这件陶罐不失为优秀的艺术品，它庄重、朴素，呈现出的现代感，也会使人迷惑，令人震撼。

刻花鸟纹四系罐

时期： 清代
尺寸： 高 38 厘米，直径 26 厘米，口径 9 厘米
收藏： 李波工作室

此罐为唇口、高颈、敛足，器型类似胆瓶，肩部有四系。主体图案绘有花鸟，釉色深沉，釉水肥厚。除口与底部外，肩与身分为两部分装饰。上部四个系用双弧线分开，空白处用花瓣卷叶装饰。下部方形开窗内绘有张翅飞鸟，周围用叶衬托，仿佛在林中飞翔。

入仕图卷小将军罐

时期： 清代
尺寸： 高 26 厘米，直径 22 厘米，口径 9 厘米
收藏： 万晴、鲁志觅工作室

该罐敛口、圆肩、收腹，圈足微微外撇，这是清代小将军罐器型的特点。装饰手法采用刻花剔地和点睛法。坛肩刻有牡丹缠枝纹，上下以回纹作间隔纹饰，底足为莲瓣纹。罐身刻画有“麒麟送子”“名师伴读”“状元归来”“入朝为官”四组画面，配以古树和四季花卉。其内容描绘的是中国封建社会仕途之路上的四个人生重要时期，讲述了“天上麒麟儿，地上状元郎”的民间传说，寄托的是古代百姓期盼子嗣入朝为官的美好愿望，从侧面也反映了科举制度对古代百姓生活的深刻影响。

四开光堆塑鳜鱼缸

时期：清代
尺寸：高 45 厘米，直径 45 厘米，口径 40 厘米
收藏：湖北省美术院工作室

此缸为明代晚期至清初马口窑出品，釉面呈酱红色，色彩深沉，为四开光画面，装饰手法为堆塑贴花。开光造型上大下小，开光间隔随器物形体而成，其中一个画面中描绘的鳜鱼奋鳍张鳃，目光凶狠，充满生命活力。该器物的装饰手法具有非凡的想象力及高度的写实技巧。

鹭鸟玉树缸

时期： 清代
尺寸： 高 34 厘米，直径 30 厘米，口径 20 厘米
收藏： 徐世华

此缸为平口、薄口沿、鼓形。坛体上为四开光，分别为花叶、飞鸟、树石、芦草鹭鸟，画面意境深远，极富动感。该缸制作技艺高超，从釉色到造型，都精致协调。此缸为清代初期作品，其胎体比明代陶缸略薄，釉水也没有明代的深沉。

带盖提梁壶

时期： 清代
尺寸： 高 32 厘米，口径 10 厘米
收藏： 武汉博物馆

马口窑壶器包括酒壶、茶壶、油壶等，造型上有提梁壶、把手壶、长嘴壶、双嘴壶等，最具代表性的是提梁壶。此壶为高提梁，短流嘴，中间有口，口上有盖子，其造型是在罐类器物的基础上增加了提梁和流嘴，多用于盛装酒、茶水等。高提梁的造型，方便人们携带至田间地头劳作时使用，是江汉平原地区常见的生活器具，也体现出马口窑陶器以实用为第一要义的重要特点。

四开光剔地花卉大酒壶

时期：清代
尺寸：高 30 厘米，直径 20 厘米，口径 10 厘米
收藏：万晴、鲁志觅工作室

此壶盘口、高颈、圆肩、鼓腹、敛足，装饰手法为刻花剔地。壶肩刻画锦地花卉纹和剔地花卉纹，阳刻、阴剔相结合，装饰效果对比强烈。纹饰依据壶嘴和把手位置随形布置。腹部中间刻一圈回纹作上下分隔，底足饰宽大莲瓣纹。釉色黄亮肥厚，造型圆润饱满。

五开光“美酒”四系大酒壶

时期： 清代
尺寸： 高 42 厘米，直径 28 厘米，口径 12 厘米
收藏： 万晴、鲁志觅工作室

此酒壶如果没有四系一嘴，很接近同时期马口窑酒坛造型。肩部壶嘴两旁写有“美酒”二字，指明了此壶为酒器，其余部分是金瓜、梅花、杏花装饰纹。壶身五开光，双粗竖线分隔盘长纹花窗。一面绘有喜鹊登梅，此图案已是比较固定的装饰图样。其余四面均是花卉纹饰，刻画细致精美，釉色黄亮，壶形高大，属于大号酒壶。

“陈义和顺记”提梁酒壶

时期： 清代
尺寸： 高 26.5 厘米
收藏： 武汉博物馆

提梁壶是清代和民国时期民间常见的陶器之一，景德镇和各地方民间窑口都曾大量生产。此壶为马口窑提梁酒壶，中间有低矮的横向提梁，可手握抓取。提梁前后有大小不一的两个口，大口口沿外翻，小口如流，皆可用布、木塞等密封。除了用于盛酒、盛茶水之外，还能置于锅中温热，方便实用。器物通体以万字纹、寿字纹、回纹、花草纹为装饰，肩部刻有“陈义和顺记”的字样，应为酒铺商号。

王泰记寿字纹提梁酒壶

时期： 清代
尺寸： 高 23 厘米，直径 16 厘米，口径 5 厘米
收藏： 系马口陶瓷博物馆

此件提梁酒壶为酒坊定制器物，壶身刻有“王泰记宝号”款识。它除了盛酒之外，还有温酒的功能。其剔刻线条刚劲有力，纹饰细密整饬，釉色古朴厚重，以实用和审美兼具的身份，见证了江汉平原酒文化与婚丧嫁娶等民风民俗。

王富记寿字纹提梁酒壶

时期： 清代
尺寸： 高 23 厘米，直径 20 厘米，口径 6 厘米
收藏： 系马口陶瓷博物馆

提梁酒壶是马口窑陶器独具特色的器型，此件提梁的设计尤为精巧，壶身刻有“王富记”款识。它在提梁和壶身黏合处，塑有两个比提梁直径稍大的环形杯口，提梁的两端从杯口伸出，犹如江河两岸架起来的两个桥墩。其他窑口的提梁和壶身之间，由于没有生根处和辅助力量的黏合，在长期的使用过程中极易产生裂缝甚至断开。此壶的这种设计既增强了提梁和壶身黏合处的承重力，又增添了造型和装饰的形式美感，既结实稳重，又有流畅飞动之势，显得精巧美观，这一设计完全符合力学和美学的原理。

四开光戏曲人物刻花油壶

时期： 清代
尺寸： 高 25 厘米，直径 22 厘米，口径 12 厘米
收藏： 万晴、鲁志觅工作室

此油壶唇口、矮颈、圆肩、圆腹、敛足，肩上四系一嘴。肩部随形四开光，壶嘴两边各一片树叶纹，其余三面为金瓜、梅花、杏花装饰纹。上下间隔纹各用两圈细线代替。底部为莲瓣纹。壶身四开光，一面绘有重瓣梅花纹，一面绘有梅花鹿纹；其余两面均是戏曲《桃花扇》中的场景，一为侯方域和李香君共持一扇的画面，二为马士英与仆人逼迫李香君的画面。图案间用博古花卉纹作分隔，既自然又饱满。通体纹饰刻画繁复，釉色黄亮，是马口窑油壶中的代表作。

寿字纹提梁酒壶

时期：清代
尺寸：高 20 厘米，直径 14 厘米，口径 6 厘米
收藏：李波工作室

此件提梁酒壶器形小巧别致，装饰纹样细密精巧。提梁与壶身黏合处增加了加固构件，既美观又牢固，在同时期的陶瓷提梁壶中独具特色。此件提梁酒壶器形圆厚饱满，从腹部以下逐渐内收，底足微微外撇，以增加器物的稳定性。

瓜瓞绵绵双系盘口大酒壶

时期：清代
尺寸：高 27.5 厘米，直径 21.5 厘米，口径 10 厘米
收藏：蒋志祥

此壶器型圆润饱满，釉水肥厚，釉色鲜亮喜人。金瓜蝴蝶图案围绕器物上半部分横向展开，线条繁密，花、叶、藤蔓缠绕，几只蝴蝶穿插在花丛之中。主体图案的装饰区域和边框形态依据壶嘴和双系的位置因形就势，这是典型的随形装饰手法。底足为圈足，微微外撇，底部饰以宽大的莲瓣纹，犹如盛开的莲花将整个器物托起，具有强烈的装饰艺术效果。此壶体现了民间陶器朴素、大方和热烈的审美追求。

“状元红”万字纹花卉四系酒壶

时期： 清代
尺寸： 高 22 厘米，直径 18 厘米，口径 8 厘米
收藏： 李波工作室

此件四系酒壶底足与器身几乎同宽，显得饱满敦厚。肩部刻有“状元红”三字，其釉色黄亮喜人，是湖北地方民间生活和民风民俗的产物。

花鸟纹单把高颈盘口油壶

时期： 清代
尺寸： 高 12.5 厘米，直径 15 厘米，口径 4 厘米
收藏： 李波工作室

油壶是马口窑十分常见的厨房用具，其造型特征为小口、长颈、扁腹、直嘴。此件油壶器形饱满，剔刻精美，在同类器型中并不多见。除了器身的回纹和底足莲瓣纹之外，在把手和壶嘴两侧，以随形装饰的形式刻画花鸟图案。在壶的颈部穿有一个小孔，可以用竹签将陶盖和颈部固定，以免盖子在使用中滑落。

万字花卉双系大酒壶

时期：清代
尺寸：高 35 厘米，直径 31 厘米，口径 15 厘米
收藏：系马口陶瓷博物馆

此酒壶形体硕大，环口、高颈、圆腹，底足较宽。马口窑同类较大器物一般装饰较为简单，该酒壶肩部随形装饰，器身先刻画出简笔花卉，再将空白部分以斜线剔刻出规则的万字纹。万字纹的直线和简笔花卉的弧线及其空白形成对比。这类装饰方法具有手法简练、对比强烈、装饰性强的艺术效果。

“局长”提梁酒壶

时期： 近现代（1929 年）
尺寸： 高 34 厘米，直径 18 厘米，底径 14 厘米
收藏： 万晴、鲁志觅工作室

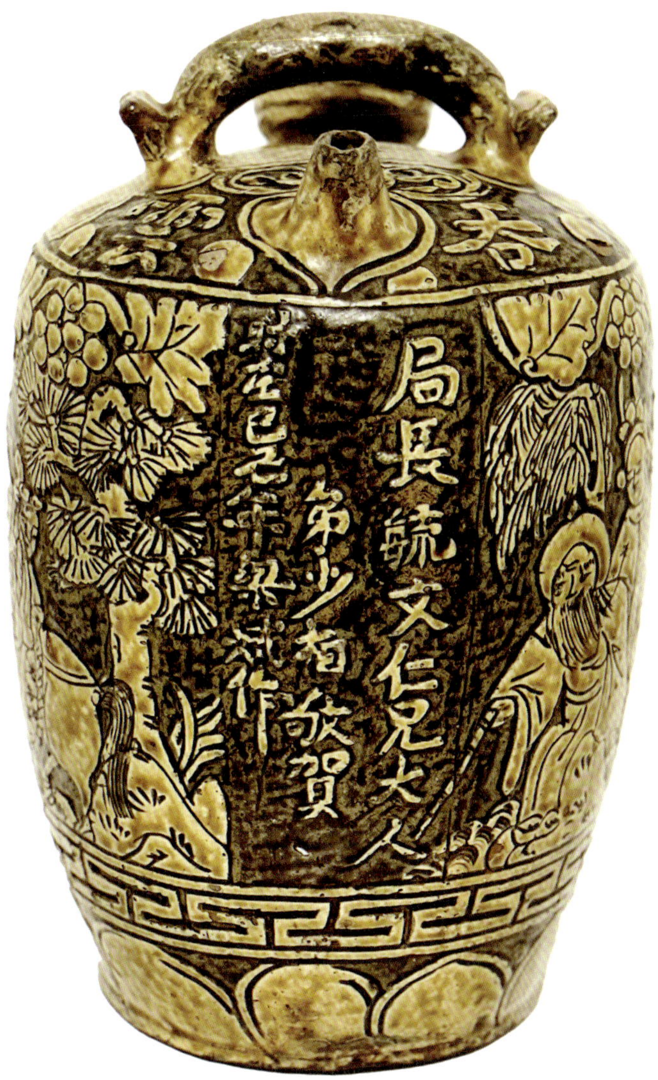

此酒壶为双嘴提梁造型，大嘴盛酒，小嘴倒酒，中间为横向弧形提梁把手。装饰手法为刻花、刻花剔地和点睛并用。壶肩刻有“吞云头婺”四字，汉川方言中“吐”和“头”同音，应为“吞云吐雾”的谐音，配以圆点和随形纹饰。下部间隔回纹，底足为双线莲瓣纹。罐身刻画“文王访贤”“昭君出塞”“辕门斩子”三组画面，配以古树和花卉。其内容描绘的是中国传统的三个戏曲经典故事情景。

壶身刻有“局长毓文仁兄大人”“弟少柏敬贺”“时在己巳年梁斌作”。说明此壶是由“少柏”送予“毓文局长”的贺礼，而“局长”称谓始于民国，民国己巳年是1929年。壶的创作者是梁斌。此酒壶釉面底色呈酱褐色，图案为黄绿色。人物场景刻画拙朴生动，文字书写老道，铭文翔实记录酒壶用途，并有制作时间和匠师姓名，是民国时期马口窑定制类器物的标准器。

八开光“竹叶青”四系水花酒壶

时期： 清代
尺寸： 高 18 厘米，直径 14 厘米，口径 6 厘米
收藏： 万晴、鲁志觅工作室

此酒壶盘口、高颈、平肩、收腹、敛足，肩上四系一嘴，底部不上釉，留红胎。肩部三开光，分别写有“竹、叶、青”三个字。竹叶青酒是中国古老的传统保健酒，其历史可以追溯到南北朝时期，在古代就享有盛誉。壶身八开光，每面一幅水花图案，有花卉、树叶、喜鹊登梅等。根据壶上三字推测，或为定制的酒壶，专门存放竹叶青酒，或是为了广告效应，用家喻户晓的名酒名称装饰酒壶，提高酒壶自身价值。

四开光“福禄寿喜”油壶

时期： 近现代
尺寸： 高 25 厘米，直径 25 厘米，口径 12 厘米
收藏： 武汉长庭陶瓷博物馆

此油壶色彩明快，造型简朴大方，四个开光分别刻有福、禄、寿、喜四字，是乡镇农家日常用品，深受百姓喜爱。四个系适宜穿绳肩担，颈部有锁孔，原应有盖。这件器物可以反映出当时人们的生活与审美意识。

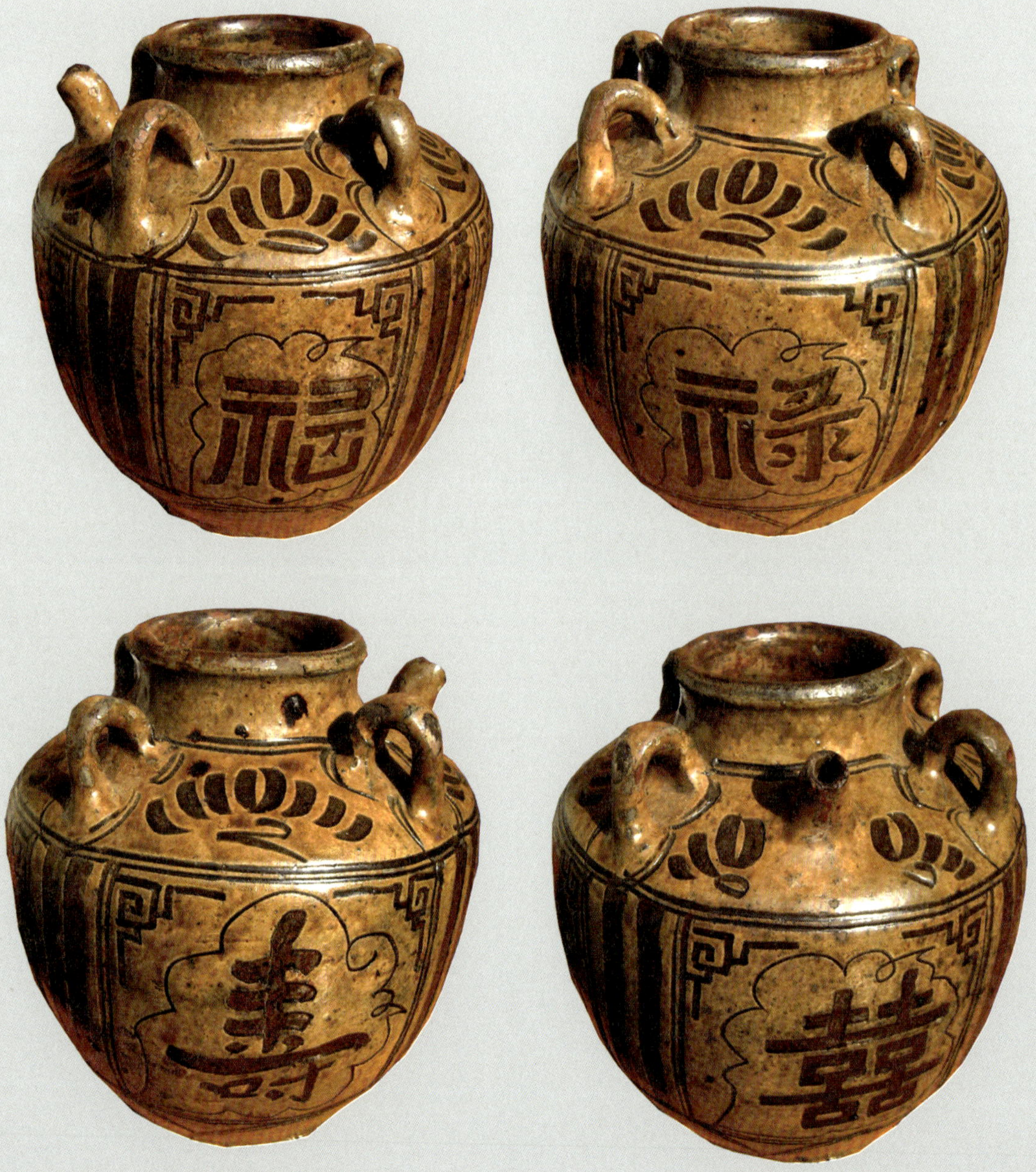

“民国卅八年”提梁壶

时期： 近现代（1949 年）
尺寸： 高 25 厘米，直径 18 厘米，口径 6 厘米
收藏： 武汉长庭陶瓷博物馆

这是民国晚期的马口窑产品，与清代同类酒壶并无二样，回纹、寿字纹，包括提梁、罐口处的纹饰都是十分典型的装饰。但有意义的是上面刻有“民国卅八年”，即1949年。此酒壶是具有时代变迁意义的纪年物品。

“钱家明”扁壶

时期：当代（1953 年）
尺寸：高 22 厘米，直径 19.5 厘米，口径 4 厘米
收藏：武汉长庭陶瓷博物馆

此壶正面刻花，布满整个圆形壶面，背面中间刻有三个大字“钱家明”。字的右边刻“一九五三年梅月中流”，左边刻“胡必和代办”。看来这也是马口窑的一件定制件。壶形来自古代辽瓷，但运用了马口窑十分纯熟的传统刻花技艺，器型与装饰很协调，是一件有纪年款的创新作品。

花鸟纹刻花枕

时期： 清代

尺寸： 长 36 厘米，宽 13 厘米，高度 10 厘米

收藏： 赵虎

宋代女词人李清照的名篇《醉花阴》中“玉枕纱橱，半夜凉初透”形象地将白瓷枕喻为玉枕。作为夏日纳凉寝具的瓷枕，在古人生活中有着不轻的分量。考古资料表明，我国最古老的枕头是天然石块，以后逐渐有了竹枕、木枕、玉枕、铜枕等。据载，随着陶瓷制作技艺的成熟，从隋唐开始陶瓷枕日渐走入千家万户。这件长形花鸟纹刻花枕是清代中期马口窑的作品，其刻画精美，图饰富丽，造型颀长，系拉坯拍打成形，侧面一端有方形孔，为烧制中透气所用。

龙纹刻花枕

时期： 清代
尺寸： 长 28 厘米，宽 13 厘米，高度 11 厘米
收藏： 赵虎

自宋元以来，陶瓷枕的发展进入了繁荣期，其产地遍及大江南北，造型非常丰富。当时较为流行的有几何形枕、兽形枕、建筑形枕、人物形枕等。造型精巧，制作细腻。同时在装饰技法上也有很大的发展，刻、划、剔、印、堆塑等技法被纷纷采用，极大地丰富了陶瓷枕的表现力和艺术性。清代马口窑的陶枕造型别致，逐渐从实用品转变为雅俗共赏的艺术品。这两件陶枕两端分别刻有回纹和龙纹，釉色明快，简洁大方。

蝴蝶花叶纹刻花枕

时期：清代
尺寸：长 27 厘米，宽 12 厘米，高 11 厘米
收藏：赵虎

此枕造型优美，装饰华丽。在造型上，盘、碗、瓶等许多器型的装饰大多集中在器物主体上，可供装饰的面较少，观赏的角度有限，而陶枕可以让人们多角度欣赏；在装饰上，陶枕作为古代人们生活中的日常用品，在历史的长河中融科学、艺术、民俗于一体。这件陶枕，两端刻有蝙蝠纹，独特的造型、简朴的装饰，说明其本身的文化内涵和艺术价值是极其丰富的。

花纹陶枕

时期： 清代
尺寸： 长 28 厘米，宽 12 厘米，高度 11 厘米
收藏： 蒋志祥

此件陶枕釉色呈黄褐色，中间微凹处为素面长方形开光，四周为满工的瓜瓞绵绵和花卉图案，寓意幸福绵长。其装饰精美，剔刻细腻精巧，是清代中晚期的代表之作。

万字纹回纹枕

时期： 近现代
尺寸： 长 28 厘米，宽 13 厘米，高 11 厘米
收藏： 李波工作室

此器物为马口窑陶枕典型器型，呈狭长形，陶枕内部中空如容器状。枕面为万字纹，中间为回纹方形开光。正中刻画花卉，底部无装饰。两侧为直立面，一侧为金瓜花卉图案，另一侧有方形开孔。

福禄寿三星香筒

时期： 清代
尺寸： 高 40 厘米，直径 20 厘米，口径 14 厘米
收藏： 蒋志祥

此香筒以瓷器的花觚为造型，以四开光的形式分别描绘福、禄、寿三星和团寿宝相花纹。福星为古代文官造型，手持笏板；禄星玉带围腰，手拿玉如意；寿星描绘的是白须老翁，左手持杖，右手捧桃，前额突出且高高隆起，是典型的寿者之相。香筒本为盛放香烛所用，具备祭祀的礼器功能。此香筒以盘长纹作开光边框，器物上下以回纹、莲瓣纹作边饰，并以团寿纹的宝相花图案装饰在其中一个开光内，具有浓厚的本土道教文化特征。

吉祥图案刻花香筒

时期： 清代
尺寸： 高 41 厘米，直径 20 厘米，口径 14 厘米
收藏： 万晴、鲁志觅工作室

此香筒广口、高颈、圆腹、圈足。器型为广口收腰，至腰下形成一个圆鼓隆起，至底足再逐渐变宽与口部大小接近，类似于宋代花觚的造型。装饰手法刻花剔地和点花并用。香筒自上而下有六层装饰图案，口沿下一圈回纹。主图案四开光，分别绘有博古瓶花、仙鹤祥云、暗八仙葫芦、梅花等。鼓腹处一圈回纹和一圈牡丹缠枝纹，往下一圈为卷草纹，底足为海水纹。整体造型古朴，纹饰繁复，刻画精美，釉色黄绿色，呈雨点状流淌感，应为清中期器物。

福禄寿三星香筒

时期： 清代
尺寸： 高 40 厘米，直径 20 厘米，口径 14 厘米
收藏： 蒋志祥

此香筒广口、高颈、圆腹、圈足。器型为广口收腰，腰下有圆鼓隆起，至底足再逐渐变宽，与口部大小接近。装饰手法为刻花剔地。香筒自上而下有三层装饰图案，口沿下一圈回纹，主图案四开光，分别采用剔地手法，绘有四季花卉和喜鹊登梅图案。底足为莲瓣纹。香筒整体装饰简练，剔画老练，釉色黄亮，应为清晚期器物。

马口窑陶盖(组图)

时期：清代至近现代
尺寸：高 12 厘米
收藏：李波工作室

马口窑陶盖多为无纽或宝珠纽，另外有部分动物造型纽，如老鼠、松鼠、青蛙、狮子等。此组陶盖之一为狮子造型纽，在马口窑陶盖中极为少见。在民间，狮子是公认的吉祥瑞兽，能带来祥瑞之气，可以辟邪，同时又是权力和威严的象征，具有镇宅化煞的寓意。马口窑的动物纽陶盖打破了陶瓷装饰平面的单一性，采用立体捏塑和刻花相结合的手法，具有小型雕塑的艺术特征，拓展和丰富了马口窑陶器的造型和装饰样式。

“民国拾肆年”筷筒

时期：近现代（1925 年）
尺寸：高 18 厘米，直径 13 厘米，口径 13 厘米
收藏：武汉长庭陶瓷博物馆

这件陶筷筒是有准确纪年和人名的。主体部分刻画的是缠枝花，口沿部刻有“中华民国拾肆年七月十八日造”，中间大字为“胡小和”“王明廷共贺”。民国十四年即1925年，距今已经有近百年的历史了，此筒虽历经沧桑，但其釉水仍然明亮，完好如新。

满刻花双象耳瓶

时期：当代
尺寸：高 25 厘米，直径 22 厘米，口径 12 厘米
收藏：武汉长庭陶瓷博物馆

此瓶为20世纪50至60年代马口窑作品。广口丰肩，坛面通体刻花，着草灰釉，造型古朴，象耳精致。底部刻有“鄂川马口陶厂”，是一件有准确底款的马口窑陶器。这是吸收中国古代器物造型，加以创新的作品。此瓶长颈广口，肩的两旁各有一浮雕象头，这是源于清代器物上的装饰方式。器身满刻花纹。当时匠人力求利用马口窑陶器原有的特点，融合其他元素，创造出新的马口产品。

第二章 麻城窑

MA CHENG YAO

壹

第一节 麻城窑概述

图 7-24
荒废的窑厂

与马口窑一样，麻城窑场那些精美的陶器十分耀眼，令人喜爱。而今，古窑场早已关闭，昔日的喧闹场景变得清冷寂静，透着秋天的萧条。（图7-24）

麻城窑曾以烧造“描金刻花陶”闻名于世。其历史可追溯到宋代蔡家在此建窑制陶，其技艺一说传自襄阳，也有说自南宋战乱，河北、河南磁州窑系的一些艺人南迁到麻城烧窑，传授技艺。目前看到麻城窑在陶器上使用化妆土，以及剔刻花，似与磁州窑器物风格上有某种联系，就像江西吉安的吉州窑，其很多技艺受到磁州窑的影响。有趣的是，在古物收藏者的心目中，特别是北方的一些收藏者，常常把麻城、马口的刻花陶罐，误以为是磁州窑系的产品。近年来有人认为麻城陶的技艺源于景德镇，这种说法，是不了解陶与瓷具有完全不同的工艺，是不同的制作体系的错误观点。

图 7-25
麻城窑旧址一景

历史上麻城陶器生产有相当大的规模，形成了一个巨大的产业集群。有名的老窑场有二十多座，有记载的有蔡家山窑、红山冈窑、松子岭窑、悬钟岩窑、跳水河窑、庙家冲窑、白石山窑等，鼎盛时期在清代至20世纪70年代。随着工业时代的到来，塑料、钢铁制品的迅速蔓延，多数龙窑逐渐消失了。（图7-25）

曾在蔡家山窑场拉坯的窑工余大文50多岁，现在在红安县永佳河镇一家私人窑场做工，从他16岁学习拉坯起，至今40余年。他说，蔡家山老窑场在1958年失火烧了，他父亲余道权等人于1963年重建。十几年前，蔡家山窑附近还有好些窑场，近几年先后垮了。主要是因为土陶价格起不来，靠拉坯、刻花、烧窑这门纯手艺活赚不到钱，没人愿学。

麻城窑的陶器曾经不被人们看好，大众觉得这些只是乡村农民的日常用品，是收藏家们不屑一顾的粗笨杂物。但麻城窑有大量的精品，这些陶罐年代久远，烧制技艺高超，艺术性极强，其烧制年代可追溯至清代早期的顺治四年（1647年），其品种各异、风格独特。这些陶罐使用多种制陶技法，精美绝伦、大气磅礴，题材涵盖戏曲人物、民俗谜语，以及各种姿态的花卉鸟兽等，装饰方式多种多样。近十年来随着社会观念与审美的变化，国家对手工艺的传承与推动，以及市场的变化，麻城窑的陶器身价日高，目前已是藏家追逐的新宠。

贰 第二节 麻城窑的制陶工艺

图 7-26
麻城窑旧址一景

清代至20世纪60年代，麻城有几千人外出建窑烧窑，他们拖家带口，配置齐全，驻扎各地，一干就是一整年，只有在春节的时候回家，还把一些精品带回留作纪念。有记载的有湖北随州洪山窑、京山方岭窑、谷城窑、襄樊窑，河南光山窑、商城窑，安徽皖南广德窑，很多地方可以依稀窥探其繁盛的景象。（图7-26）麻城窑分布面广，形成了一个庞大的体系。麻城窑在制陶技艺等方面独具特色，至今一些老艺人仍沿用传统的制陶工艺。（图7-27）其特点归纳如下：

图 7-27
保留麻城窑传统制陶技艺的艺人

一、拉坯

麻城窑与马口窑、蕲春窑制陶都以拉坯成型为主，其拉坯手法、步骤大致相同，不论器型大小，拉坯均是一次完成，不修坯，干净利落。拉坯师傅技艺娴熟，手法准确、细致。拉成的器物胎薄，体积饱满，边足精致耐看。他们动作干净利落，技术炉火纯青。以麻城生产的小水罐为例，所拉的陶坯几十个一样大小，容量一致，这绝非一日之功，师傅们拉坯手艺之纯熟可见一斑。

这种拉坯方式沿用的是古老的手辘轳成型法。陶工就地挖一坑（深约1.5米，直径约1.2米），坑壁垂直，坑中央埋一木棍作为轴心，上面是形如车轮的木质轮盘，中间套以藤或竹编筐，外面敷泥，形状呈上小下大的圆台体，轮盘下装有木质轴筒，轮盘上铺一圆形木板作为拉坯用的转盘；陶工用木棍插入转盘边沿的小凹坑快速拨动，使之向左逆时针快速旋转；拉坯时利用转盘转动的惯性原理，师傅先将泥团推至圆心，趁势开孔拉高，用双手里外相互配合，均匀用力将器物拔高拉薄，然后逐步调整器形，反复几次，便在转盘的旋转中做成器物；最后用线割开器物底部与转盘的连接，取下陶坯晾干。与其他地区相比，这种拉坯方法是比较规范的。目前国内很多地区，拉坯技艺已经失传，而麻城窑、蕲春窑却一直延续下来。当地工厂倒闭之后，这些拉坯师傅纷纷到各地谋生，很多人在高校、陶艺工作室从事拉坯工作。实践证明，他们的拉坯技巧是一流的。

二、制陶

图 7-28
用白色化妆土制成的待烧制的陶器

麻城窑在制陶的过程中使用白色化妆土。（图7-28）刻划花是麻城陶器的主要装饰方法。首先，工匠在半干的陶坯表面浸一层均匀的白色化妆泥（白泥呈浆状），稍干后，用竹刀或铁刀剔除图案以外部分，露出红胎留下白色阳纹图案，然后，在留下的部分，或刻或划简洁的线纹，以加强表现。水花技法是工匠用一节竹枝，将其中一端的竹梢砸成蓬松的竹笔状，或者用橡皮绑在一根木棍上做成橡皮签子（也有剪成锯齿状），趁陶坯上的化妆土未干时，画上图形，这往往需要一气呵成。手法用到点、面、勾、括，如同中国画中的大写意一样。水花操作要用力均匀，要稳、要准，划花要快速，笔力力求苍劲果断。剔地要干净利落，厚薄均匀，铁钩银画，力透胎骨，画面有金石之力。工匠们施技过程痛快淋漓，挥洒自如，非有十年以上经验，不可能得心应手。

蔡家山窑有独特的彩釉艺术，这里方圆十几里的黏土含有丰富的三氧化二铝和石英，自然形成了白、灰、红、紫、橙、黄、黑等七种颜色的土壤，这种独有的“七色土”可塑性强，拉坯成型后，坯体不仅韧性强，其釉水吸附力也强，而且呈现各种不同颜色。工匠们巧妙地利用这一特点，在晾干的坯体上涂上一层层不同颜色的泥浆，形成不同底色的坯体，然后在再次晾干的坯体上构图装饰，书写文字，依图文实施阳刻或阴刻，使不同颜色的层面显现出来，再针对不同题材描釉、烧制。蔡家山的艺人研发出了红、黄、黑三色彩釉，这些不同色彩的釉水装饰各种器物，烧制出的陶器五彩斑斓。在红、黄相间的花鸟虫鱼图案上，再以描金釉反复描绘、装饰，一件件窑品金光闪闪，富丽堂皇。他们还运用挖塑、堆塑，参考剪纸、贴花等艺术形式，在坯体上创造出各种动物、花鸟甚至人物，经过描釉烧制，艺术效果更加逼真。

蔡家山窑的工艺人员在长期的实践中，不断创新，借鉴皮影、剪纸、贴花等民间艺术，形成了自己独特的刻画风格。其人物刻画生动传神，把造型装饰与器型紧密结合，并达到高度的统一。蔡家山窑陶器装饰图案虽没有马口窑“状元打马 ”那样众多人物场面，却有着十分生动、精致的花鸟和人物，在风格和表现上更具亲和力，亲切、温馨，更富喜庆色彩。陶罐采用生活中常见的花卉、鸟兽、游鱼等吉祥图案，深受民众喜爱，成为欢庆年节、婚嫁宴请中不可缺少的用品。

三、烧窑

麻城蔡家山窑采用传统的龙窑烧制陶器。龙窑沿山坡修建，长约数十米，利用地形，在斜坡地上向下挖，建成柴窑，这样做省时省力，窑内保温效果好。烧成后的器物釉面呈现黄绿相间的雨滴状，是深沉、稳重而明亮的暖色调，与剔去的胎土（深褐色）形成对比，强烈而协调，寓喜庆于和谐之中，长期以来深受江汉平原百姓喜爱。

蔡家山陶艺人员将黄、红、黑三色釉搭配得当，红黄相间，黄黑相间，剔红留黄，剔黑留金，描金点黑，依据不同图案施用不同釉水，加上火功烧制，陶品上的风景优美，人物、花鸟虫鱼灵动活泼，呼之欲出，釉色光亮温润，让人爱不释手。这些陶器与人们的生活息息相关数百年，在这一带的农家至今还有这样充满地域特色和生机的器物。

麻城窑的陶器品种丰富，大到酒坛，小到酒壶、茶壶，其拉坯技艺高超，做工精致，且善于吸取别的窑口的长处，因此我们在麻城窑的陶器中，可以看到与马口窑、蕲春窑类似的图案。一代代麻城蔡家山窑工匠艺人运用其独特的雕塑艺术创造了很多艺术精品。

图 7-29
麻城窑陶罐精品

叁 结语

图 7-30
麻城窑酒壶

麻城人好动，做起事来执着，追求极限完美，这些性格在一个不起眼的领域——制陶，成就了湖北民间制陶的辉煌。在明清以来的数百年间，无数艺人奔波在湖北的大地上，每到一处便取土、搭窑、拉坯、制陶、烧窑，把儿时在麻城老家看过的皮影人物、听过的故事、猜过的谜语、唱过的楚剧，以及节日场景，刻画在陶罐上，那些飞速转动的陶车，旋风似的竹笔，灵动、精细、传神的刻画技艺，让人会怀疑这是非人力所及的技艺高度。工匠们就地取材，化普通为神奇，所造之物成为百姓乡民带有精神寄托的实用物品，这是家园的生活日常，也是历史上浓墨重彩的一笔。

窑场消逝，当年制陶盛景不再，但器物还在，凝固的图像在无声诉说着那段历史。如果没有这些传世陶器，我们很难还原当时的场景。数百件、数千件陶罐，让人目不暇接，如惊雷般震撼。民用陶的魅力就在于它是实用器物，却具有艺术品的属性，它自然质朴，在抚摸它们的时候，你会联想到儿时的时光，那些久违的记忆仿佛带着温度，直抵心灵深处。

如果没有这些刻在陶器上的文字和图像形象地勾绘了数百年来麻城百姓的生存状态，我们无从得知在苦难中的生命华章。这些精美的收藏品，颠覆了那些所谓民间陶器粗糙无艺术性的无知偏见与谬误。那些生动的戏曲人物，那些从自然中感悟的花鸟虫鱼，那些精致的万字纹，那些幽默风趣的图画，便是生活在麻城土地上，曾经让我们怀念，但现在却消逝了的世界。麻城陶器倾注了艺人的热诚、高超的技艺，他们描述自己的所见、所闻、所感，喜怒哀戚都形于陶上，这无限的创造精神，成就了麻城陶器的巅峰，也彰显了湖北民间陶艺的高度。

麻城窑自清代早期到20世纪70年代，历经数百年的传承，创造出难以计数的作品，其中有大量的精品，艺术上具有极高的价值，是我们宝贵的财富。它的手工艺技艺达到了难以超越的高度，是我们继承优秀的民间陶艺传统最好的教材。怀着激动的心情，面对各个时期的陶艺精品，我们欣赏、研究、保护、传承，不负时代赋予我们的使命。

精品赏析

MA
CHENG
YAO

MA CHENG YAO

“花坛子”刻花坛

时期： 清代（1895 年）
尺寸： 高 33 厘米，直径 33 厘米，口径 14 厘米
收藏： 马口窑艺术工作室

“花坛子”为麻城蔡家山窑清代光绪二十一年即 1895 年出品，顶部刻有纪年款识。坛面刻画立意新颖，雕刻细致，又天马行空，想象自由。主体坛面划分为上下两层，下面为一通条纹饰。上面用线分为四个开光。中间开光刻“花坛子”三个楷书大字，刚劲有力；字的旁边有一只喜字瓶，上插鸡毛掸子，这是晚清时期百姓家中日常的陈设。其余的开光中，刻画的人物夸张变形，如当地皮影戏中的人物及场面。坛下面通景为金瓜蝴蝶纹，其姿态如同瓜园中卷曲的藤蔓，自由延伸，其间还有蝴蝶和蜜蜂在翩翩起舞，一只喜鹊在一旁的枝头鸣叫。整体展示出一种自由而浪漫的美好生活图景。

MA CHENG YAO

“仲同兴号”定制酒坛

时期：清代
尺寸：高 35 厘米，直径 31 厘米，口径 15 厘米
收藏：马口窑艺术工作室

此坛为麻城窑清代晚期的产品，为“仲同兴号”定制酒坛。画面中心为戏曲《打金枝》中的情节：郭子仪正在责备其子郭暧。事情起因为郭子仪寿日，其媳金枝倚仗皇帝父亲权势，不去祝寿，故郭暧打了金枝，惹了大祸，郭子仪怕皇上怪罪，责罚郭暧。艺人抓住这一紧张情节，绘制的画面引人入胜。陶坛的另一边描绘了《西游记》中唐三藏西天取经的故事，师徒四人正在赶路，风尘仆仆。陶坛下部一圈满刻金瓜、蝴蝶、花鸟纹饰，营造出一种民间的乡土气息。

MA CHENG YAO

雄鸡高唱刻花坛

时期：清代
尺寸：高 22 厘米，直径 18 厘米，口径 8 厘米
收藏：马口窑艺术工作室

此坛为麻城窑清代时期出品，唇口、平肩、直腹、收足。坛身为四开光。正面开光中绘一只大公鸡跃上枝头，引颈高歌，与牡丹花组成一曲“雄鸡高唱，天下吉祥”图。另外一面，三只喜鹊在梅枝上欢天喜地嬉戏对唱。其余两面描绘蜜蜂在花丛中采蜜的繁忙景象。四组画面传递出当时人们向往幸福生活的美好愿景。

鱼化龙刻花坛

时期：清代
尺寸：高 30 厘米，直径 25 厘米，口径 14 厘米
收藏：马口窑艺术工作室

此坛为唇口、矮颈、斜肩、鼓腹、收足。底部露胎，肩部装饰一圈金瓜蝴蝶纹。坛身为四开光。主画面为“鱼化龙”纹饰，一条鲤鱼跃出水面，口中幻化出一条青龙，祥云环绕周围。另外一面是“双龙戏珠”纹饰，二龙相对，望着有太极图案的珠子，鳞片熠熠生辉，大团的卷云飘浮在空中。匠人将两个传统图案刻画成生动活泼的画面。其余两面是暗八仙图案，周围环绕团寿纹和鹭鸶采莲纹，有趣的是荷叶下方还有一条鲤鱼，正好和鱼化龙图案相呼应。

MA CHENG YAO

四吉祥图案刻花坛

时期：清代
尺寸：高 35 厘米，直径 28 厘米，口径 16 厘米
收藏：马口窑艺术工作室

此坛为唇口、矮颈、斜肩、收腹、敛足。主要画面是一个小童子坐在松树下，留双髻，着长袍，高举双手，张嘴吟唱，似乎在等待前来询问的路人。松树枝干弯曲苍老，几乎包围住整个人物，由此营造出一种独特的氛围，人与松树自然和谐。其余三面是“凤穿牡丹”“喜鹊登梅”“鹭鸶采莲”图案。此坛整体刻工讲究，造型丰满，釉色黄亮，为清代出品。

杨宗保与穆桂英刻花坛

时期： 清代

尺寸： 高 30 厘米，直径 22 厘米，口径 11 厘米

收藏： 马口窑艺术工作室

《辕门斩子》的故事几乎家喻户晓，此坛描绘的杨宗保与穆桂英正是该故事的两位主角。此坛为四开光，每面一个人物。有年轻时的穆桂英，她细腰瘦脸，楚楚动人；也有挂帅后的她，身着官服，头戴七星额，上插雉尾翎，刚健婀娜；还有年轻时的杨宗保，相貌堂堂，血气方刚；而晚年的他则身着帅服，正襟危坐，正在抚须夜读。四幅画面概括了他们传奇的一生，给我们留下了许多想象空间。

MA CHENG YAO

鱼跃龙门刻花坛

时期：清代
尺寸：高 45 厘米，直径 42 厘米，口径 17 厘米
收藏：马口窑艺术工作室

这件陶器器形较一般坛子大，是蔡家山之外麻城窑系的产品，外施的化妆土较厚。其肩部采用水花手法划出云纹。坛身四开光。主画面描绘的是鱼跃龙门的情景，一条鲤鱼跃出水面，上方是一座风雨廊桥形象的建筑，两侧屋檐各悬挂了一只铃铛。这可能就是匠人心中的龙门，打破了传统图案的固定样式，更加贴近生活。其余三面是博古花卉纹饰，盆小花大，更像是日常生活中的盆栽。这种接地气的图案，正是民间陶艺的魅力所在。

百鸟刻花坛

时期： 清代
尺寸： 高 31 厘米，直径 28 厘米，口径 14 厘米
收藏： 马口窑艺术工作室

此坛为唇口、平肩、鼓腹、收足，整体敦实。坛身为四开光，其中有传统纹饰“喜鹊登梅”和“鹭鸶采莲”，也有匠人的自由创作。整个坛子共描绘了十七只鸟，大小各异，形态多样，有的鸟还躲在了树枝的后面。另有一只鹭鸶，扬着头，嘴里叼着一条小鱼，正准备向上飞起，曲线优美，悠然的样子十分可爱。画面中的花朵比例夸张，特别硕大，使构图显得很饱满。在一个坛子上描绘十多只鸟，这在麻城窑同类题材中并不多见。

MA CHENG YAO

书卷刻花坛

时期：清代
尺寸：高 17 厘米，直径 21 厘米，口径 9.5 厘米
收藏：马口窑艺术工作室

这个罐子为清末民国初时期的作品，为当时蔡家山窑代表性的产品。陶罐丰肩广口，肩部有不常见的宽阔卷叶纹。罐体为四开光，其中一面绘书卷，配有彩带和花叶，书卷上刻有龙纹。亮黄色釉色花纹与深黑色胎土形成鲜明对比，显得温暖、新颖。陶罐刻剔较深，起伏较大，立体感强。

四开光花鸟纹刻花坛

时期：近现代
尺寸：高 36 厘米，直径 24 厘米，口径 13 厘米
收藏：马口窑艺术工作室

这件陶器为民国时期麻城窑出品。此坛造型挺拔高大，底足露胎。坛身为四开光，间隔纹饰为万字锦地纹，刻工规整细致。能达到如此水平，非匠人一日之功。从民国时期开始，麻城窑陶器间隔纹饰开始变得丰富多样，主画面开始缩小。四个开光中分别绘有“喜上眉梢”“双喜临门”“喜报春先”“鹭鸶闹莲”四幅吉祥图案，刻画工整，内容生动有趣。

胡汉卿定制刻花坛

时期： 近现代（1917 年）
尺寸： 高 33 厘米，直径 26 厘米，口径 13 厘米
收藏： 马口窑艺术工作室

此坛为麻城蔡家山窑民国六年即 1917 年作品，唇口、矮颈、斜肩、收腹、敛足。顶部阴刻有“中华民国六年岁丁巳时届仲秋月立胡汉卿记”铭文。胡汉卿是清代同治年护法军陆军中将师长。1917 年距今有 100 多年。这一年对于胡汉卿来说也是其传奇人生中的一个重要年份，当年他投入孙中山部参加反对北洋军阀的战争。从铭文上看，此坛是他定制的酒坛。有详细纪年和人名款识，有一定的历史意义，其纹饰、刻工及釉色都具有典型的民国时期麻城蔡家山窑的特征。

戏曲人物刻花坛

时期： 近现代
尺寸： 高 36 厘米，直径 28 厘米，口径 13 厘米
收藏： 马口窑艺术工作室

这件陶器是民国时期的产品，胎质粗，色彩凝重，呈深红色，是蔡家山之外麻城窑系的作品。此坛先上白化妆泥，然后剔刻出人物、环境及肩部花纹。由于周围大面积深色，人物特别突出，似乎在演刀马旦。其中一人有着华丽的头饰，长长的两根翎毛。刀马旦双手分别捏住翎毛，作亮相姿态。她身着长袍，上有图案，下着百褶裙，裙下露出尖尖小脚，姿势夸张，绘制写意传神，可以推断此为杨门女将——穆桂英的戏曲形象。

书法刻花坛

时期：近现代（1923 年）
尺寸：高 36 厘米，直径 28 厘米，口径 15 厘米
收藏：马口窑艺术工作室

这件陶罐为民国癸亥年即 1923 年麻城黄之谦益窑厂出品，四开光，一面用书法阳刻“记曾前度过斯楼，四面云山一望收，野色溪光供指点，花晨月夕助”，并有款识“黄之谦益窑厂彦手书，民国癸亥年岁在”。这是一个有年款和窑名的陶坛，其刻工工整，主体全是书法装饰，其书法雕刻行云流水，苍劲有力，似石刻，似篆刻，不像一般麻城工匠所为。从其铭文看，应是专门定制烧造的礼品坛，所以其制作十分讲究，并留下文字记载，实为罕见。

封神榜描金刻花罐

时期：清代
尺寸：高 21 厘米，直径 21 厘米，口径 9 厘米
收藏：马口窑艺术工作室

此罐为麻城窑清代出品，为直口、平肩、鼓腹、圈足。釉水紧致，光泽温润，黑底黄金色图案使得画面非常突出。此罐采用通景装饰的手法，除主体人物，无其他纹饰。画面有：姜子牙骑四不像，一手拿杏黄旗，一手拿三环剑；黄天化骑玉麒麟，双手抡起八棱双银锤；雷震子脚踏祥云，双手高举风雷黄金棍，展双翅，面露雷公嘴；哪吒脚踩风火轮，手拿乾坤圈和火尖枪；杨戬骑银合马，一手拿三尖刀，另一手放出哮天犬与赵公明对峙——赵公明是其中唯一的反派人物，他骑黑虎，一手高举缚龙绳，一手持金鞭，转身与杨戬打斗。此罐活灵活现地描绘了姜子牙率领众将追击赵公明的战斗场景，场面激烈有动感。此罐描绘的故事富有戏剧色彩，人物形象刻画逼真，整体描金和剔刻手艺都非常精湛。

官宦世家刻花罐

时期： 清代

尺寸： 高 20 厘米，直径 24 厘米，口径 11 厘米

收藏： 马口窑艺术工作室

此陶罐为扁圆状，锁口，配盖子，釉水明亮，呈橘黄色。中间开光中有一中年男子在厅堂中饮酒，其头戴冠帽，身着长袍，从其服饰、桌椅陈列可推断出人物身份。环境闲适、人物神态自然传神。另一面为一有须男子低首站立，左手拿着带叶花枝，神情落寞，若有所思。另外两面描绘的是两位女眷。此罐描绘的应是当时官宦人家的日常生活场景，此类题材在麻城窑陶罐中较少见到。

传统图案刻花罐

时期：清代
尺寸：高 26 厘米，直径 28 厘米，口径 11 厘米
收藏：马口窑艺术工作室

此罐肩部有一圈卷尖头云纹装饰。罐身四开光。一面绘有一位老者，左手握拐杖，右手拿蒲扇，倚坐在一棵苍松下，正在询问一位采药的童子，对应唐诗“松下问童子，言师采药去。只在此山中，云深不知处”的情景。另一个画面是两位青年正在习武。其余两面是“马上封侯”和“鹿鹤同春”两个传统纹样。此罐整体器形饱满，刻工精美，釉色莹亮，化妆土呈金黄色，色调十分和谐，是清末民国初的精品之作。

MA CHENG YAO

【图一】

人物描金罐(组图)

时期： 清代

图一尺寸： 高 23 厘米，直径 24 厘米，口径 9 厘米

图二尺寸： 高 26 厘米，直径 28 厘米，口径 11 厘米

图三尺寸： 高 21 厘米，直径 22 厘米，口径 9 厘米

图四尺寸： 高 24 厘米，直径 25 厘米，口径 10 厘米

收藏： 马口窑艺术工作室

这四件都是麻城蔡家山窑清末民国初的人物题材陶罐。图一描绘的是一个孩童单膝跪在一株团菊花前面，对面长者一只脚踩在他的膝盖上，手持戒尺，正在训斥他的情景，老者威严，孩童胆怯。图二中一对青年男女各自手持长枪，在树林里比武，他们面带笑容友好切磋。图三中街头艺人正在戏耍一只站在竹竿顶端的小猴，一旁手持纸扇的青年男子神情专注，目不转睛。图四中两位大家闺秀，一人站立，一人坐于椅子上，对视闲聊喝茶，花几上还有瓶花和一把茶壶。人物表情传神，比例协调，动态优美，故事情节生动。这种题材的刻花罐，均做工精细，刻画精美。

【图二】

【图三】

【图四】

MA CHENG YAO

穆桂英挂帅描金罐

时期： 清代
尺寸： 高 20 厘米，直径 20 厘米，口径 9 厘米
收藏： 马口窑艺术工作室

此罐为麻城蔡家山窑清代作品，直口、圆肩、收腹、敛足，肩部暗八仙纹作装饰。罐身两开光，一面是穆桂英挂帅降伏辽军的场景，另一面是杨宗保和杨六郎在城楼上擒获辽将的场景。《穆桂英挂帅》是传统剧目，在湖北被广为传唱，为百姓熟知。麻城工匠将戏曲故事刻画在陶罐上，罐上的人物形象极具戏曲色彩。这可能是受到当时木雕艺术的影响，现在看来仍十分有感染力。

西游记描金罐

时期：清代
尺寸：高 22 厘米，直径 22 厘米，口径 9 厘米
收藏：马口窑艺术工作室

此罐为麻城蔡家山窑清代出品，描绘的是《西游记》的题材。罐身有两组戏剧性情节：一面是孙悟空手执金箍棒走在最前，猪八戒手握九齿钉耙紧随其后，沙和尚肩挑行李，唐僧骑白龙马在最后，他们一起取经赶路的情景；另外一面是猪八戒探路时偶遇一对挑水的年轻女子，向其问路却得知是女妖精后，大惊失色的情景。麻城工匠把八戒的好色，悟空的勇敢，沙僧的勤劳，唐僧的稳重，刻画得淋漓尽致，于粗放中表达出人物的性格。

MA CHENG YAO

三娘教子描金罐

时期：清代
尺寸：高 22 厘米，直径 24 厘米，口径 10 厘米
收藏：马口窑艺术工作室

陶罐描绘的画面具有喜剧色彩。故事中的三娘手捧书本坐在花园的椅子上，让儿子背书，但儿子贪玩，背不下来，三娘十分愤怒，责怪儿子，并罚其跪下，小孩子一边跪着一边拿着摘取的花枝。三娘的望子成龙与孩童的贪玩天性，表现得淋漓尽致。另外一面描绘了两个人比武的场面，动作生动鲜活。古人都希望子女能文武双全。这是一件寓教于乐的陶器，红色的胎土，明黄色的人物，惹人喜爱。

白蛇传描金罐

时期：清代
尺寸：高 24 厘米，直径 24 厘米，口径 10 厘米
收藏：马口窑艺术工作室

此陶罐画面十分简洁大气。开光中的画面如同舞台背景一样，摆有博古架与瓶花。其中一个开光描绘了一对男女，似乎是《白蛇传》中的许仙与小青。小青持宝剑，指责许仙的负心背叛，许仙大惊失色，狼狈地用双袖遮挡面部。装饰图案用戏剧性的情节表现人物的内心世界。其余两个画面同样动态优美，人物形象生动，极具感染力。在清末民国初戏曲人物题材的陶罐中，此罐当属难得。

八仙刻花对罐

时期：清代
尺寸：高 23 厘米，直径 23 厘米，口径 10 厘米
收藏：马口窑艺术工作室

此八仙对罐为清代出品器物，完整保存至今实为难得。此组对罐皆为直口、圆肩、收腹、敛足，罐身高度和宽度基本相等。采用刻花剔地装饰手法，肩部装饰一圈花瓣纹，纹饰大小略有不同，但题材一样。每罐均四开光，描绘有四位仙人。两个罐子共八位不同人物，完整地展现了八仙的形象。其开光内角均装饰云纹，仙人两侧有祥云护身。此对罐人物特征鲜明，容易辨认，表情生动，服饰和法器与人物形象相符。虽然都是八仙题材，但是麻城窑和马口窑的表现手法却各有特色。麻城窑八仙人物刻画得更加细致入微，显得更加纤柔多姿。

MA CHENG YAO

八仙回纹刻花罐

时期： 清代
尺寸： 高 20 厘米，直径 22 厘米，口径 9 厘米
收藏： 马口窑艺术工作室

此八仙罐为清代器物，直口、圆肩、收腹、敛足，肩部装饰一圈回纹。罐身四开光，开光内角装饰蝙蝠和花瓣，每个开光有两个相视对望的八仙人物，人物上下装饰花卉纹。从人物的头饰、面部、衣饰来看，有戏曲人物造型的特点；从法器来看，可以判断是八仙人物形象。比较有意思的是，有一个画面中的人物非常小，不知道是有意为之，还是画完后发现画面不够了。此罐整体刻画娴熟，拙朴有趣，釉色露胎的部分呈深红色，有化妆土的部分呈中黄色。

传统纹饰刻花罐

时期： 清代
尺寸： 高 20 厘米，直径 22 厘米，口径 9 厘米
收藏： 马口窑艺术工作室

此罐为麻城蔡家山窑清代作品。其中两个开光中描绘的是《打金枝》，在这样一个充满封建伦理道德的冲突题材中，艺人选取故事高潮——郭子仪跪于殿前请罪和郭暧怒斥公主的情景，戏剧色彩浓厚。另外两开光是传统纹饰“喜鹊登梅”和“麒麟吐玉书”。

MA CHENG YAO

八仙人物花卉刻花罐

时期：清代

尺寸：高 23 厘米，直径 24 厘米，口径 10 厘米

收藏：湖北金水窑陶艺工作室

此罐为麻城窑早期的作品。罐原有盖，平边凸起，像明清将军罐的盖，呈半球形，顶部有狮纽，后遗失。罐腹部有八开光画面，由仙人、花卉、鸟兽交错组成。罐面刻有回纹花边，底足部为莲瓣纹。根据此罐盖及花纹特征，可断定其为清代麻城窑出品。由于时间久远，部分釉面已经脱落，露出原有胎色，更显古拙、质朴。

八仙云头纹刻花罐

时期：清代
尺寸：高 21 厘米，直径 23 厘米，口径 10 厘米
收藏：马口窑艺术工作室

此八仙罐为麻城窑清代出品，本应为一对，另外一只已遗失。其造型为直口、圆肩、直腹、圈足，使用刻花剔地的装饰手法，肩部装饰一圈云头纹。罐身四开光，分别是汉钟离、铁拐李、何仙姑、吕洞宾，他们周身布满祥云，仿佛在云中仙游，人物形象鲜明、动态各异、表情传神，构图疏朗，线条刻画细腻。釉色露胎部分呈酱红色，有化妆土的部分呈明黄色。

MA CHENG YAO

八仙卷草纹刻花罐

时期：清代
尺寸：高 22 厘米，直径 24 厘米，口径 11 厘米
收藏：马口窑艺术工作室

此八仙罐为清代器物，为瓮口、圆肩、收腹、敛足，肩部装饰一圈卷草纹。罐身四开光，每个开光中有两个八仙人物，脚踏祥云，相视对望，动态飘逸自然，用菊花、金瓜、太阳、灯笼纹饰点缀空白画面，构图有新意，人物形象鲜明、比例协调，线条刻画柔美。其釉色露胎的部分呈深红色，有化妆土的部分呈米黄色。

四开光八仙刻花罐

时期： 清代
尺寸： 高 21 厘米，直径 18 厘米，口径 8 厘米
收藏： 马口窑艺术工作室

这件陶罐属清末民国初麻城窑出品，平口、平肩、高颈，上大下小。四开光，人物如在拱门中。铁拐李形象粗犷，浓眉大眼，络腮胡须，宽袍粗服，似对世事愤懑不平，流露出济世救生的悲愤表情；吕洞宾则是在设坛作法，手挥拂尘，口中念念有词；何仙姑手持莲花，端坐云层，俯视众生。作者用写实的手法，刻画八仙人物的性格，运用中国古代人物白描方式，既生动又深刻。此类刻花罐在麻城陶器中较为罕见。

MA CHENG YAO

八仙刻花方罐

时期： 清代
尺寸： 高 16 厘米，直径 16 厘米，口径 10 厘米
收藏： 马口窑艺术工作室

此八仙罐为清末民国初出品的器物，其造型独特，直口、平肩。罐身为八方形，口部和底部为圆形且等大，使用刻花剔地的装饰手法。此罐口沿内部有一个半圆状缺口，这是麻城窑特有的锁口形式，罐盖通过对上缺口位置，旋转后可以起到密封和固定的作用。颈部刻画回纹，肩部刻画一圈花卉连枝纹饰。罐身八开光，每个开光刻画一位人物，分别是铁拐李、汉钟离、张果老、吕洞宾、何仙姑、蓝采和、韩湘子、曹国舅，八位仙人周身点缀祥云，神态各异，形象生动，动作舒展，线条刻画流畅。其釉色露胎的部分呈深红色，有化妆土的部分呈暖黄色。八方造型在麻城窑中较为少见。

暗八仙百花刻花罐

时期： 清代
尺寸： 高 24 厘米，直径 30 厘米，口径 10 厘米
收藏： 马口窑艺术工作室

此花罐器形圆润饱满，通体刻画花叶图案，花团锦簇，枝缠叶绕，深褐色胎与金黄色化妆土纹饰形成对比，温暖强烈，极富装饰意味。罐的肩部由金瓜蝴蝶缠枝纹组成，美不胜收，寓意子孙绵延。罐身四开光，一边为牡丹花的装饰，另一边是圆瓣菊花束，另外两边是“金瓜蝴蝶”和“暗八仙”纹样，画面丰富多彩，蝴蝶围绕金瓜飞舞，暗八仙法器犹如在风中飞扬。艺人倾注心力，极尽装饰，从整体到局部，尽善尽美，为清代麻城窑盛期出品。

八仙分层刻花罐

时期：清代
尺寸：高 27 厘米，直径 27 厘米，口径 10 厘米
收藏：马口窑艺术工作室

此罐最大的特别之处是采取密不透空的分层装饰，自上而下有七层不同的装饰带。匠人尽心竭力打造一个华丽的陶罐，在其眼里人物刻画是次要的，要把人物作为装饰符号来运用。在罐身的开光中，张果老骑着毛驴悠闲地在荷塘边的小道上行走，蓝采和则手持花篮飘浮在莲花丛中，人物形象夸张，面部表情刻画入微，趣味性十足。他们是融入生活情景的八仙形象，已经不再有道貌仙风。

八宝描金罐

时期： 清代
尺寸： 高 19 厘米，直径 23 厘米，口径 11 厘米
收藏： 马口窑艺术工作室

此罐为麻城窑清晚期出品，采用化妆土绘出大的形体，再用刻刀细致剔刻出细节，修整造型。其主画面选材“暗八仙”。此题材深受百姓喜欢，在麻城窑器物中经常可以看到。虽然题材相同，且图案已有固定组合模式，但每个工匠的刻画手法却各有千秋。他们不受传统纹饰式样的束缚，勇敢地自由表达，尽情地发挥想象，描绘出自己心中的八宝形象。这正是麻城窑纹饰的魅力所在。

MA CHENG YAO

暗八仙尖头云纹刻花罐

时期：清代

尺寸：高 22 厘米，直径 24 厘米，口径 10 厘米

收藏：马口窑艺术工作室

此罐为清代麻城窑出品，直口、圆肩、收腹、敛足，肩部刻有一圈尖头云纹，排列整齐，大小基本一样。底部一圈尖莲瓣纹，工整细密。罐身四开光，内角用盘长纹装饰，呈花窗状。罐身刻有蒲扇、葫芦、花篮、阴阳板四个图案，精工细刻，一气呵成，下刀干脆利落，犹如石刻一般刚劲有力。胎土呈暗黑色，有装饰土的部分呈明黄色，对比鲜明。

暗八仙尖头云纹刻花罐

时期：清代
尺寸：高 22 厘米，直径 24 厘米，口径 10 厘米
收藏：马口窑艺术工作室

此罐收口、丰肩、收腹，整体造型矮胖，口沿下部一圈尖头云纹，肩部一圈回纹，足部一圈尖莲瓣纹，刻画工整。罐身两开光，用竖向回纹分隔，一面刻有阴阳板、横笛、团扇、葫芦四个暗八仙图案。它们依次横向排列，上面的丝带飘逸，自然弯曲，端头呈漩涡状。画面一气呵成，剔刻难度极大，展示出了工匠的老道技艺。罐体外施的化妆土较厚，剔刻较深，胎土呈深黑色，有化妆土的部分呈中黄色，图案显得更加突出。

犀牛望月刻花罐

时期：清代
尺寸：高 26 厘米，直径 26 厘米，口径 11 厘米
收藏：马口窑艺术工作室

此罐高颈、平口、丰肩，上刻缠枝杏花纹，图案清爽明朗。陶罐为深黑底色，釉面温润，为灰釉精品。三面开光均为平面展开的缠枝团花，开光上面的左右角有简笔蝙蝠；而另外一面开光即主画面，一头健壮的犀牛，头顶双角，双耳硕大，正瞪眼回首，画面右上方，云彩托着一轮圆月，其上刻有“月”字。可以看出这是描绘“犀牛望月”的场景，此为民间特别喜爱的传统题材。

四开光暗八仙钱纹刻花罐

时期： 清代
尺寸： 高 17 厘米，直径 21 厘米，口径 9 厘米
收藏： 马口窑艺术工作室

此罐为麻城蔡家山窑清末民国初的代表性产品，为灰釉亚光，刻工规整，干净利索，丰肩广口，肩部刻有宽阔的卷叶纹，并不多见。罐体为四开光，其中一面刻有圆孔铜钱与葫芦的组合，艺人别出心裁地在横向放置的暗八仙葫芦上绘制铜钱加以装饰，把吉祥与富贵结合起来。此罐花纹釉色为亮黄色，与棕红色胎土形成鲜明对比，显得温暖而新颖。陶罐刻剔较深，使图案起伏更明显，因此立体感更强。

四开光暗八仙字谜刻花罐

时期：清代
尺寸：高 25 厘米，直径 25 厘米，口径 11 厘米
收藏：马口窑艺术工作室

此罐为麻城窑清末时期的作品，直口、圆肩，形体饱满，红色胎土上衬托明黄色图案，光艳照人，高质量的化妆土，精心制作的草灰釉，保证了陶器的高水准。此罐四开光两两相对：一对是在开光中又分割成四个小开光，每个小开光中绘一件暗八仙器物，显示了作者的创造力；另外一对开光中分别刻有两只鸟与花朵，鸟儿肥硕可爱，双双在花丛中愉快地歌唱。

瑞兽花卉刻花罐

时期：清代
尺寸：高 21 厘米，直径 28 厘米，口径 10 厘米
收藏：马口窑艺术工作室

此罐造型独特，直口、溜肩、直腹微收，圈足，底同肩宽，呈马蹄状，形态稳重。肩部是双龙戏珠的纹饰，两条龙穿过云彩，一同飞向一颗火珠。罐身四开光，其内角饰如意纹。主画面描绘的是一只火麒麟回首，口吐书卷，其上刻有“青气书”三字。这是传统纹饰“麒麟吐玉书”，寓意有圣人降生，也有旺文之意，后来民间多用于指家中添丁有喜。麒麟造型稚拙，已民间化，龙和凤的造型也是如此。其余画面是“凤穿牡丹”“金瓜蝴蝶”和吉祥花卉纹饰。此罐整体刻工细致、釉色明亮，胎土为大红色，化妆土为明黄色，整体色调温暖，呈现出喜庆吉祥的感觉。

MA CHENG YAO

梅花鹿刻花罐

时期：清代
尺寸：高 28 厘米，直径 30 厘米，口径 12 厘米
收藏：马口窑艺术工作室

此罐十分有趣，鸟兽都刻画得饶有情趣。你看：凤凰在牡丹丛中穿行，高声鸣叫，打破寂静的天空；梅花鹿在树丛间、山坡上跳跃；鹭鸟正弯颈准备猎食河塘中的游鱼；一双小鸟在梅枝上觅食。有别于严谨的传统纹饰，绘者选取大自然的景象，把它们组织成画面，生动有趣又丰富多彩，同时也蕴含着美好的寓意。此罐满工细刻，刀法纯熟，釉色金黄，器形饱满，是一件歌颂大自然的作品。

花鸟描金刻花罐

时期：清代
尺寸：高 21 厘米，直径 28 厘米，口径 10 厘米
收藏：马口窑艺术工作室

此陶罐为清晚期麻城窑出品，罐身四开光。麻城工匠善于在画面中心刻画花鸟纹饰，并以花卉作为背景。罐身绘有雄鸡、凤凰、喜鹊、黄莺。其中雄鸡昂首阔步，头上有高耸的冠，尾羽似弯刀高高翘起；凤凰信步穿行于牡丹花丛中，形象突出；喜鹊翘首站立于梅枝上；黄莺回首啼鸣，单脚站立于海棠树上。如此精雕细刻以突出鸟的造型的陶罐并不多见。

麒麟吐玉书描金罐

时期：清代
尺寸：高 21 厘米，直径 23 厘米，口径 10 厘米
收藏：马口窑艺术工作室

此罐为麻城窑清代晚期出品，采用化妆土绘出大的形体，再用刻刀细致刷刻出细节，修整造型。其主画面取材自“麒麟吐玉书”，此题材寓意吉祥，在麻城窑器物中常有描绘。虽然题材相同，但每个工匠的刻画却各有新意，他们不受固有纹饰式样的束缚，利用化妆土和刻刀自由地表达，尽情地发挥创意，每个图案描绘的都是作者心中麒麟吐玉书的形象。此罐麒麟的形态更像一匹骏马。

花鸟铜钱纹刻花罐

时期： 清代
尺寸： 高 27 厘米，直径 27 厘米，口径 12 厘米
收藏： 马口窑艺术工作室

此罐为清晚期麻城蔡家山窑出品，从上至下有五层纹饰。最上部是一圈尖头云纹，下面为一圈回纹，肩部为一圈卷叶纹。罐身圆形四开光，每面均刻有花鸟纹饰，其余部分满刻万字锦地纹。纹饰全手工刻画，既工整协调又不死板，体现了匠人高超的手刻技艺。近底部是一圈铜钱纹，由于铜钱纹象征招财进宝、大富大贵，所以深受百姓的喜爱。罐型饱满近圆形，釉色黄亮，在深红底色的衬托下更显得光彩夺目。

MA CHENG YAO

鲤鱼闹莲刻花罐

时期： 清代
尺寸： 高 24 厘米，直径 24 厘米，口径 9 厘米
收藏： 马口窑艺术工作室

此罐为麻城蔡家山窑出品。麻城艺人熟练地掌握了装饰技艺，运用起来得心应手。这件陶器的画面受到湖北地区民间剪纸的影响，轮廓锐利，干净工整，画面明确。鲤鱼闹莲的画面中，鱼儿跃出水面，头部和尾巴同时翘起，荷花、莲叶随风摇动，寥寥数笔就把这一切交代清楚，十分利落。化妆土呈金黄色，釉面光亮，色调对比强烈。

鹭鸶采莲刻花罐

时期：清代
尺寸：高 27 厘米，直径 22 厘米，口径 11 厘米
收藏：马口窑艺术工作室

这件陶罐为清代麻城窑出品。其造型独特，平口、直腹，两层圈足，器身呈腰鼓形。色泽亮丽，刻工精致。肩部的花瓣纹交替出现，不显单调。底部两圈回纹工整连贯。虽为四开光画面，但突破传统，其中两个画面构图饱满，形象明确，繁而不乱。另外两面是满幅万字纹，上开小圆窗，内刻鹭鸶采莲和金瓜蝴蝶纹，这种装饰形式非常精美独特。这些传统题材在麻城艺人手中得到了淋漓尽致地发挥，美观大方。

MA CHENG YAO

花鸟刻花对罐

时期： 清代
尺寸： 高 20 厘米，直径 20 厘米，口径 9 厘米
收藏： 马口窑艺术工作室

这对陶罐为清代麻城窑出品，装饰内容富于想象，刻剔工整精美，应是清代麻城窑的优秀作品。陶罐短颈平口，口沿下刻有整齐的尖头云纹，肩部装饰一圈回纹，显得庄重。开光中花鸟姿态各异，鸟儿的动态与神情传神。其中凤凰展翅飞翔穿过牡丹花丛；喜鹊立于梅枝，四周花朵盛开；一对小鸟相视在枝头，引吭高歌，翩翩起舞；两只仙鹤在古松下，悠然信步；鹭鸶开心地在荷塘漫步，有的俯首看花，有的昂首探莲。更有意思的还有两只老鼠，在树枝上左顾右盼地觅食。此罐画面自由，布局分明，井井有条，线条流畅，刻画精心，内容生动，既充满吉祥的寓意，又富有乡间的自然野趣。

MA CHENG YAO

六开光瑞兽刻花对罐

时期：清代
尺寸：高 23 厘米，直径 23 厘米，口径 10 厘米
收藏：马口窑艺术工作室

此对罐为清末民国初麻城蔡家山窑出品，每罐六开光。纹饰由动物与花鸟组成。一幅画面上有只匍匐的老虎正在树丛中潜行，双目圆睁，弓身曲背，正警惕地注视前方；画面采取湖北当地的刻纸手法，枝叶分明，老虎神态结构清晰，用平面的手法表现具有空间感的老虎，生动真实。另一幅画面画了一只树林中的兔子，长长的耳朵，圆圆的眼睛，微张的嘴，隆起的后背，趴着的前肢，站立的后腿，勾画出胆怯谨慎的样子，与前面的老虎形成鲜明对比。另有纹饰“麒麟吐玉书”“鹿鹤同春”“太平有象”。

牡丹凤鸟刻花罐

时期：清代
尺寸：高 25 厘米，直径 28 厘米，口径 9 厘米
收藏：马口窑艺术工作室

这是一件麻城窑早期的刻花陶罐。此罐的装饰如同绘画一般，在物象处理上比例夸张，在视觉上形成强烈冲击力，如在深黑的底色上，采取全景贯通的形式将整个罐体组织成一幅画面，硕大的牡丹花朵、舒展扭曲的叶片和弯曲延展的枝条贯穿整个罐面，如花丛一般。画面浪漫，富于幻想，不失为一件装饰特别的陶罐。

MA CHENG YAO

八开光花鸟刻花对罐

时期：清代
尺寸：高 18 厘米，直径 2 厘米，口径 13 厘米
收藏：王逍

此对罐为清末民国初麻城蔡家山窑出品。每个罐子均为八开光，但除八仙对罐外，此设计在其他题材的罐子中较少运用。更有意思的是，其中一个罐子八个开光中均为花卉题材，而另外一个罐子八个开光中均为花鸟题材，如此表达也别有新意。整体刻工精美细致，釉色黄亮，器形饱满，成对保存完好，十分难得。因是柴窑烧制，其釉色受窑温影响，两个罐子底色有略微差异，属于正常现象，这也正是柴烧的魅力所在。

MA
CHENG
YAO

马蹄形花卉刻花罐

时期：清代
尺寸：高 22 厘米，直径 23 厘米，口径 10 厘米
收藏：马口窑艺术工作室

此罐丰满、端庄，底部略大，更显稳定。从罐子的总体风格来看，应是清代时期的作品。此时化妆土质量上乘，匠人刻工细致，罐子上釉烧后呈暖黄色，十分惹人喜爱。这件陶器四开光，绘有石榴、金瓜、牡丹、团菊，画面变化多样，美不胜收。其中石榴满枝多籽，金瓜饱满充实，牡丹丰满繁茂，菊花婀娜多姿。这样的装饰手法有创意，无规律可循。麻城艺人手中任何题材都可入画，其高超技艺令人惊叹。

MA CHENG YAO

四开光猴子抱桃刻花罐

时期：清代
尺寸：高 25 厘米，直径 25 厘米，口径 11 厘米
收藏：马口窑艺术工作室

此罐为清晚期麻城窑出品，罐身四开光。麻城工匠善于刻画花鸟纹饰。此罐独特之处在于主体画面中间，有一只猴子坐在树枝上正在摘桃子吃，有猴子抱桃的意味。由于“猴”和“侯”谐音，被古人赋予了封侯的寓意，表达了人们期望封侯加官，追求功名利禄的美好愿望。桃子是人们喜爱的传统水果，寿桃是“增福添寿”的祝寿佳品。《西游记》中孙悟空偷吃蟠桃的故事更是家喻户晓。罐子上刻有“富贵双全”四个字，点出其主题寓意。

花卉刻花罐

时期：清代
尺寸：高 21 厘米，直径 23 厘米，口径 10 厘米
收藏：马口窑艺术工作室

这是麻城窑早期的刻花陶罐，黑色底上刻有装饰花卉，化妆土部分呈黄色，在深色剔刻部分的衬托下，愈发金光灿灿。肩部和底部有一圈装饰纹。此罐未采取开光形式，只是象征性用直线隔开，每个独立的花叶图案，如同在黑夜中飘浮一般，神秘而古老。此罐纹饰古朴而稚拙，开光装饰和纹饰刻画还处于探索期，这为后期装饰风格发展奠定了基础。由此罐可看出麻城窑陶器装饰手法由简到繁的发展方向。此类罐子已非常少见，十分珍贵。

MA CHENG YAO

万字纹圆窗花卉刻花罐

时期：清代
尺寸：高 25 厘米，直径 26 厘米，口径 12 厘米
收藏：马口窑艺术工作室

此罐属于麻城窑清代繁盛时期的作品，造型稳重、大方，反映出当时拉坯师傅的高超手艺。纹饰极其精致、工整。陶罐满刻各种装饰纹饰，从肩部整齐的尖头云纹，到罐体的回纹和莲瓣纹，都十分精妙。罐体四开光，其中两面刻满万字纹，犹如机器雕刻一般，刻工精美绝伦；中间有小圆形开光，刻有金瓜和翠竹，显得十分文气；另外两面刻出的花卉纹花叶繁茂，树枝延展弯曲，满布画面，其中花叶线条柔和自然，树枝线条流畅连贯，点、线、面相结合，整体华丽，剔刻一丝不苟。因为釉料和化妆土都较优质，此罐纹饰呈明黄色泽，釉面明亮亚光，色调柔和自然，造型、装饰、刻工、釉色都堪称一流，是一件麻城窑鼎盛期的代表作品。

MA CHENG YAO

【图一】

瓜瓞绵绵刻花罐(组图)

时期：清代

图一尺寸：高 20 厘米，直径 22 厘米，口径 9.5 厘米

图二尺寸：高 25 厘米，直径 25 厘米，口径 10 厘米

图三尺寸：高 20 厘米，直径 24 厘米，口径 11 厘米

图四尺寸：高 20 厘米，直径 24 厘米，口径 9.5 厘米

收藏：马口窑艺术工作室

这四个罐子均为麻城窑清代的刻花罐。题材都是瓜瓞绵绵，“瓞”与“蝶”同音，金瓜和蝴蝶一起构成画面，是中国传统的吉祥纹饰，在清代时非常流行。麻城窑中类似题材的罐子非常多。这四个罐子纹饰都以三个金瓜纹为中心，向四周展开，蝴蝶绕其翩翩起舞，中间空白处以缠枝和花叶装饰，叶子如在风中摆动，藤蔓扭曲，富于动感。此构图似乎经过集体创作，已成为一种定式。这个时期正是麻城窑的发展盛期，此时的陶罐多满布花饰，精雕细刻，不惜人工，追求华丽繁复的装饰效果。所使用的化妆土和釉料也很上乘，经过高温柴烧，釉面光泽柔和，色调明媚温暖，器物如同在春日的阳光下熠熠生辉。

【图二】

【图三】

【图四】

MA CHENG YAO

【图一】

蝴蝶金瓜描金罐(组图)

时期： 清代

图一尺寸： 高 20 厘米，直径 22 厘米，口径 11 厘米

图二尺寸： 高 20 厘米，直径 22 厘米，口径 10 厘米

图三尺寸： 高 20 厘米，直径 22 厘米，口径 9.5 厘米

图四尺寸： 高 21 厘米，直径 21 厘米，口径 9 厘米

收藏： 马口窑艺术工作室

这四个罐子均为清末的描金罐，题材都是蝴蝶闹金瓜。描金技艺高超，白泥绘画技法灵活多变。匠人采用了多样技法，花瓣用平面加刻剔的线和面描绘，显得稳重；叶片运用国画中的画叶法，笔沾白泥一笔画成，由于笔上沾泥有厚有薄，画在陶罐上就富有变化，不是平板一块，具有水墨韵味；金瓜则采取透空白描法，轮廓更加明显，内部用点绘使金瓜更加饱满；蝴蝶则用平涂加细刻描绘出翅膀上的纹饰变化，使之动态翩翩，少有雷同。

【图二】

【图三】

【图四】

MA CHENG YAO

【图一】

石榴纹刻花罐(组图)

时期： 清代

图一尺寸： 高 21 厘米，直径 22 厘米，口径 10.5 厘米

图二尺寸： 高 19 厘米，直径 21 厘米，口径 9.5 厘米

图三尺寸： 高 24 厘米，直径 21 厘米，口径 10.5 厘米

图四尺寸： 高 21 厘米，直径 21 厘米，口径 10 厘米

收藏： 马口窑艺术工作室

这四个都是麻城蔡家山窑清代罐子，造型各异，釉色也各不相同，但主体图案都是石榴纹。石榴纹是明清时期常见的传统纹样，也是麻城窑的通用纹饰之一，运用较多。石榴多籽，常被人们视为祥瑞之果，千百年来为民间所爱。古人称石榴“千房同膜，千籽如一”，寓意多子多福，所以国画中，石榴多数要露出石榴籽。麻城窑艺人也抓住这一特征，在石榴上用点画的方式突出了石榴的籽。

【图二】

【图三】

【图四】

【图一】

花树纹刻花罐(组图)

时期：清代

图一尺寸：高 31 厘米，直径 28 厘米，口径 10.5 厘米

图二尺寸：高 25 厘米，直径 23 厘米，口径 10.5 厘米

图三尺寸：高 25 厘米，直径 25 厘米，口径 11 厘米

图四尺寸：高 20 厘米，直径 25 厘米，口径 10.5 厘米

收藏：马口窑艺术工作室

这四个罐子的装饰在清代麻城窑中都具有代表性。它们均由柴窑高温烧成，釉水清澈明亮。图一罐子开光画面为菱形，用细线分开，二开光间形成的三角形内刻适形花朵图案，既突出又新颖。麻城艺人于不经意处倾注匠心，常常出新，展现了其不俗的创造力。图二罐子开光呈八边形，与前罐开光手法类似，但花卉刻画得更加富有装饰性，比例更加夸张。其年份稍晚。图三罐子有意缩小开光所占比例，加强装饰面积，显得丰富华丽，开光中四周也满布花叶，四个大开光都装饰有莲、菊、梅花等，生动精致。图四罐子为四开光，开光内角装饰了盘长纹，犹如古建筑上的花窗。开光间彼此相连，仅用细线分隔，干脆利落。从上至下的五层纹饰满工细刻。由此我们可以看出，麻城窑花卉纹饰的形成过程体现了由早期的写实风格逐渐过渡到装饰性图案化的过程。

【图二】

【图三】

【图四】

MA CHENG YAO

花卉刻花对罐

时期：清代
尺寸：高 26 厘米，直径 25 厘米，口径 12 厘米
收藏：马口窑艺术工作室

此对罐为麻城蔡家山窑清代出品。其造型饱满，直口圆肩。罐体颈部及足底处装饰花纹为尖头云纹和莲瓣纹，虽为传统纹样，却十分精细，刻画工整。中间主画面四开光，用工字纹间隔，开光内角装饰如意纹。四面均为吉祥花卉图案，装饰手法娴熟，刻画自然。此罐釉色黄亮，暗红底色衬托出的图案愈发金黄，色彩喜庆，惹人喜爱。

MA CHENG YAO

明青花刻花对罐

时期： 清代
尺寸： 高 24 厘米，直径 24 厘米，口径 10 厘米
收藏： 范天宸

此对罐为麻城蔡家山窑清末民国初作品，球形、圆肩、广口、小足，上大下小。该对罐从上而下五层装饰。肩部以上为二层，分别以上下对菊、仰覆莲花组成带状装饰，肩以下近底部为折纹。中间主体分为两部分，下面三分之二为突出部分，连续六开光刻菊、梅、莲，多结构构图，有的对称，有的平衡，形成统一变化。装饰图案鸟鸣花开，生机活泼，富丽吉祥。其中一个罐子上刻有“明青花”字样，非常特别。

MA CHENG YAO

金瓜花卉刻花罐

时期： 清代
尺寸： 高 18 厘米，直径 18 厘米，口径 8 厘米
收藏： 马口窑艺术工作室

此罐为麻城蔡家山窑清末民国初作品，直口、斜肩，上大下小。该罐采用了通景装饰，这在麻城窑花卉题材的罐子中非常少见。肩部为金瓜花卉纹饰，蜿蜒伸展。主画面是一株盛开的牡丹花，沿罐子一周延绵生长，展示出一种欣欣向荣的生命力。这种装饰立意新颖，非同一般。

花卉小鸟刻花罐

时期： 清代
尺寸： 高 24 厘米，直径 25 厘米，口径 11.5 厘米
收藏： 马口窑艺术工作室

这件陶罐从风格上看应为清末民国初时期作品。陶罐整体造型饱满，短颈广口，在深黑色胎上描绘图案，装饰感十足。中间用细线分割成四开光，分别是金瓜蝴蝶、梅花小鸟、团菊和牡丹纹饰，采用平面装饰的方式刻画，如现代的装饰画一般，令人耳目一新。

MA CHENG YAO

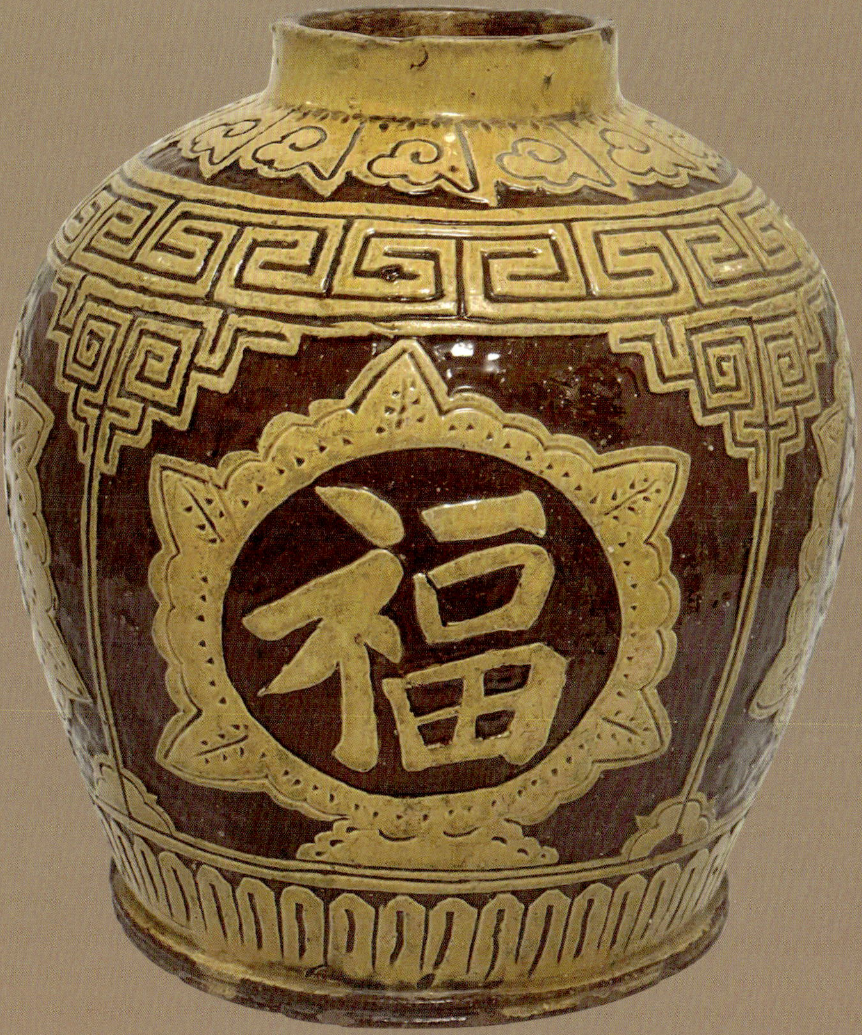

“福禄寿喜”刻花罐

时期：清代
尺寸：高 25 厘米，直径 25 厘米，口径 10 厘米
收藏：马口窑艺术工作室

此陶罐四个面分别刻有“福”“禄”“寿”“喜”四个大字，突出而明显，让人从不同的角度体会其含义，这四字反映了当时社会的价值观与人生理想追求。这样的组合极富有创意，让人从视觉上感受富贵吉祥的隆重效果，开光四周以繁复的回纹、尖叶与蕉叶纹组合，使这件陶罐集富贵吉祥于一身。

禄

寿

囍

MA CHENG YAO

“福禄祷(寿)禧”刻花罐

时期：清代
尺寸：高 20 厘米，直径 24 厘米，口径 10 厘米
收藏：马口窑艺术工作室

这件以“福”“禄”“祷（寿）”“禧”四字为中心、四开光的万字纹刻花罐应是清代晚期的麻城窑作品。开光之间用双线隔开，每一个开光中间有一圆形，边有双线，中心为楷书，一面一字。万字纹十分精致，如机器印制一般，工整精确到让人惊叹。麻城艺人制作陶器一丝不苟的精神，是手工艺者值得传承的精神，是应当继承与发扬的传统。

禄

祷

禧

生意经刻花罐

时期：清代
尺寸：高 18 厘米，直径 22 厘米，口径 11 厘米
收藏：马口窑艺术工作室

这件陶罐是清代麻城窑的作品，呈灯笼形，广口丰肩。在开光中文字的两边刻有鱼、蟹、鸟、昆虫图案。另外两个开光分别是“凤穿牡丹”和“喜鹊登梅”。此罐一面书有“生意全凭公道行，货真价实莫欺人，公道生意多主顾，奸巧终须一世贫”的警言；另一面书有“万贯千钱置好材，相亲相劝是相亲，莫图酒食相征逐，定要同心做好人”的劝语。从文字内容来看，当时商业已很发达，不免存在买卖中坑害顾客、制假售假的情况，罐上的文字劝诫人们不要做奸佞商人，要做一个童叟无欺的公道生意人。这些文字时至今日仍对我们有启示作用。

MA CHENG YAO

四开光谜语刻花罐

时期： 清代
尺寸： 高 21 厘米，直径 24 厘米，口径 10.5 厘米
收藏： 马口窑艺术工作室

此罐为清代麻城窑陶罐，四开光里分别刻有“喜鹊登梅”“鹭鸶采莲”“金瓜蝴蝶”“犀牛望月”四个吉祥图案。间隔处采用小方框，阴刻有“头在云南，身在四川，月中一女，配如凡间”的字谜，谜底是“嬴”字。古时每逢元宵节，人们都有猜灯谜的习俗，明清时更加盛行。猜谜语一直是百姓所喜爱的娱乐。麻城匠人将字谜刻在陶罐上，使一件普通的陶器有了文化内涵，既可以供大人猜谜取乐，又可以给孩子启蒙汉字，寓教于乐。

杨巨源诗描金罐

时期：清代

尺寸：高 18 厘米，直径 23 厘米，口径 9.5 厘米

收藏：马口窑艺术工作室

此罐造型丰满，釉水黑中透亮，画工精湛，应是清末民国初麻城窑作品，深色底上写有唐代诗人杨巨源的《城东早春》："诗家清景在新春，绿柳才黄半未匀。若待上林花似锦，出门俱是看花人。"清代广泛流传的《千家诗》中就有这一首。此诗意境高远，流传甚广。此罐简洁大方，文字清新，书法含蓄。此罐的另一面描绘有金瓜蝴蝶，金瓜形态写实，蝴蝶艳丽，十分可爱。还有一面绘有盛开的秋菊在风中摇曳。此罐精美，属于同时期的代表作。

“寿比南山 金玉满堂”刻花罐

时期：清代

尺寸：高 24 厘米，直径 22 厘米，口径 10.5 厘米

收藏：马口窑艺术工作室

此罐是麻城窑清末民国初时期的作品，装饰风格非常独特，肩部饰尖头云纹，底部饰莲瓣纹，排列规整。罐身用圆形回纹分隔出四个开光，犹如古典园林建筑上的花窗一般。开光以外大面积剔除化妆土，露出胎土留白。在上部空白处阳刻有“寿比南山”四字，下部空白处阳刻有“金玉满堂”四字。如此安排，可谓匠心独运。开光中是喜鹊登梅、鹭鸶采莲、牡丹花、团菊花纹饰，这些纹饰犹如窗外的美景，让人看了意犹未尽，浮想联翩。此罐整体刻画老道，构图独特。金黄色的纹饰配合红色的底色，烘托出一种金玉满堂的氛围感。

MA CHENG YAO

金鱼戏莲刻花罐

时期： 清代
尺寸： 高 26 厘米，直径 26 厘米，口径 11 厘米
收藏： 马口窑艺术工作室

此罐为清末民国初麻城窑陶罐，罐体为高颈、圆肩，肩上装饰尖叶纹，排列有序。罐体为四开光，由暗八仙和吉祥动物组成，其中一面描绘的是“金鱼戏莲”，是民间特别喜爱的题材，放置在家中，既美观又吉利，深受百姓欢迎，经久不衰。

太极图刻花罐

时期： 清代
尺寸： 高 22 厘米，直径 20 厘米，口径 10 厘米
收藏： 马口窑艺术工作室

此为麻城窑清末民国初时期的陶罐，四开光，两面有圆形的太极图，其余两面满布万字纹，精美异常。太极图由黑白双鱼组成，是中国特有的古代文化符号，古老而神秘。万字纹原为一种古代的宗教标志，在麻城窑陶器的装饰中运用十分普遍，为通用纹饰之一，寓意吉祥如意。这件陶罐以万字纹与太极图相结合进行装饰，蕴含美好寓意。

MA CHENG YAO

“顺治四年”刻花粥罐

时期：清代（1647 年）
尺寸：高 14 厘米，口径 21 厘米
收藏：马口窑艺术工作室

此为清代流行的粥罐，刻工精致，造型讲究，有圆孔四个纽，在纽的下方有“顺治四年”四字楷书年款。由于此罐有准确纪年，我们能看到麻城窑早期的作品，其风格富丽，形制生动，是一件难能可贵的实用性艺术品。此罐是目前发现的麻城窑有准确纪年款陶器中最早的一件，即 1647 年出品。据史料记载，当时正值明末清初战乱之际，政局十分混乱，在这样的大背景下，此罐可谓劫后余存，十分难得。据藏家介绍，最初粥罐整体被红油漆覆盖，经清洗后才显光彩。另外一面的纽下方，刻有“长贵富命”四字。其他部分刻有“鹭鸶莲花”与“金瓜蝴蝶”图案，口沿部的宽边上有圆形菊花图案装饰。其风格高古典雅，是一件可以承前启后，具有标准形制的麻城窑陶器实物。

長貴
富命

辛丑年款弦纹刻花粥罐

时期： 清代（1901 年）
尺寸： 高 14.5 厘米，口径 24 厘米
收藏： 马口窑艺术工作室

此粥罐为清代晚期出品，根据款识推算为光绪二十七年（1901 年）的作品，当时正是清代国力衰败之时。粥罐的一面纽下方阴刻有“喜”字和“文武状元及第，金殿传卢武三吃”楷书文字；另一面的纽下方阴刻有“喜”字和“昔在辛丑年嘉平月吉立造”的楷书纪年款。因上面刻有“喜”字，似为婚礼前所定制，其装饰富丽吉祥，口沿处的三道弦纹边装饰，增强了厚重感，更显庄重、贵气。罐身四开光以花叶图案组成，美轮美奂。

光绪乙巳年款刻花粥罐

时期：清代（1905 年）
尺寸：高 14.5 厘米，口径 24.5 厘米
收藏：马口窑艺术工作室

此粥罐为麻城蔡家山窑清代光绪乙巳年即 1905 年的作品，这时已与“顺治四年”粥罐相距两百多年了，可以看出自清代早期到晚期，麻城窑虽一脉相承，但造型上却有不小的变化。早期粥罐圆鼓形收口，而晚期则为斜形，上大下小，有四纽。此罐一面双纽间阴刻“光绪”楷书纪年号，另一面双纽间阴刻“乙巳”楷书纪年款。罐身四开光。其中两面是“喜鹊登梅”和“鹭鸶采莲”；另外两面是以《打金枝》和《文王访贤》两则戏曲故事为题材的画面，其人物形象生动有趣，衣纹刻画独具匠心，将花朵元素融入其间。与早期相比，此罐整体装饰更显细致、繁复。

才子佳人刻花粥罐

时期：清代
尺寸：高 17 厘米，口径 19 厘米
收藏：马口窑艺术工作室

此粥罐为清代器物，直筒型造型，简洁大气，釉色深沉、厚重，整体装饰古典而素雅。罐身四开光，内角装饰盘长纹。其中两面开光中是蝴蝶与花卉图案。其余两面是才子佳人的题材：一幅是才子与佳人手持折扇面谈的画面；另一幅是才子与佳人坐于方桌旁，饭后闲聊的画面。两人初次见面时，刻意保持距离，站姿拘谨，都显腼腆，而一起吃完饭后，渐渐相熟，聊天氛围开始变得轻松闲适。这样的刻画抓住了人物的内心变化，让图案中的人物表情传神，姿态生动。

MA CHENG YAO

暗八仙描金粥罐

时期：清代
尺寸：高 13 厘米，口径 24 厘米
收藏：马口窑艺术工作室

此粥罐为清代麻城窑作品，造型呈直筒状，口沿和近底沿处均有数圈弦纹。主体四开光，内角装饰如意云纹，主题图案是暗八仙的纹饰，形态讲究，细节描绘到位。此罐底色呈暗红色，纹饰呈金黄色，整体装饰繁复细致，实用且具有美感。

才子佳人刻花粥罐

时期：清代（1909 年）
尺寸：高 15.5 厘米，口径 24 厘米
收藏：马口窑艺术工作室

此罐为清代宣统元年即 1909 年麻城宋河窑场的作品。粥罐上大下小，成斜形，广口，口沿有三道边线。在一边的双纽下刻有“寿”字和“崇善堂号”，另外一边双纽下刻有“己酉宋河菊月”，为定制产品。主体图案为花卉、金瓜和蝴蝶。此罐回纹刻工细致，釉色沉稳，难能可贵。

“宣统元年” 刻花粥罐

时期： 清代（1909 年）
尺寸： 高 13.5 厘米，口径 20 厘米
收藏： 马口窑艺术工作室

此罐同为 1909 年出品。瓮口、鼓腹、收足。罐体上部两纽间阳刻有“宣统”和“元年”字样，两侧刻有蝴蝶花与缠枝花叶。下部刻有小鸟与鹭丝，水鸟与草叶。属于窑集装饰风格，富贵、华丽。这些有纪年的陶器对我们了解清代末期麻城窑的状态，十分具有参考价值。

MA CHENG YAO

人物刻花粥罐

时期：清代
尺寸：高 16 厘米，口径 24 厘米
收藏：马口窑艺术工作室

此粥罐为麻城窑清末民国初作品，瓮口、鼓腹、圈足，整体口大底小。口沿部有三圈弦纹，下部刻有回纹装饰。一面双纽下阴刻“天官赐福”人物形象；另一面双纽下阴刻“骑马人物”，从兵器判断，应是二郎神的形象。此罐刻工细致，黑底金黄色化妆土让整体光彩富丽。

诗文刻花粥罐

时期： 清代
尺寸： 高 17 厘米，口径 20 厘米
收藏： 马口窑艺术工作室

此粥罐为麻城窑清末民国初作品，造型和上图接近，腹部凸起一圈腰线，线上是金瓜蝴蝶和团寿纹，线下开光中用楷书阳刻出自《醒世恒言》的圣言善语“山上青松山下花，花笑青松不如他，有朝一日严霜降，只见青松不见花”。其他几面刻有篆体寿字和花卉纹饰，其中融入了几何线条装饰，较为特殊。

MA CHENG YAO

花鸟刻花双耳小罐

时期：清代
尺寸：高 19 厘米，直径 17 厘米，口径 6 厘米
收藏：马口窑艺术工作室

此罐为唇口矮颈小型双耳陶罐，肩部刻有尖头云纹，排列整齐。罐身四开光，工字纹装饰开光，空白处点缀花瓣纹。其中一面开光，麻城艺人将梅花与荷花的元素刻画在不同形状、大小的多宝格中，从这里可以看出艺人的创造性。另有一面开光刻有梅花小鸟，鸟儿站立树枝间，安静闲适，梅花盛开，一幅美好的大自然图景。此罐虽小，但满刻纹饰，繁复细致，釉色黄亮。

人物故事刻花小罐

时期：清代
尺寸：高 14 厘米，直径 14 厘米，口径 8 厘米
收藏：马口窑艺术工作室

这类小罐体型小巧，便于单手取用，多为厨房用品，用于放置佐料，如盐或糖。罐子为清代出品，人物题材取材于民间传说《白蛇传》，该罐描绘许仕林高中状元后，来到雷峰塔祭拜被囚禁的母亲白素贞，其孝感动上天，终于救出母亲的故事。这个民间故事流传甚广，深受大众喜爱。艺人用简笔画的方式将故事人物描绘在小罐上，别有趣味。整体刻画风格豪放不羁，自由洒脱。

MA CHENG YAO

讨学钱刻花罐

时期：近现代
尺寸：高 22 厘米，直径 22 厘米，口径 10 厘米
收藏：马口窑艺术工作室

此罐为麻城蔡家山窑民国时期作品，画面是花鼓戏《讨学钱》中的场景。主角是张九如（即画面中持扇的男人），他在年少时只读过几年书，却喜欢在人前夸耀自己。他以带徒授业为生，但由于水平有限，收徒很少。画面中描绘的是年关将至，他的学费尚未收到分文，无奈之下只好亲自去讨。碰上学生家长陈大嫂后，他不但受到嘲弄，还遭受谩骂。画面中男性人物形象有典型的清代特征，留长辫，一手持烟斗，一手拿折扇，扇上写有“讨学钱”三个字，点明主题。用这样的方式表达，恰是民间艺人的可爱之处。

拉郎配刻花罐

时期： 近现代
尺寸： 高 21 厘米，直径 23 厘米，口径 10 厘米
收藏： 马口窑艺术工作室

这件麻城蔡家山窑民国时期的陶罐有两个开光，表现的是黄梅戏《拉郎配》中的情景。《拉郎配》的故事讲的是帝王选美，百姓不想女儿入皇宫，急于嫁女。书生李玉外出学成归来，一下子就变成钱塘县令和员外心中的香饽饽，简直可以说是最佳女婿人选。两家人为了自己女儿争抢李玉，可以说是拼尽了全力，动静一大就惊动了钦差。钦差一听就知道是什么原因，加上李玉喜欢的是民女张彩凤，钦差便下令李玉和张彩凤喜结连理，而钱塘县令和员外的女儿则参加选美。作者抓住李玉归来遇张彩凤和最终喜结良缘的两个情节，同时将县令和员外焦急不安的内心活动表现得淋漓尽致。

MA CHENG YAO

武松打虎刻花陶罐

时期： 近现代
尺寸： 高 22 厘米，直径 22 厘米，口径 9 厘米
收藏： 马口窑艺术工作室

此罐为麻城蔡家山窑民国时期作品，四开光。其一描绘的场景是一只猛虎突然从树后蹿出，正要扑向一个男子。男子惊慌失措，向后躲闪求救，身后另一男子展开双臂正欲上前与老虎搏斗。此景源于民间故事《武松打虎》，画面中矮小的男子可能是武大郎，而魁梧的应该是武松。故事原本的情节并不是这样，绘者应该是发挥想象进行了杜撰。画面给人一种扣人心弦的紧张感，引人入胜。

刘海戏金蟾刻花陶罐

时期：近现代
尺寸：高 24 厘米，直径 24 厘米，口径 10 厘米
收藏：马口窑艺术工作室

这件陶罐四开光，主体部分描绘了这样的故事：在荷花盛开的荷塘，一男子正偏头侧身弄一串铜钱，铜钱下面是追逐的蟾蜍。这幅动人画面源于广泛流传的《刘海戏金蟾》故事。这是中国民间古老的传说故事，来源于道家典故，每个朝代人们赋予故事不同的寓意。民国时期人们希望财源兴旺，此罐寓意求财祈福，财源广进，大富大贵。由此可以看出当时人们对美好生活的向往。

MA CHENG YAO

白蛇传刻花罐

时期： 近现代
尺寸： 高 28 厘米，直径 26 厘米，口径 10 厘米
收藏： 马口窑艺术工作室

此罐采用通景装饰手法，以民间流传的故事《白蛇传》为题材，选取了白素贞与小青乘船去找僧人法海理论，不惜决一死战的场景。艺人采取了夸张变形的手法，把木船缩小，人物拉长加大，夸张地将鱼儿、螃蟹描绘成准备战斗的战将，描绘出小船在风浪中颠簸，白娘子掌舵，小青站立，愤而举起双剑交叉的场景。

MA CHENG YAO

文王访贤刻花罐

时期：近现代
尺寸：高 22 厘米，直径 22 厘米，口径 9 厘米
收藏：马口窑艺术工作室

这件是麻城蔡家山窑的陶罐。罐身两开光，选取的是文王访贤的历史典故。传说周文王求贤若渴，听闻姜尚隐居渭水河滨，便亲自前去拜访，二人交谈中，文王见姜尚果然韬略盖世，便邀其出山，辅佐自己。姜尚为考验文王求贤诚意，要文王为其拉车，文王求贤心切，亲自为姜尚拉车，于是君臣两人一同离开渭水，成为一段千古佳话。此罐刻画风格深受剪纸艺术的影响，特别是衣纹和旗帜的表现方式与剪纸艺术异曲同工。

MA CHENG YAO

民间四故事描金罐

时期：近现代
尺寸：高 25 厘米，直径 25 厘米，口径 10 厘米
收藏：马口窑艺术工作室

这是民国时期麻城窑的陶罐。罐身四开光，分别绘有四个民间故事，包括《后羿射日》《拾玉镯》《才子佳人》和《鸿雁传书》。《后羿射日》是中国古代的神话传说，画面中后羿拉弓射中空中的神鸟。《拾玉镯》描绘了一位青年女子站在石墩上手拿折扇，一个男子高举玉镯相赠的场景。《才子佳人》中一男子身着官服、头戴官帽，手持一把纸扇面向对面的女子。女子凤冠霞帔，发髻上珠花宝钿，一支凤钗珠串垂下，她面容喜庆，形象栩栩如生。《鸿雁传书》中一年轻女子手拿血书坐于竹篮边，天空中的大雁正准备来传书。

老鼠上树刻花罐

时期：近现代
尺寸：高 24 厘米，直径 24 厘米，口径 10 厘米
收藏：马口窑艺术工作室

陶罐为民国麻城窑出品，满工刻画，其主体画面中有六只肥硕的老鼠，它们在一棵树上攀爬嬉闹，寓意多子多福，也有招财进宝的意思。老鼠形态与树枝融为一体，卷曲的身体犹如树上结的果实，悬挂在枝头。这是现实生活的图示化表达，有明显的乡土意味，如此质朴的刻画有着独特的生命力和感染力。

MA CHENG YAO

四开光八仙刻花对罐

时期： 近现代

尺寸： 高 26 厘米，直径 24 厘米，口径 13 厘米

收藏： 马口窑艺术工作室

明清以来湖北的三大窑口中，马口窑以八仙坛闻名于世。麻城窑则展示出不同的特色，它更善于创新。麻城窑把八仙人物与花鸟结合在一起，走装饰化的方向，且擅长刻画花鸟纹饰，麻城窑装饰风格自成一体。这对陶罐肩部沿用金瓜缠枝纹与回纹，下部是莲瓣纹。中间部分四开光，每个开光又分为两部分，右为人物，左为花卉。对罐共有八位不同的仙人，人物形态写意。从此罐可以看出麻城窑与马口窑八仙题材装饰风格的不同。

吉祥动物刻花罐

时期：近现代
尺寸：高 22 厘米，直径 24 厘米，口径 10 厘米
收藏：马口窑艺术工作室

此罐为民国后期麻城窑陶罐。装饰风格和制作工艺较之前已有较大改变，剔刻部分有化妆土，图案部分呈胎土原色，这与之前的工艺恰恰相反。底色浅，图案深，纹饰更显突出。罐体共八个开光，其中四个大开光各由吉祥动物组成画面，有“凤穿牡丹”“麒麟吐玉书”“喜鹊登梅”“鹭丝采莲”，这些都是传统题材。四个小开光中都是吉祥花卉，刻画工整细密，似湖北纸雕的艺术风格，平面装饰感强，但略显拘谨，其整体风格更趋向于工艺品，缺少了传统工艺的趣味。

MA CHENG YAO

鹿鹤同春刻花罐

时期：近现代
尺寸：高 21 厘米，直径 29 厘米，口径 11 厘米
收藏：马口窑艺术工作室

这是民国时期麻城窑的作品，造型敦实，刻工规整。罐面上刻有四个八边形大开光和四个六边形小开光，间隔排列。大开光中是吉祥图案，小开光中是四季花卉图案，这种开光方式在民国后期的八仙对罐中也有运用。主体图案是一只梅花鹿卧于松树下，回首望着一只仙鹤。这是中国传统吉祥图案，民间运用谐音手法以“鹿”取“六”之音、“鹤”取“合”之音，以松树寓“春”。这些形象组合起来构成“鹿鹤同春”吉祥图案，谐音“六合同春”。此罐釉色整体呈橘红色，颜色对比较弱。

石榴花卉刻花罐

时期：近现代
尺寸：高 21 厘米，直径 29 厘米，口径 11 厘米
收藏：湖北金水窑陶艺工作室

此罐圆中有方，上略大。平弧肩上刻圆瓣式花叶，连续排列，整齐而有变化，回纹整齐规范，刻剔稳健。开光相隔处用宽厚工字纹。下部用长尖形莲叶纹排列一圈。在四周花饰的围合中，开光中的画面取大叶大花，左、右、下三面合围，花卉及石榴都经变形处理，点线面相互呼应，十分协调。这是一件十分独特的陶罐。

MA CHENG YAO

大叶花卉刻花罐

时期： 近现代
尺寸： 高 20 厘米，直径 23 厘米，口径 10 厘米
收藏： 马口窑艺术工作室

此罐为民国时期麻城窑出品。陶罐上大下小，有梅瓶的风姿，除颈部外，全部刻画到底。这一时期麻城窑在创作中，企图摆脱传统装饰的影响，走自由式装饰，摒弃程式化。这件陶罐即为一例。此陶罐四开光，分别是金瓜蝴蝶、秋菊、牡丹等，其特点是大叶大花、粗枝干，即所谓的“粗枝大叶”，但在叶上用细线刻出叶纹，菊瓣中用点装饰，粗中有细，体现麻城窑陶器不拘一格的特点。

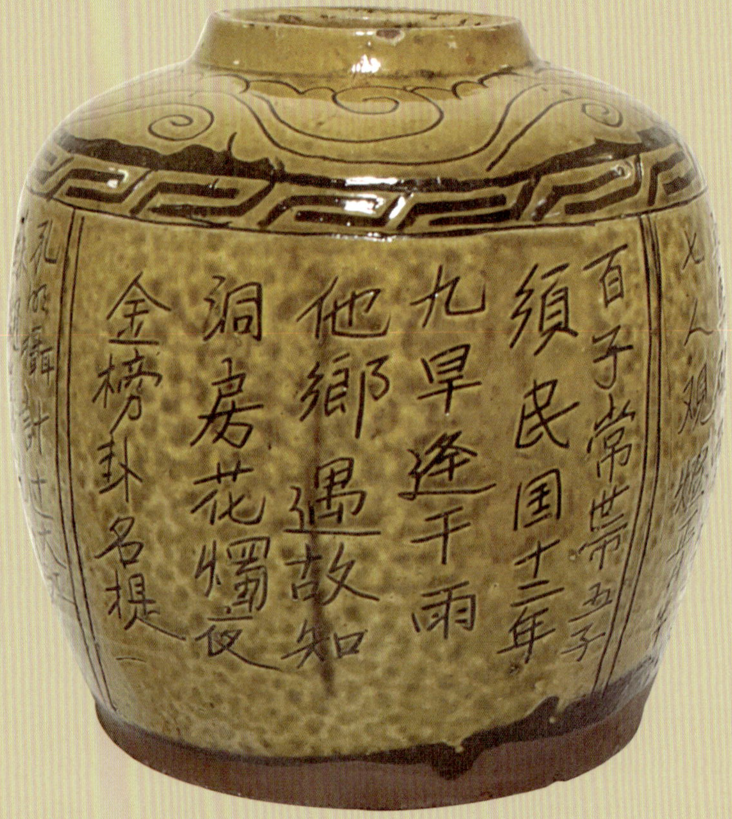

四开光唐诗谜语刻花罐

时期： 近现代（1923 年）
尺寸： 高 23 厘米，直径 21 厘米，口径 10 厘米
收藏： 马口窑艺术工作室

这件陶罐有明确的纪年，为民国十二年即 1923 年出品。陶罐四开光，刻的唐诗与谜语都是当时耳熟能详、广为流行的，如杜牧的“清明时节雨纷纷”，又如“九（久）旱逢干雨（甘霖）”，还有“功盖三分国”等，这是当时流行文化的汇集，由此可以了解当时人们的思想、生活，实属一份难得的实物资料。此罐在制作工艺上比起清代和民国初年的作品有很大的差距，无论釉水还是造型，显而易见较为粗糙。

MA CHENG YAO

【图一】

民国纪年刻花四罐(组图)

图一 时期： 近现代（1917 年） **尺寸：** 高 21 厘米，直径 22 厘米，口径 10 厘米
图二 时期： 近现代（1918 年） **尺寸：** 高 23 厘米，直径 24 厘米，口径 12 厘米
图三 时期： 近现代（1920 年） **尺寸：** 高 21 厘米，直径 21 厘米，口径 12 厘米
图四 时期： 近现代（1937 年） **尺寸：** 高 20 厘米，直径 20 厘米，口径 10 厘米
收藏： 马口窑艺术工作室

四个陶罐都是民国时期麻城窑出品，且均有纪年。图一陶罐的间隔纹处阴刻有“中华民国六年立”，即 1917 年出品。图二陶罐肩部阴刻有一圈文字“中华民国柒年戊午京邑宋河李合顺宝厂造涂顺德堂记署月立造置”，即 1918 年出品，此为定制件。图三陶罐的间隔纹处阴刻有“民国九年立”，即 1920 年出品。 图四陶罐的间隔纹处阴刻有“民国丁丑”字样，即 1937 年出品。有纪年款的麻城窑陶器都是标准器。

从整体风格上来看，民国时期的陶罐，开光之间都有间隔装饰，其上或是文字，或是纹样，样式繁多，无固定样式。开光多用方形边框，框外角多为斜角或弧角，内角无装饰纹样。整体色泽由早期的明黄色向橘黄和橘红色演变，愈是往后期发展，釉色愈发呈橘红色泽。这些特征为我们断代提供了参考。

【图二】

【图三】

【图四】

【图一】

民国早期纪年刻花四粥罐(组图)

图一 时期：近现代（1916 年）　　**尺寸**：高 14.5 厘米，口径 20 厘米
图二 时期：近现代（1917 年）　　**尺寸**：高 15.6 厘米，口径 24 厘米
图三 时期：近现代（1919 年）　　**尺寸**：高 15 厘米，口径 21 厘米
图四 时期：近现代（1923 年）　　**尺寸**：高 17 厘米，口径 22 厘米
收藏：马口窑艺术工作室

四个粥罐均是民国早期麻城窑的产品。其上都有准确纪年。图一粥罐上刻有“民国伍年”，即 1916 年出品。图二粥罐上刻有“民国丁巳年秋月造”，即 1917 年出品。图三粥罐上刻有“中华民国捌年”，即 1919 年出品。图四粥罐上刻有“民国拾弍年造现子”，即 1923 年出品。款中“现子”其实是麻城地区的方言，就是“粥罐”的意思。

民国早期粥罐的工艺、造型、装饰、题材基本延续了清代的特点，但其釉料质量有所下降，烧制后整体呈橘黄和橘红色，釉色发闷，已难见到盛期金黄夺目的“鳝鱼黄”，纹饰风格也开始趋于平面装饰化，开光的内角已没有了装饰纹样，仅用几何形边框分隔画面。

【图二】

【图三】

【图四】

【图一】

民国晚期纪年刻花四粥罐(组图)

图一 时期：近现代（1925 年）　　**尺寸：**高 15 厘米，口径 19 厘米
图二 时期：近现代（1935 年）　　**尺寸：**高 14 厘米，口径 20 厘米
图三 时期：近现代（1937 年）　　**尺寸：**高 15 厘米，口径 18 厘米
图四 时期：近现代（1949 年）　　**尺寸：**高 16 厘米，口径 25 厘米
收藏：马口窑艺术工作室

四个粥罐均是麻城窑民国后期的产品，其上都有纪年。图一粥罐上刻有“民国乙丑”，即 1925 年出品。图二粥罐上刻有“民国弍拾肆年造”，即 1935 年出品。图三粥罐上刻有“民国廿六年四月立”，即 1937 年出品。图四粥罐上刻有“己丑菊月吉立”，根据风格，应是 1949 年出品。其中图一粥罐较为讲究，另外一面刻有“复盛自造”题款，应为定制件，所以其釉色黄亮，刻画工整。

民国晚期，社会大背景比较动荡，整个社会发展停滞不前，麻城窑的生产也受到冲击，这个时期麻城窑产品质量逐年下降，制作水平已经明显不及前期。除了少量的定制件外，已经很难见到精雕细刻、釉色上乘的传统工艺陶器了。

【图二】

【图三】

【图四】

MA CHENG YAO

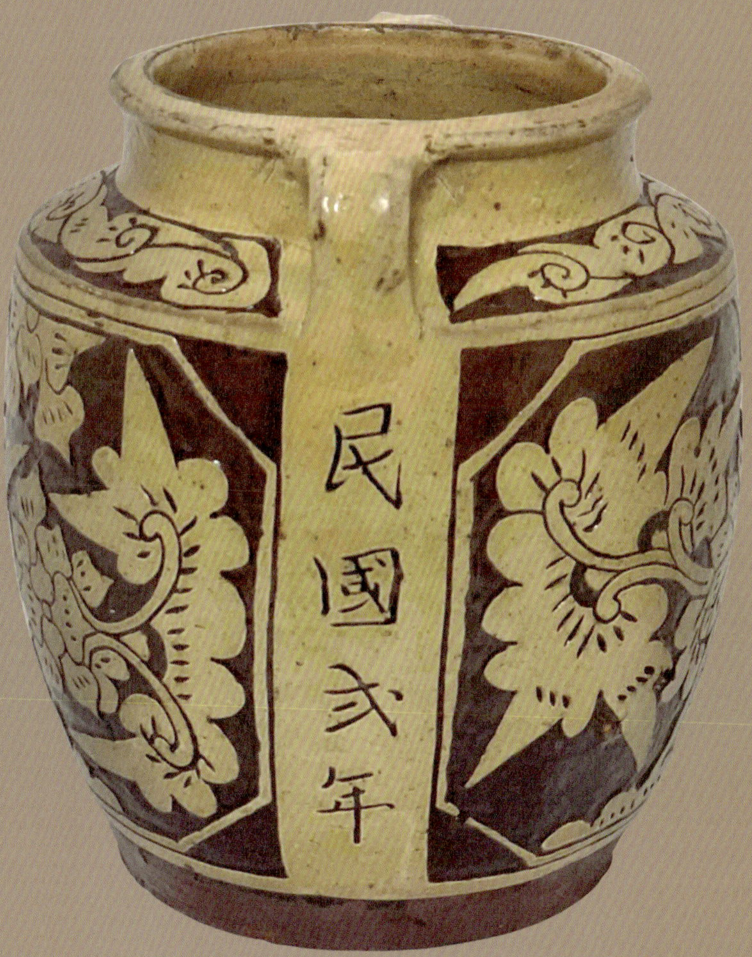

民国纪年刻花双耳小罐

时期：近现代（1913 年）

尺寸：高 17 厘米，直径 14 厘米，口径 9 厘米

收藏：马口窑艺术工作室

此小罐为民国时期麻城蔡家山窑出品。肩部有卷草纹；罐身两开光，呈八边形，里面刻画花卉，花叶多用尖角，张力十足，像剪纸；间隔纹处阴刻有“民国弍年”，即 1913 年出品。釉面呈橘红色，暗淡无光泽。

民国纪年四君子刻花小罐

时期：近现代（1917 年）
尺寸：高 16 厘米，直径 13 厘米，口径 8 厘米
收藏：马口窑艺术工作室

此小罐为民国出品。罐身四开光，分别是梅、兰、竹、菊四君子，刻画逼真。间隔纹处阴刻有“民国陆年立”“福禄寿喜”“梅兰菊竹”“甘传清香”的文字。此罐 1917 年烧制，剔刻处有化妆土，此风格后期一直沿用。

MA CHENG YAO

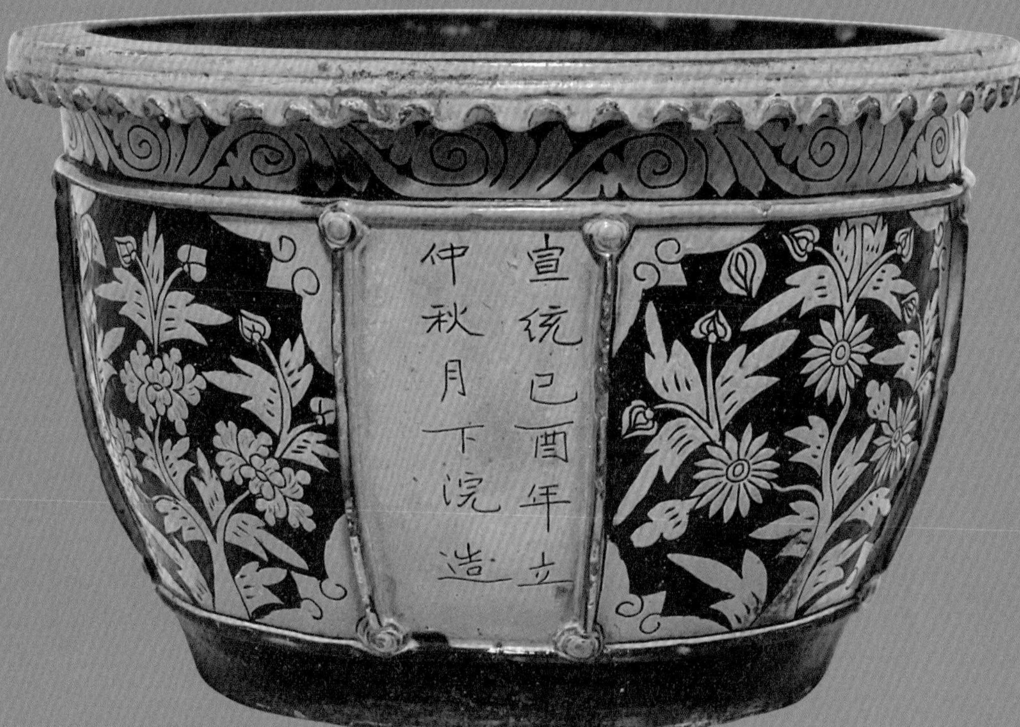

宣统己酉年陶缸

时期：清代（1909 年）
尺寸：高 27 厘米，口径 43 厘米
收藏：马口窑艺术工作室

缸口宽边三层波纹，陶胎着白色化妆泥，缸体上有四开光花卉纹饰，其中一个刻有丛菊，取对称构图，盛开的菊花布置成三角形，点缀其间的花蕾活泼而充满生机，满铺而不死板。画面如秋日美景。缸上刻有“宣统己酉年立仲秋月下浣造”纪年款，为 1909 年出品；还刻有诗文“况是落红成阵，风飘万点正愁人。昨夜池塘梦晓，今朝栏槛辞春。蝶粉乍沾絮雪，燕泥已尽落花尘。系春情短柳丝长，隔花人远天涯近。有畿多六朝金粉三楚精神”。应出自元代王实甫的《仙吕·混江龙》，缸上诗文和原文有不少出入。釉面明亮，整体呈明黄色。

人物故事刻花陶缸

时期：清代
尺寸：高 25 厘米，口径 43 厘米
收藏：马口窑艺术工作室

此陶缸为广口、宽边。陶胎着白色化妆土后剔刻出纹饰。四开光中，一幅绘有一位衣着华丽的中年女子身着长裙，右手持折扇，左手置于胸前，身子微微后仰，坐于凳上，注视着前方，草丛中一只公鸡正在啄虫，匠人生动地刻画出一幅明媚春光图画；另外一幅是身着明代服饰的才子互赠折扇，男性之间赠送折扇，用于表达友谊，特别是同窗分别时作纪念；还有一面是两个身着练武服装的青年男子在切磋武艺，像是武术典籍里的拳谱插画；最后一面是花卉纹饰。陶缸整体线条刻画细致流畅，画面主题突出。

定制纪年诗文描金陶缸

时期：清代
尺寸：高 32 厘米，口径 30.5 厘米
收藏：马口窑艺术工作室

这是一件定制的陶缸，为麻城窑的清晚期出品。陶缸底面为棕红色，上用白泥绘画，再施釉。器物上大下小，有三层宽边凸起。四开光，其中一面写有“远望（上）寒山石径斜，白云深（生）处有人家。霜叶红于二月花，停车坐爱枫林晚（此处应该是创作者的笔误）”的诗句，为唐代杜牧的《山行》；另一面写有“几时入得桃园洞，同与仙人下象棋。戊子年头日书，汪正源敬献”的定制纪年款。此缸因整体装饰是晚清风格，根据“戊子年”纪年推断，应为 1888 年出品。其绘画精致，釉色喜庆，非常惹人喜爱。

花鸟刻花陶盆

时期： 清代
尺寸： 高 18.5 厘米，口径 37 厘米
收藏： 马口窑艺术工作室

陶盆在麻城窑中比较少见。此盆为清末民国初时期出品，唇口外卷，满身刻花。口沿下是一圈回纹花边，底部饰一圈莲瓣纹。中间用八边形分隔出八面开光，内容为装饰性花鸟图案，由喜鹊、梅花、鹭鸶、荷莲组合而成，图案富于巧思，没有雷同。此盆刻工锐利，刀法干净利落，黑白分布恰如其分，造型生动，有着强烈的个性与地域特色。

诗文花鸟描金三系酒壶

时期：清代
尺寸：高 25 厘米，直径 17 厘米，口径 6 厘米
收藏：马口窑艺术工作室

此三系高颈盘口酒壶为清代出品，红底黄色花纹，用文字、松树、梅花作装饰，显得清新雅致。肩部靠边沿处有宽的回纹，与壶体的方叶结合形成块面，三系，嘴、颈、口用红色与器身区分。壶体二面装饰有诗文“中秋佳节正堪期，下弹琴味古诗。远不闻钟鼓便，深方见斗星移”“少道人游古庙，中牢相费心机。时得到神仙洞，与仙人下象棋”。具考应出自清代纪晓岚的一首“藏头露尾”诗，但作者有所改编和取舍。另外两面分别刻有鹿、松树和凤凰以及梅树和两只小鸟，造型古拙、质朴，极具民间特色。开光分隔线上部有花瓣形图案，别有创意。

少道人遊古廟
中宰相貢心機
時得到神仙洞
与仙人下象棋

MA CHENG YAO

光绪十四年款刻花三系盘口油壶

时期：清代（1888 年）
尺寸：高 26 厘米，直径 18 厘米，口径 8 厘米
收藏：马口窑艺术工作室

此为麻城蔡家山窑三系盘口纪年油壶，开光内角下部阴刻有“光绪十四年小阳月吉立，戊子年”纪年款，即 1888 年出品。主体壶身划分为上下两层装饰，上面三开光，均为花卉纹饰，下层也为三开光，内角装饰如意纹，主体图案也是吉祥花卉纹饰。纹饰刻画细致，化妆土较厚，釉色剔刻处呈暗红色，有化妆土部分呈明黄色，这是清晚期麻城窑釉色的特点。

花卉水花提梁小对壶

时期： 清代至近现代
尺寸： 高 12 厘米
收藏： 湖北金水窑陶艺工作室

麻城窑艺人利用陶胎上白泥时的特性发明水花装饰手法。在未干时用竹签刮划，让刮划的图案有着立体效果，可以用水花划出花鸟及各样图画。这对小壶清新简洁，器身只上半截化妆土，烧成后有红黄二色。壶身水花寥寥数笔，看似随意，却有意而为，章法明确，十分美妙。

MA CHENG YAO

暗八仙刻花四系酒壶

时期：近现代（1920年）

尺寸：高24厘米，直径18厘米，口径7厘米

收藏：马口窑艺术工作室

此酒壶为民国九年即1920年出品。釉水明亮，化妆土纯净，烧成后釉面呈民间俗称的“鳝鱼黄”色，这是麻城窑高峰时期标志性釉色。肩部四系之间剔刻有剪纸图案，其受武汉及黄陂刻纸影响，说明麻城窑善于广采博取。主体四开光，其中一面刻有“民国九年，和气致多如意事，好风吹放吉祥花”的年款和对联，独具匠心。其余几面是书卷、琵琶和棋盘与彩带组合成的图案。其中彩带纹弯曲扭转、交替缠绕，剔刻难度很大。

“吉庆堂”款定制刻花四系酒壶

时期：近现代
尺寸：高 16 厘米，直径 11 厘米，口径 7 厘米
收藏：马口窑艺术工作室

此为民国定制酒壶。肩部用化妆土绘有“酒壶”两字，以及如印花布上的散点花样。陶体上下都有卷草纹与缠枝花带。壶身六开光，其中一面为“双喜鹊登梅图”，采取平面装饰手法，从其块面与线刻结合的方式可以看出受当地剪纸的影响。开光间用细线分隔，线形流畅。壶嘴下方阳刻有“吉庆堂”三字。因是定制件，所以整体装饰华丽、丰富，集多种纹饰于一壶。

民国定制纪年刻花四系酒壶

时期：近现代（1928 年）
尺寸：高 18 厘米，直径 11 厘米，口径 8 厘米
收藏：湖北金水窑陶艺工作室

此为民国十七年纪年款酒壶，应为麻城蔡家山窑出品。釉面光洁滋润，疑为此时当地已使用融铅块入釉。肩部留白无纹饰。壶身四开光，吉祥花卉纹饰装饰，间隔处阴刻有“民国拾柒年九月初五日造”，即 1928 年出品。

MA CHENG YAO

民国乙卯年款刻花盘口三系油壶

时期：近现代（1915 年）
尺寸：高 12 厘米，直径 12 厘米，口径 7 厘米
收藏：马口窑艺术工作室

此为麻城蔡家山窑的三系盘口纪年定制油壶。大盘口，有手捏尖流，口沿上刻有“民国乙卯年”，即 1915 年出品。壶身刻有“黄记具，王立盛”，说明是黄记的定制油壶。壶身三开光，一面是头扎双髻的童子坐在硕大的莲花丛中，有连生贵子，子孙延绵寓意。另外的开光中是荷塘角落里的水鸟，显得落寞、孤独。“王立盛”似为工匠落款。社会的发展使得艺人地位有了变化。

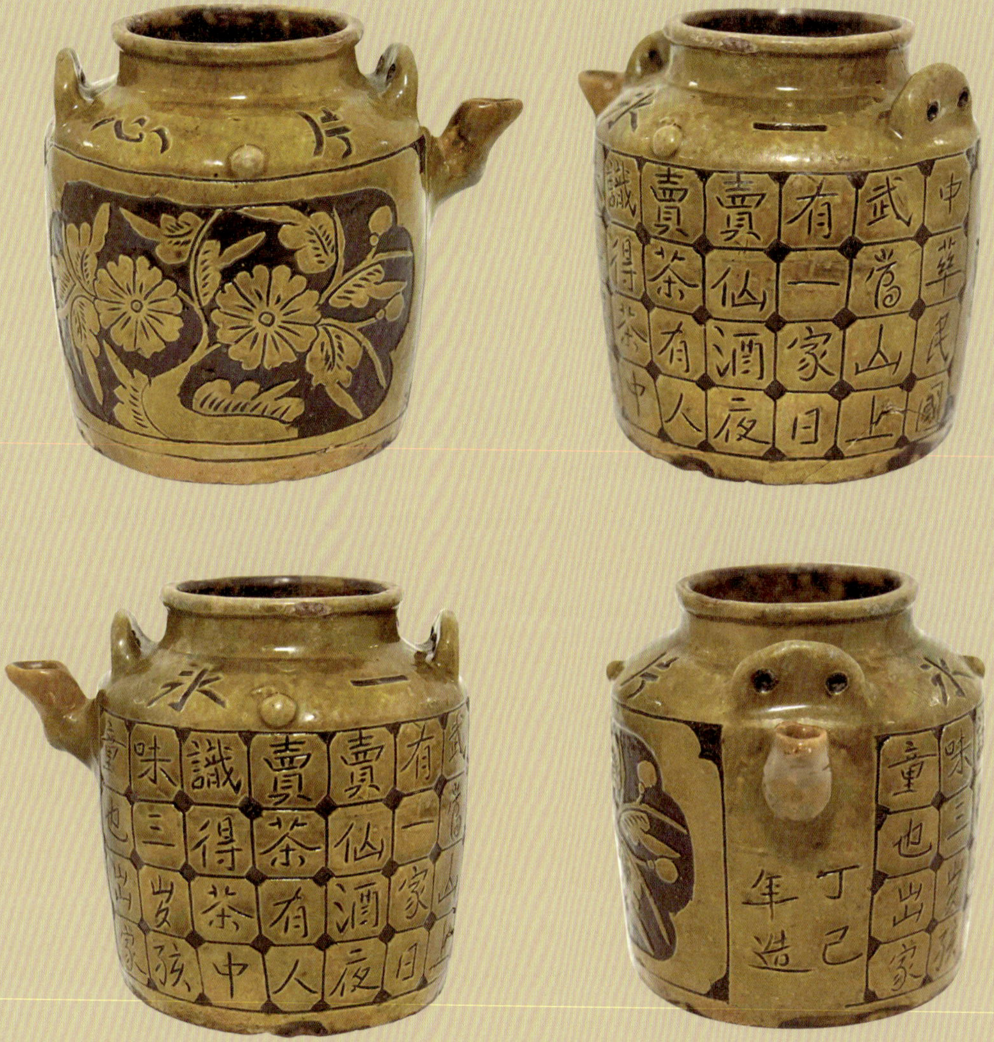

“武当卖茶”刻花提梁茶壶

时期：近现代（1917 年）
尺寸：高 12 厘米
收藏：马口窑艺术工作室

此为民国早期麻城蔡家山窑的提梁茶壶，金属提梁已丢失。壶面刻有菊花纹饰，亦用文字作装饰。肩部阴刻“一片冰心”四字。壶身两开光，一面满刻方格，一格一字，内容为“中华民国武当山上有一家，日卖仙酒夜卖茶，有人识得茶中味，三岁孩童也出家”。其落款“丁巳年造”，民国丁巳年即 1917 年。此壶为定制件，语言风趣，朗朗上口，为商家做了广告宣传。此壶釉水青绿，为草灰釉。

MA CHENG YAO

“请坐奉茶”刻花提梁茶壶

时期： 近现代

尺寸： 高 16 厘米

收藏： 马口窑艺术工作室

此壶十分独特，为民国时期出品。陶壶平口，肩部有双系。壶体三开光，分别刻“水鸟荷花”“小鸟觅食”“喜鹊登梅”，画意疏朗，简明扼要。开光两旁有字谜四条：“言在青山不见青，二人土上说私情，三人骑牛少一角，草木之中有一人。”其答案为“请、坐、奉、茶”。由此引起饮茶人的兴趣。壶嘴下方刻有“喻汉卿，杨窑出品，光山影造”，注明了作者姓名、出品窑口。

光绪丙申年款成对香筒

时期： 清代（1896 年）
尺寸： 高 22 厘米，口径 12 厘米
收藏： 马口窑艺术工作室

这对香筒为清代晚期麻城窑出品。每个香筒的造型分为两部分，上面三分之二呈喇叭状，下半部为鼓腹与足。采用文字作为主要装饰，在上部工字纹边围绕菱形小窗，中刻文字，书年款“大清光绪丙申年”，即 1896 年出品。年款左右分别以对联形式书“满门天赐平安福，四海人同富贵春”“有德有言名士志，为忠为孝古人心”，所刻楷书，字字工整，干净利落。此香筒造型规整，色泽明亮，庄重美好。

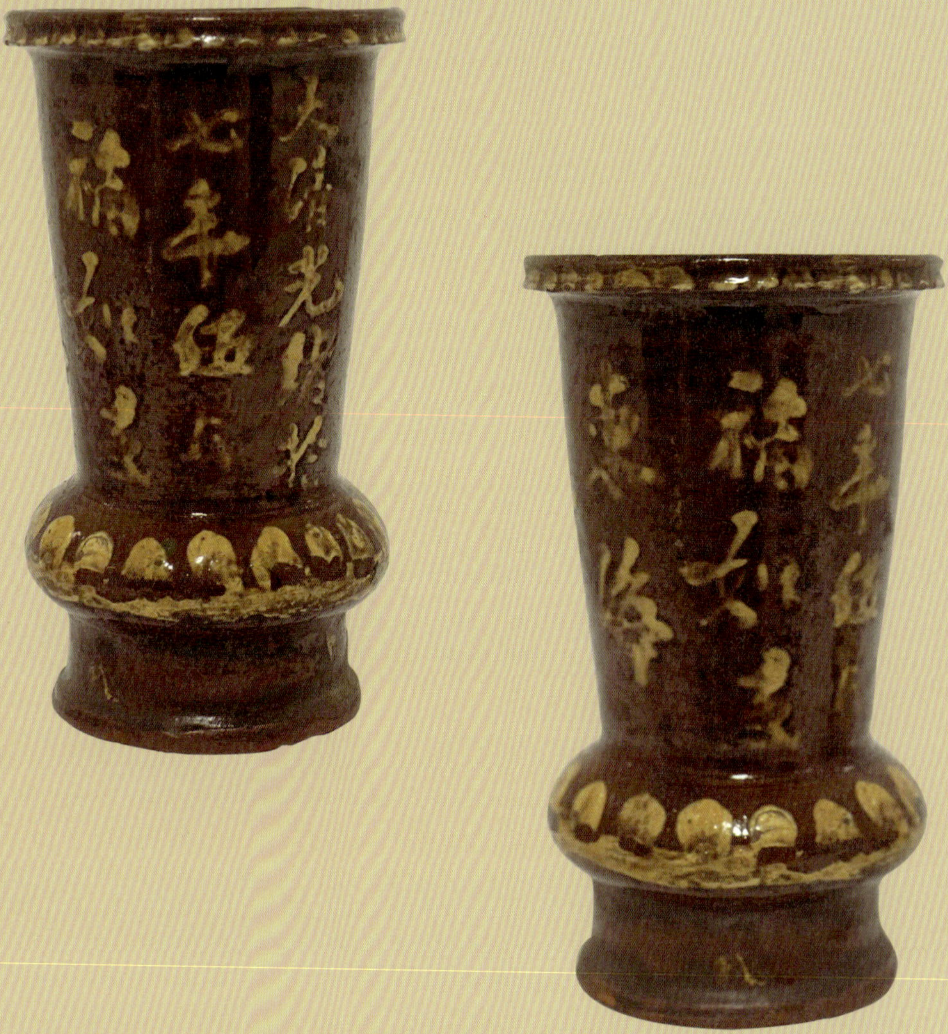

光绪十七年款描金香筒

时期： 清代（1891 年）
尺寸： 高 19.5 厘米，口径 11 厘米
收藏： 马口窑艺术工作室

这件香筒为清代麻城窑出品，在深色的陶坯上用白色化妆土描绘，再罩透明釉。香筒正面写有“大清光绪十七年五月”年款，即 1891 年出品。背面“福如东海”吉语用行草书写，富于变化，远观如描金效果，庄重而神秘。

MA CHENG YAO

人物花鸟刻花成对香筒

时期：清代

尺寸：高 18 厘米，口径 12.5 厘米

收藏：马口窑艺术工作室

这对香筒为清末民国初时期出品。从形制的变化来看，香筒的喇叭口越来越大，上部缩短，类似于花觚，两个为一对，均满刻花饰，富丽、吉祥。香筒口沿以下，万字底纹上有两只展翅的飞鸟和朝阳的两个人物，立意新颖，富于想象。底座上都刻有“福禄寿喜”。如果缺少了这四字就没有敬神祀物的意味，香筒的功能逐渐由神坛走向民间。

博古图描金成对香筒

时期： 清代

尺寸： 高 16.5 厘米，口径 11 厘米

收藏： 马口窑艺术工作室

这对香筒为清代麻城窑出品，在深色的陶坯上用白色化妆土描绘，再罩透明釉。它们是一对，其中一件筒身的缠枝花曲折有致，大花小叶枝节向上，花朵在阳光下灼灼盛开。另外一件，上带耳的古瓶中插有香具，组合成博古图。两件口沿、腹部、底部均用波浪、圆点和工字纹装饰，自由而随意。

文字装饰香筒

时期：清代
尺寸：高 14.5 厘米，口径 10 厘米
收藏：马口窑艺术工作室

此香筒一面刻有“香炉香盏香山仙，香烟寥寥上九天，玉帝银銮差太白，赐尔福禄寿禧全；天高地厚君恩深，父养母育师道尊，弟子须识五个字，不愁清香难报恩”。此筒内容是为敬天，以敬畏之词告慰祖先。另一面是花鸟纹饰，刻画细致。从落款来看，应为定制件。

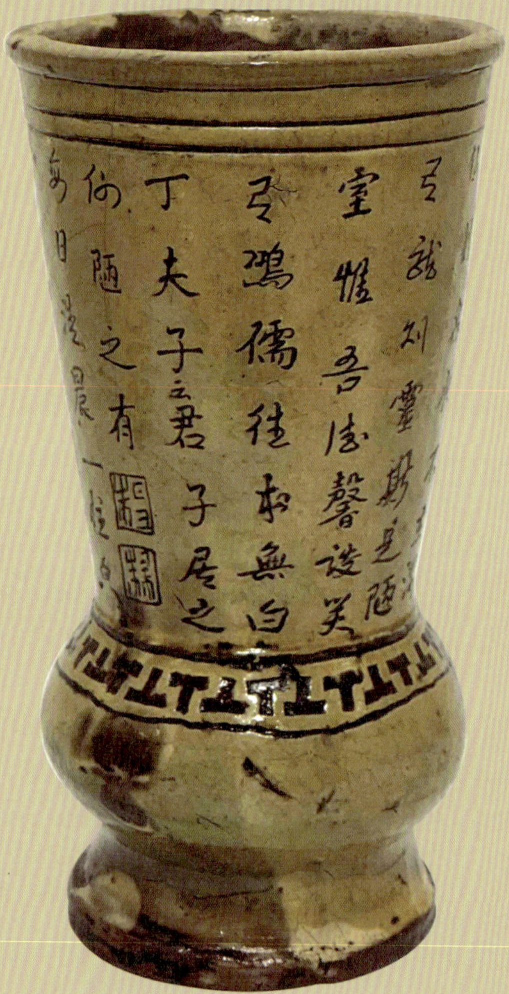

文字装饰香筒

时期：清代
尺寸：高 20 厘米，口径 10 厘米
收藏：马口窑艺术工作室

此香筒一面刻《陋室铭》，另一面刻祷告神灵的祝词，文字清晰工整，可以看出这是一件十分虔诚的敬神用品。装饰以文字为主，只有口沿下有二道弦纹，下部突出处有一圈丁字纹，立意明确。这件能够让我们了解那个时代观念的实物有其特殊的价值。

工字纹莲瓣香筒

时期：清代
尺寸：高 20 厘米，口径 10.5 厘米
收藏：马口窑艺术工作室

此香筒具有麻城陶器的装饰刻花传统风格。筒身有平面式的花卉、垂直的鸟，都是典型的麻城窑装饰的元素。底部饰以工字纹与莲瓣纹，让人看到一个不同于大多数样式的敬神香筒。

回纹满刻花香筒

时期：清代
尺寸：高 22 厘米，口径 11 厘米
收藏：马口窑艺术工作室

由于时代观念的变化，此香筒作为传统敬神的器物少了几分庄重，而多了几分美感。香筒满刻花饰，筒身上下刻回纹，中间部分为连续花枝图案，下部突出部分与底座满饰云纹，装饰图案自由、活泼，充满浪漫想象。

工字纹兰花香筒

时期： 清代

尺寸： 高 14.5 厘米，口径 10 厘米

收藏： 马口窑艺术工作室

此香筒正面有方形开光，内角装饰卷云纹，中间刻画一株盛开的兰花，象征高洁淡雅，题材清新自然。

MA CHENG YAO

竹刻花香筒

时期：清代
尺寸：高 22 厘米，口径 11 厘米
收藏：马口窑艺术工作室

此香筒正面刻插有一丛翠竹的古瓶，有祈求平安的象征意味；腹部以上、下对称回纹装饰；底色大红，纹饰金黄色，充满喜庆色彩，不再显得庄重和神秘。

蝴蝶刻花香筒

时期：近现代
尺寸：高 25 厘米，口径 12 厘米
收藏：马口窑艺术工作室

此件香筒大胆描绘了花丛中一只飞舞的大蝴蝶，搭配大的花叶，在黑底色的衬托下暖黄色更为突出。此香筒色彩浓艳，装饰风格活泼生动，更民间化，装饰性极强。

【图一】

【图二】

民国纪年刻花香筒(组图)

图一 时期：近现代（1926 年）　**尺寸**：高 19.5 厘米，口径 18 厘米
图二 时期：近现代（1927 年）　**尺寸**：高 16 厘米，口径 12 厘米
收藏：马口窑艺术工作室

图一香筒为民国时期出品，满刻花卉纹饰，腹部阴刻有“义兴家造，民国丙寅年”，即 1926 年出品，为定制件。

图二香筒也为民国时期出品。从形制的变化来看，香筒的喇叭口越来越大，上部缩短，类似于花觚。开光侧面刻有“民国拾陆年桂月立”，即 1927 年农历八月出品。开光中刻有兰草图案，其叶飘逸舒展，随风摇摆，花蕊绽放其间。

MA CHENG YAO

“和合如意”筷笼

时期：清代
尺寸：高 16 厘米
收藏：马口窑艺术工作室

此筷笼为麻城窑清末民国初时出品。正面是一位端坐的胖圆仙人，他手捧宝盒，其上刻有“和合如意”。筷笼上部两个圆形图案内刻有“日”“月”两字，构图有新意，营造出一团和气的感觉。筷笼两侧还有麒麟和鹭鸶采莲纹作装饰。

对联筷笼

时期：清代

尺寸：高 15 厘米

收藏：马口窑艺术工作室

此筷笼上半部为镂空钱形，下部取开光及对联形式装饰，开光是菊花图案，两旁有对联“瓦缶胜金玉，饮食药而精”，富有深意，与图案相得益彰。

MA CHENG YAO

【图一】

【图二】

刻花筷笼(组图)

时期：清代

图一尺寸：高 16 厘米　　**图二尺寸：**高 17 厘米

收藏：马口窑艺术工作室

两筷筒为麻城窑清末民国初出品。第一件风格特别，采用了镂空雕刻手法，在麻城窑陶器中实为少见。其上刻有“金山寺”三字，可见内容是白娘子和小青为救许仙，水漫金山寺的故事。第二件描述的故事似为白素贞儿子许仕林高中状元后跪于雷峰塔前祭母，孝感天地救出母亲。

MA CHENG YAO

【图一】

【图二】

瑞兽刻花筷笼(组图)

时期：清代

图一尺寸：高 18 厘米　　图二尺寸：高 15 厘米

收藏：马口窑艺术工作室

此两件筷笼为麻城窑清末民国初出品。第一件正面有“麒麟吐玉书”图案，刻画精美。第二件正面是“犀牛望月”图案，沿图案一圈刻有工字纹装饰。

MA CHENG YAO

“全家福”花篮形筷笼

时期：近现代
尺寸：高 18 厘米
收藏：马口窑艺术工作室

此筷笼外形很特殊，呈花篮状，有提手，为民国晚期出现的造型。主体位置绘花卉，分隔处刻有“一家和气”“全家福”，蕴含美好祝福。

【图一】

【图二】

人物刻花筷笼(组图)

时期： 清代

图一尺寸： 高 15 厘米　　**图二尺寸：** 高 16 厘米

收藏： 马口窑艺术工作室

两个人物刻花筷笼为麻城窑清末民国初出品。第一件正面恰似雷震的《村晚》诗中“牧童归去横牛背，短笛无腔信口吹”的图景，这也是人们所期待的闲适生活场景。第二件正面有两个身着官服的人在树下，一人站，一人坐，生动有趣，其具体内容有待考证。

MA CHENG YAO

【图一】

八卦、寿字纹筷笼(组图)

时期： 清代

图一尺寸： 高 18 厘米	**图四尺寸：** 高 16 厘米
图二尺寸： 高 15 厘米	**图五尺寸：** 高 15 厘米
图三尺寸： 高 14 厘米	

收藏： 马口窑艺术工作室

五个陶筷笼均为麻城窑出品。图一四围环绕工字纹；图三中间是太极八卦图，民间认为此图挂于家中可避凶趋吉；图四正面围绕“寿”字有四个镂空的金钱纹，整个为暗红色，有浅色边线，中间篆书“寿”字十分突出。三件中间饰有团寿纹，这是麻城窑通用纹饰，寓意长寿。随时间的变化，其纹饰的形式逐渐简化，最后成了几何线条。

【图二】

【图三】

【图四】

【图五】

MA CHENG YAO

【图一】

花鸟刻花筷笼(组图)

时期： 清代至近现代

图一尺寸： 高 15 厘米	**图四尺寸：** 高 17 厘米	**图七尺寸：** 高 16 厘米
图二尺寸： 高 17 厘米	**图五尺寸：** 高 22 厘米	**图八尺寸：** 高 18 厘米
图三尺寸： 高 16 厘米	**图六尺寸：** 高 17 厘米	**图九尺寸：** 高 15 厘米

收藏： 马口窑艺术工作室

九个陶筷笼为麻城蔡家山窑及其影响下的窑口出品。烧制年代有清晚期和民国。题材有“喜鹊登梅”“双凤朝阳”“凤穿牡丹”“双喜临门”“喜上枝头”“喜庆平安”“多子多福”等。这些筷笼虽然是以前百姓家中的常用物品，但经过历史的沉积，现在已成为人们喜爱的陶制工艺品，它原来的功能早已淡化。

【图二】

【图三】

【图四】

【图五】

【图六】

【图七】

【图八】

【图九】

MA CHENG YAO

【图一】

花卉刻花筷笼(组图)

时期：清代至近现代
图一尺寸：高 18 厘米　**图四尺寸：**高 16 厘米　**图七尺寸：**高 17 厘米
图二尺寸：高 14 厘米　**图五尺寸：**高 16 厘米　**图八尺寸：**高 15 厘米
图三尺寸：高 15 厘米　**图六尺寸：**高 16 厘米　**图九尺寸：**高 16 厘米
收藏：马口窑艺术工作室

这九个麻城筷笼均用花卉组成的图案进行装饰，富丽多姿、美观吉祥。有的中间为梅花，枝叶向四方展开，在对称中求不对称，变化丰富，繁而不乱。有的用同样构图法，改为由枝叶缠绕两朵或三朵大花，喜庆、富丽、吉祥为其特色。还有一件缠枝纹满花的，中间为花瓣，四周有不对称的缠绕花枝与叶，由圆点装饰花边树枝，丰富多彩，华丽炽热。

【图二】

【图三】

【图四】

【图五】

【图六】

【图七】

【图八】

【图九】

【图一】

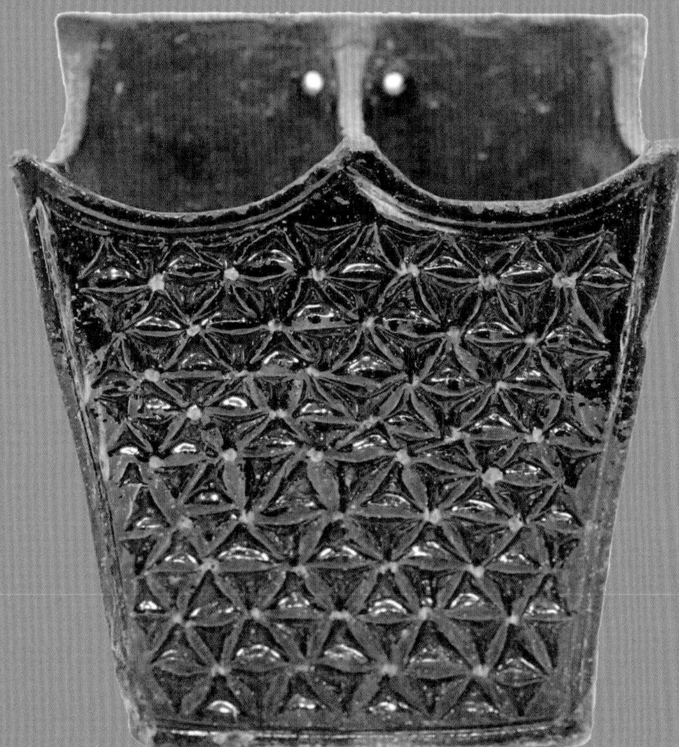

【图二】

【图三】

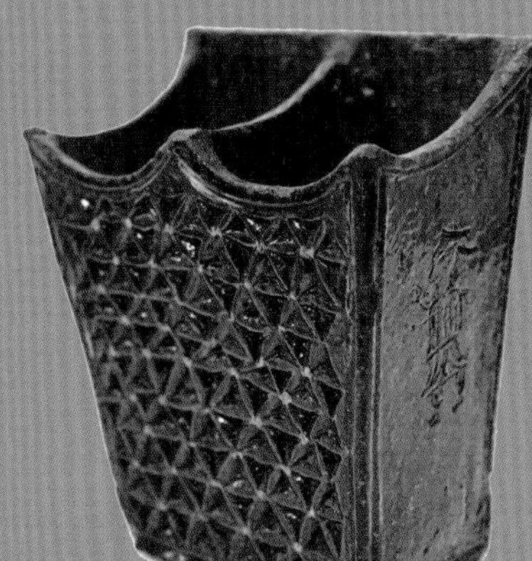

铜钱纹刻花筷笼(组图)

时期：清代至近现代

图一至图三尺寸：高 17 厘米

图四至图六尺寸：高 17 厘米

图七尺寸：高 21 厘米

图八尺寸：高 15 厘米

图九尺寸：高 16 厘米

收藏：马口窑艺术工作室

此组陶筷笼主体装饰均用铜钱纹。上面三图是一件，背面写有“男人买，女人用”，文字内容通俗易懂，反映了当地淳朴的民风，十分有趣，两侧还各刻有一男一女两个线描人物，造型简练。

右页上排三图是一件，其背面阳刻有“咸丰九年王义兴记”“福”，为 1859 年出品。其中“福”字居中，最大最醒目，整体风格粗犷有力。其余三面满刻铜钱纹装饰。深色底衬托黄色化妆土，真如铜钱镶满整个筷笼一般。

右页二排是三件，其风格与前两件类似，但装饰纹样更为丰富；最后一件是民国时期出品，整体偏橘红色，釉面较粗糙。

【图四】

【图五】

【图六】

【图七】

【图八】

【图九】

【图一】

【图二】

【图三】

民国纪年刻花筷笼(组图)

图一至图三 时期：近现代（1920 年） **尺寸**：高 18 厘米
图四至图六 时期：近现代（1924 年） **尺寸**：高 19 厘米
图七至图九 时期：近现代（1927 年） **尺寸**：高 17 厘米
收藏：马口窑艺术工作室

三件陶筷笼均为民国时期麻城窑出品，都有准确年款。第一件正面是“喜鹊登梅”图案，两侧刻有“民国九年八月十五造”（即 1920 年出品）和身着官服的线描人物。

第二件正面是“喜上枝头”图案，一侧刻有“民国拾叁年立六月廿六日正造”（即 1924 年出品），另外一侧刻有字谜“八洞神仙过海来，王三公子问买卖，我说地头生意好，公平取义四方本，打一字”，将谜语融入了装饰，有寓教于乐之意。

第三件正面是“博古花卉”图案，一侧阳刻有“民国拾六年”（即 1927 年出品），另外一侧阳刻有“熊旺松”，应是他定制的筷笼。与同组另外两件相比，这件年代最近，但其做工、刻画、釉色都更为讲究。

【图四】

【图五】

【图六】

【图七】

【图八】

【图九】

MA CHENG YAO

“福禄寿喜”刻花双耳瓶

时期：清代
尺寸：高 50 厘米，口径 20.5 厘米
收藏：马口窑艺术工作室

双耳瓶是清代和民国时期百姓家中的日常陈设物品，这件为清代晚期麻城蔡家山窑出品，敞口、高颈、圆肩、直腹、收足，体形硕大。瓶身四开光，满刻吉祥花鸟纹饰，精美细致，用回纹及花朵纹组成连续图案装饰肩部和近底部。瓶有双戟耳。颈部有四个圆形窗，刻有“福禄寿喜”，中间有一个“上”字，应为一对。整瓶满饰，釉色黄亮，富丽吉祥。

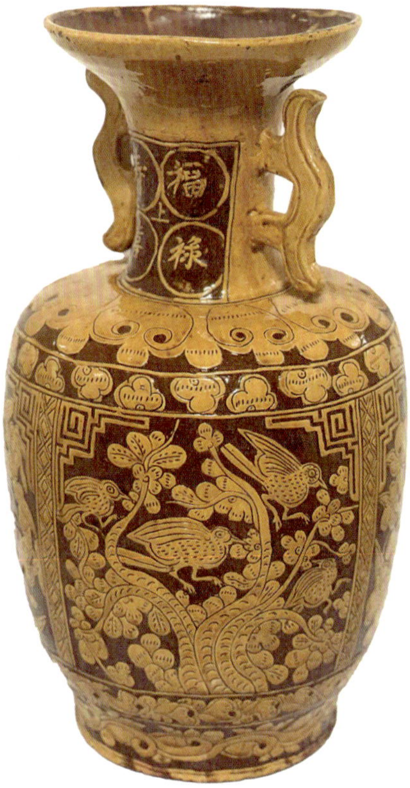
福
禄

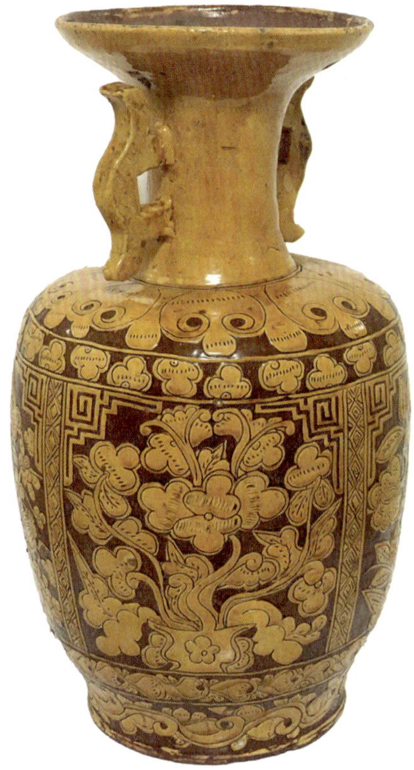

寿
喜

MA CHENG YAO

文王访姜太公描金双耳瓶

时期：清代
尺寸：高 38 厘米，口径 19 厘米
收藏：马口窑艺术工作室

此刻花双耳瓶口部已缺失，但刻工富有创造性。瓶的戟耳部刻有梅花，颈部刻富贵牡丹图案，寓意富贵吉祥。瓶身上描绘文王寻访姜太公的故事，姜太公头戴斗笠，满脸皱纹，笑容可掬，一手捋胡须，一手拿竿垂钓。周文王头戴冠冕，衣着华丽，由一位赤脚的当地村民带路，眼神充满期盼。画面上方一枝苍老的枝条，使整个构图更加饱满，人物形象诙谐，好似地方戏曲般夸张有趣。

MA CHENG YAO

凤穿牡丹描金双耳瓶

时期： 清代
尺寸： 高 38 厘米，口径 19 厘米
收藏： 马口窑艺术工作室

此刻花双耳瓶敞口、高颈、如意形双耳，整体呈金黄釉色。口部一圈尖头云纹，颈部阳刻隶书“福”，字体大气有力，肩部卷草纹。瓶身刻双凤朝阳图案，太阳用中间写“日”字的圆圈指代，凤凰形象类似锦鸡。背景是牡丹花，图案也有“凤穿牡丹”的意味，象征着富贵、幸福、祥和、美好的生活。

MA CHENG YAO

鲤鱼跳龙门描金双耳瓶

时期：清代
尺寸：高 38 厘米，口径 18 厘米
收藏：马口窑艺术工作室

此瓶为描金双耳瓶。暗红胎上用白色化妆土描绘“鲤鱼跳龙门”图案，颈部画有高耸龙门，下面波涛滚滚，鲤鱼正穿过龙门。瓶身是寿字组成的图案。双耳为鱼形。此瓶为祝寿所用。

MA CHENG YAO

吉祥动物描金双耳瓶

时期：清代
尺寸：高 38 厘米，口径 18 厘米
收藏：马口窑艺术工作室

此描金双耳瓶充满民间特色。陶瓶颈部绘“喜鹊登梅”图案；肩部一圈回纹；瓶身绘有“二龙戏珠”和“鹭鸶采莲”，寓意吉祥。

MA CHENG YAO

暗八仙谜语刻花双耳瓶

时期： 清代
尺寸： 高 42 厘米，口径 20 厘米
收藏： 马口窑艺术工作室

此瓶盘口、高颈、圆肩、收腹、圈足、双鼠耳，更具麻城当地民间风格，为当地艺人创作。为增加趣味性，瓶子颈部刻有谜语“一字九口，天下少有，当朝一品，坐过徐州。打一句”；另一面为万字锦地纹。瓶身八开光，分为上下两层，中间用斜回纹分隔，每个开光中有一个暗八仙图案，四只蝙蝠环绕，寓意为“福在眼前”“寿比南山”。这类大瓶多为女儿出嫁或祝寿用，采取抽象手法装饰，制作讲究，装饰华丽。

喜鹊登梅刻花双耳瓶

时期：近现代
尺寸：高 41 厘米，口径 18 厘米
收藏：马口窑艺术工作室

此瓶为民国晚期麻城窑出品，有盘口，双鱼戟耳的鱼儿尾部跃动。颈部阴刻有客家谚语。瓶身主体部分刻有一双喜鹊，一只在啄食梅花，一只在整理羽毛，梅枝傲然，花儿盛开。此瓶釉水明亮，刻工精致，能保存完好，十分难能可贵。

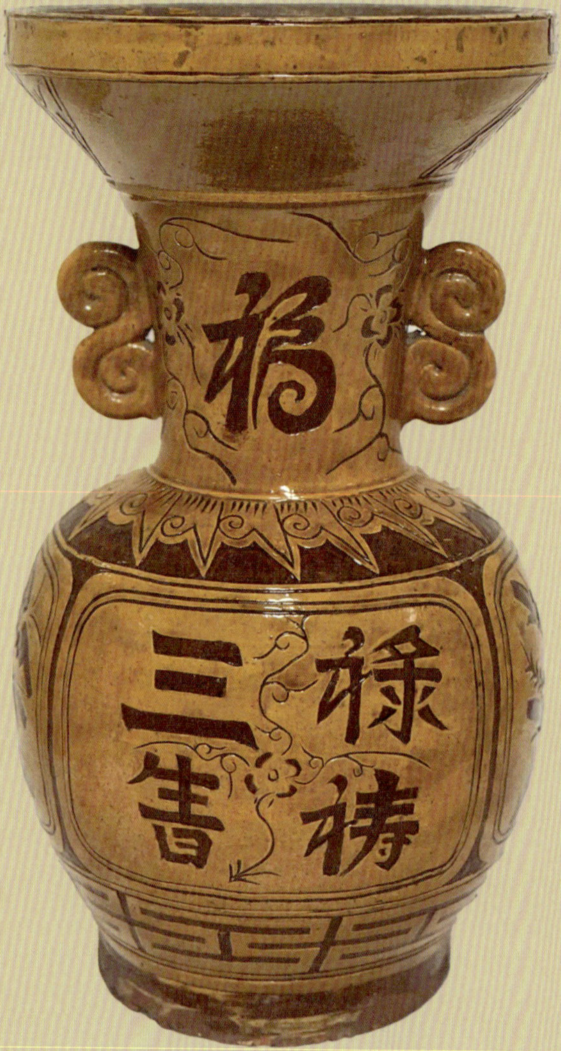

“福禄祷(寿)三星” 刻花双耳瓶

时期： 近现代
尺寸： 高 40 厘米，口径 21 厘米
收藏： 马口窑艺术工作室

此双耳口陶瓶色彩明艳，娇黄色彰显富贵。颈部刻画的“福”字把人带入节日、祝寿的情景中去。瓶体为球形。颈部饰尖头云纹。中间开光有“禄祷（寿）三星”四个大字。该瓶盘口大，显庄重，寓意吉祥，是民国时期富贵人家的用品。

“福禄寿喜” 刻花双耳瓶

时期： 近现代
尺寸： 高 39 厘米，口径 20 厘米
收藏： 马口窑艺术工作室

此陶瓶盘口向上，造型敦厚，比例协调。颈部有灵芝双耳，中间用楷书刻四个大字“福禄寿喜”，笔画清爽有力，干净利落。主体部分为百鸟争春，不同姿态的鸟儿在天空、在梅花丛中飞腾，仿佛能听到鸟儿鸣叫声，好一幅喜庆的闹春图。

“福”字团花刻花双耳瓶

时期：当代
尺寸：高 39 厘米，口径 20 厘米
收藏：马口窑艺术工作室

此双耳瓶有高边盘口，颈部刻有“福”字，双戟耳，瓶体用剔花法装饰的团花及叶片如木刻效果，整体造型大方简洁。此为陶瓷厂时期装饰陶器的方式。此瓶寓意吉祥、喜庆，属大众化产品。

MA CHENG YAO

麒麟吐玉书刻花香炉

时期：清代

尺寸：高 32 厘米，口径 18 厘米

收藏：马口窑艺术工作室

这是一件仿古鼎的香炉。圆口、鼓腹、双耳、三足鼎立，足部有兽头浮雕装饰，造型古朴、厚重。腹部刻有“麒麟吐玉书”传统图案。颈部刻有盛开的荷花，四周有穿带纹及金钱纹装饰。双耳与炉子口沿交接处装饰有镂空金钱。此炉无论立意、制作还是烧制，均有较大的难度，显示出麻城艺人的创造力。此炉完整保存至今，实属不易。

“福禄善庆”描金香炉

时期： 清代

尺寸： 高 28 厘米，口径 12 厘米

收藏： 马口窑艺术工作室

这件麻城窑描金香炉造型独特，除鼎耳外，中间分为三部分：最上面为长方形，正面写有“福绿（禄）善庆”四字；中间内收处为长方形，上有“福禄”二字；下面部分宽大，上弧下方，四足为方形，支撑有力，正面描绘缠枝花，对称式展开。炉两边是弓形长耳，连接上下两部分，近炉连接处有镂空钱纹，耳上全部绘有缠枝花纹。此炉整体造型别致、庄重。

MA CHENG YAO

花鸟刻花虎子

时期：近现代
尺寸：高 19 厘米
收藏：马口窑艺术工作室

此器物为民国时期麻城窑出产的溺器，装饰十分可爱，是一件刻工细致、纹饰有创意的产品。成对的鸟儿在球形壶身上对称展开，加上中间花饰，显得丰富多彩。装饰图案蕴含美好寓意和祝福。

花卉刻花虎子

时期： 近现代
尺寸： 高 18 厘米
收藏： 马口窑艺术工作室

此器物为民国时期的溺器，壶身五开光，顶部两开光，满刻吉祥花卉图案，刻工流畅，花卉形态自然，装饰性很强。虽然是常见的用品，却装饰得很富丽，深底色和金黄的化妆土对比强烈，纹饰突出，似为定制件。

QI CHUN YAO

第三章 蕲春窑

壹 第一节 蕲春窑概述

图 7-31
蕲春镇赤西湖一景

近代湖北民间陶中最具代表性的窑场分别为：汉川县（今汉川市）的马口窑、麻城县（今麻城市）宋埠的蔡家山窑以及蕲春县管窑镇的管窑。在长久的制陶过程中，三座窑场相互影响、吸收借鉴，至清代后期逐渐发展出相同的制陶工艺和装饰技法，从而组成了明清时期湖北最为重要的民间窑系——马口窑系。这三座窑场在地图上形成了一个以武汉为中心的三角形区域，地处江汉平原的马口窑位于西边，大别山南麓的蔡家山窑在东北方向，东边则是处于武汉下游的管窑。

对比其他两座窑场，蕲春管窑生产的陶器种类繁多，多为实用类的粗陶，造型多样，古朴简素，不为世人所熟知，堪称马口窑系中最为神秘的窑场。时至今日，马口窑和蔡家山窑已难觅昔日繁华，管窑却窑火依旧，成为三大窑场中唯一“活着的古窑”。管窑镇位于湖北省东部，蕲春县西南部，大别山南麓，长江中下游北岸，与大冶、黄石隔江相望，镇内赤西湖与长江相连，东南部紧接蕲河入长江口，地处江河夹角，古称岚头矶（图7-31）。相传蕲春管姓人较多，迁蕲始祖为管子才，乃江西星子县板桥垮（今属庐山市）人，元代至正年间（1341—1368年）居此。明洪武二年（1369年），管姓在岚头矶开窑生产陶器，管窑由此而得名。1975年建赤西公社，1987年设立管窑镇。管窑镇也是国内极少见的以窑名来命名的地方。作为历史悠久的陶器产区，管窑镇20世纪70年代时曾有4000多人以陶为生。现如今管窑镇环赤西湖畔仍保留有肖家窑、洪家窑、沈家窑、王家窑、操家窑、万家窑、卢家窑、李家窑、管家窑等村落。

作为一个规模较大的窑群，管窑窑群包含以蕲春县管窑镇为中心的管窑、李窑、卢窑等窑场，以及岚头矶工艺陶器厂，这些窑场地处丘陵，四周山林茂密，有丰富的松柴作为烧制燃料，土壤表层多可取到大量黏性极强的红胶泥，为制陶提供优质的泥料。目前在李家窑村外仍可清楚地看到采泥的土岗（断层即为取土处）。诸多窑场坐落于赤西湖畔，可行船至长江，便于将所生产的陶器经水路运输至武汉及周边地区。

现如今管窑镇保存有明清时期留下来的李窑、管窑和卢窑三座古陶窑遗址，其中李窑依山而建，一直延伸至山顶，下为火塘，上为烟囱，窑身长65米，宽1米多，高约2米，在龙窑的窑墙和附近，可见汉代的青砖，木梁架上有墨书的历代修窑记载，其年代十分久远，经后期历代改扩建，至今仍可使用。

1980年，由湖北省博物馆、湖北省美术院组织，对李窑古窑址进行的实地考察中，发掘出大量的彩陶片和部分剔花的彩陶完整器，在一窑址中发现了宋代的窑砖、彩陶器物及残片，由此推断管窑制陶的历史可追溯至宋代。在古老的李窑窑架木质横梁上有着“皇清同治元年秋月中旬提修（1862年）”的墨书古迹，横梁现已损毁。

①张先林．管窑陶瓷：传承千年的文化[N]．经济参考报，2017-11-08（A07）．

②李正文．即将消逝的文明：湖北马口·麻城·蕲春民间陶艺研究[M]．武汉：湖北美术出版社，2005：18．

管窑镇为明代古镇，在明末清初即享有“窑州”之称。“有资料表明，明正统年间（1436—1449年），当地陶器业兴盛，肖、洪、沈、王、操、万等姓集资合股建上、中、下三条作坊，一条土龙窑，外加拉坯作坊，经营陶业，产品发展到100多余种。”[①]清乾隆三十年（1765年）始建管家窑，并采用皮签画花的技法，即“划花”装饰手法，当地人称“水花”，“在半干的陶坯表面，浸一层均匀的白色化妆土，使用橡皮绑在木棍上，做成橡皮签子（也有剪成锯齿状），或者用一节竹节，将其中一端的竹梢砸开成蓬松的竹笔状，趁陶坯上的化妆土未干时，画上花鸟虫鱼，这往往需要一气呵成，其手法点、面、勾、刮如同大写意一样。”[②]

清晚期至民国年间是管窑制陶业的鼎盛时期，此时管窑生产的器物品种繁多，有水缸、陶罐、泡菜坛、黄吊、烘篮、各式酒壶，还有狮形烛台和油灯等。陶工技法纯熟，惯用拉坯、泥条盘筑和模印捏塑的成型方法，拉坯技术尤为高超。装饰手法多样，有刻剔花、划花、描绘、塑型以及釉色装饰等。民国年间管窑用铜末加玻璃粉成功烧制出绿釉，釉色清新且富于变化，质朴中见灵秀，风靡一时，为湖北民间陶增添了一抹耀眼的生机。1938年管窑地区就有彩窑、老窑、庙上窑、北垸窑、东垸窑和中心窑等，从事手工制陶者众多。1937年由窑户李云梯的妻子龚淑青引进麻城刻花工艺，经过数十年的发展，管窑刻花陶器形成独特的风格，自由、豪放，造型严整，随性而不逾矩。

中华人民共和国成立以后，管窑于1950年组建了陶器生产合作社，1958年改名为岚头矶工艺陶器厂、管窑陶器厂、李窑陶器厂、卢窑陶器厂，遗憾的是，由于手工制陶工序繁多，技艺要求高，生产周期长，外加市场上塑料、搪瓷、玻璃制品的冲击，管窑制陶业日渐式微。20世纪70年代曾经一度恢复生机，并取得长足发展。1987年管窑镇被湖北省命名为“陶瓷之乡”。

管窑作为三大窑场中唯一存在着的古窑，仍然保留着传统制陶的完整工艺，虽地处偏僻，但窑火仍旺，吸引着众多爱好者与专业工作者前往考察访问，了解管窑陶器的特点与制作工艺。如今的管窑生机勃勃，努力恢复本地制陶传统，保护和传承手工技艺，积极参与发展创新。

贰 第二节 制陶风貌

图 7-32
管窑旧址一景

管窑生产的陶器以粗陶为主，品类众多，有酒坛、酒壶、茶壶、水缸、泡菜坛、火盆、手炉、土瓦等，均是人们生活中最为常见的物品，产量大销路广，产品经长江运到汉口后销往全国各地，其中“蕲春刻花泡菜坛”十分著名，其销路遍布鄂东、武汉一带。

作为同一窑系，管窑（图7-32）在制陶工艺和装饰风格上与汉川马口窑、麻城蔡家山窑有着诸多相同之处：

1.就地取材，沿用古法制土，窑场所用的泥自给自足，均为开采的周边红色陶土，晒干打碎，经过风吹、日晒、雨淋，使泥陈腐，再拣去杂质，加水揉制后即可用于制陶，用此泥制成的陶器经高温烧制后不变形，质地坚硬，经久耐用。

2.器物制作均以手工拉坯为主，拉坯手法、步骤大致相同，都采取一次拉坯成型，不修坯。匠人们技艺娴熟，手法细致，拉成的器物胎薄体轻，饱满挺拔。

3.装饰上习惯在坯体上先敷化妆土，后进行刻剔花或划花，富含氧化铁的红色陶土为陶坯底色，在其半干时浇、浸白色化妆土，然后进行刻剔花或划花，形成深浅不一的图案对比。

4.均使用天然的草木灰釉料，烧制后的陶器不含铅、镉等有毒物质，对人体无害，透气不透水，极为适用。

5.烧制方式都是采用龙窑柴烧，在装窑、点火、烧窑、出窑的技艺上都很接近，烧成的器物上留有火的变化痕迹。

常言道：“一方水土养一方人。”由于各窑场所处地理环境和人文风俗不同，管窑在漫长的历史过程中，也摸索出自身的制陶特色：

1.传统的制陶业一般都是就地取材，由于各地土质存在差异，所以同一时期管窑陶器的胎土釉色与马口窑、麻城窑均有所差异，比较而言，管窑地区陶土的氧化铁含量更高，烧制后胎土颜色更深。

2.管窑师傅技艺高超，代代相传，不论拉坯还是盘条的技术在国内陶产区中都是十分突出的，难能可贵的是，如今管窑仍有师傅在手工制陶，延续这一传统产业。

3.管窑生产的陶器品类之多是其他窑口所没有的，包括水缸、烘篮、泡菜坛、黄吊、酒壶、陶瓦，还有雕塑类的狮形烛台和油灯等，均为民间日用之器，注重造型，美观实用，朴实浑厚。（图7-33）

4.装饰主题多为花鸟鱼虫和诗词佳句，采用刻剔花和划花手法，民国时期盛行极写意的简笔兰草纹，用笔寥寥，潇洒恣意。

5.除了传统的草木灰釉，管窑也在积极研发新釉色，民国年间，以氧化铜为着色剂的玻璃绿釉烧制成功后，盛行一时，此釉清新沉稳，釉水莹润，层次丰富，釉面效果独特。

时至今日，汉川和麻城早已不见古老龙窑的踪迹，只有管窑镇上仍保留着三座龙窑，其中李窑至今仍可使用，成为三大窑场中唯一“活着的古窑”。

图 7-33
清代
嘉庆年款陶台
私人藏

图 7-34
管窑陶器拉坯技艺

叁 第三节 工艺技法

蕲春管窑拉坯方法与麻城窑相同。“镇中艺人少年时拜师学艺，师傅管教极严。”据李姓师傅回忆，少年时曾拉不好坯，师傅不许自己吃饭，严重的还要头顶泥团，在大庭广众下行走，以示告诫。在这样十分严格的训练下，8岁左右的孩童即开始学艺，直到出师成为师傅，终生以此为业。现在能拉坯、还健在的师傅在岚头矶、管窑估计不到20人，后继无人。这是当前陶产区普遍面临的问题。20世纪初，蕲春著名的拉坯师傅有李如成、王树生、王长生、李立新等人。他们有独到的拉坯步骤和方法，坯的高度、成型的准度、胎坯的均匀度以及割底的速度，都是十分突出的。[①]（图7-34）

①李正文．即将消逝的文明：湖北马口·麻城·蕲春民间陶艺研究 [M]. 武汉：湖北美术出版社，2005：96-97.

正是在这样严苛的训练和长年的坚守下，管窑拉坯师傅技艺精湛，所作陶器器型端庄，体轻胎薄，经高温柴烧后，质地坚硬，釉呈暗红近似黑色，叩之当当作响有如金属声，较其他陶器更为轻便，结实耐用。加之一次成型无须修坯，生产效率得以提升，产量也随之增大。

在管窑所产的众多陶器之中，有一小部分采用了特殊的内凹底造型，代表器物有黄吊和提梁小酒壶。与一般平底陶罐直接用线割底的处理方式不同，这类内凹底的器物还需拉制底部，制作

方法尤为独特。黄吊是农家日常吊于灶头的煮水壶，提梁酒壶是可加热温酒的小酒壶，两者体量差异较大，但都有着需要盛水（酒）且加热的功能要求。此种陶器底部做成内凹状，加热时能更好地吸收热量，使火焰上升时顺着底部形状聚集于凹陷处而不外泄，便于更快地升温，节约燃料。

清代晚期开始，管窑生产的黄吊和提梁酒壶胎体十分轻薄，造型饱满稳健，整体比例匀称，底部内凹弧度大，高超的技术为后世难以企及。在制作此类器物时，首先要拉出一个封闭的球体，取下后趁其半干定型且坯体尚湿润时在球体上开一个小孔，释放出内部空气，再将其倒置于转盘之上，将其底部拉成内凹状。这样做出来的器物形体饱满流畅，底部内凹，胎体厚薄均匀，没有接缝，无须修坯，是民间实用陶器中功能与形制完美结合的典范之作。可惜的是，这种拉坯技术在20世纪50年代已失传。

除拉坯成型之外，管窑也沿用古老的泥条盘筑法来制作大缸和土瓦。泥条盘筑法出现在新石器时代，比轮制法运用得更早。在李窑陶工家现存有一个陶质空心圆筒底座，上刻有“嘉庆伍年润（闰）四月初六日立张礼记书”的字样，据称是其祖辈的家传之物，可见管窑制陶的历史和技艺的绵延。泥条盘筑法一般用于较大件器物的制作，为了便于搬运，通常在室外凉棚下进行。“首先立一圆形陶制空心直筒（高约60～70厘米），然后用粗约10～15厘米的泥条，左右手相配合，人一边倒退转圈，一边挤压向上盘，逐步加高，每次盘高约30厘米，再以木槌拍打。如果是缸一类有底器物则先做底，把底部晾到半干程度，再蘸水往上盘泥。另外为土瓦成型，将盘好的直筒晾干前用刀（铁针也可）划线分割成四块，进窑烧造后，再轻敲打开成四块弧形陶瓦。”[1] 现在市场上对土瓦的需求减少，管窑也只有少数几位老师傅仍在盘制大缸，制作时十分辛苦费力，需不停地旋转弯腰进行拍打。年轻一辈中已无人愿意从事此业，即将面临后继无人的状况。（图7-35）

图 7-35
管窑泥盘条筑法制器技艺

①李正文. 即将消逝的文明: 湖北马口·麻城·蕲春民间陶艺研究 [M]. 武汉：湖北美术出版社，2005：97-98.

肆 第四节 造型特点

图 7-36
管窑当地特有的泥料

管窑所产皆是家家户户日用之器，品类丰富，造型也各具特色，既有一米多高的水缸，30多厘米高的手炉、泡菜坛、小酒壶，也有雕塑类的狮型烛台、油灯等，都是利用当地自然资源（图7-36）在自然纯朴的审美感受和高超娴熟的工艺技巧结合下生产出来的。正如日本民艺家柳宗悦所言："因为是每天使用的器具，必须结实耐用。病态的、华丽的、烦琐的属性，在此是不被允许的。而厚重的、坚固的、健全的属性，才是适合日常生活之器。……工艺使杂器摘掉了所有的假面，因为所面临的是用的世界。在任何地方器物都是为人服务的。"[①]管窑这种民间窑场，依托于百姓的生活需要，器物需兼顾实用和美观，这里生产的陶器正是柳宗悦所推崇的"健康的器物"。

①柳宗悦．民艺四十年 [M]．石建中，张鲁，译．桂林：广西师范大学出版社，2011：64．

清代晚期，管窑生产的陶罐造型与唐代流行的一种卷口、短颈、丰肩、腹部丰满的无系罐近似，采用直口短颈、丰肩圆腹、平底敛足的造型，将器身最大腹径上移，底部内收，整体重心向上，比例协调，线条柔和，端庄秀丽。相比而言，马口窑生产的器型体积更大，更为颀长，如"八仙坛"和锁口坛等，其高度都

在40～50厘米之间，肩部转折利落，整体造型硬朗挺拔；蔡家山窑则以中小型器物为主，有中型的球形罐和小型的油壶、酒壶等，刻花罐高度大都在30厘米左右，陶罐器身的宽与高比例近似1:1，底部内收的弧度小，显得圆润饱满，敦厚平稳。

除陶罐之外，管窑生产的壶样式也明显有别于其他窑场，其中提梁凹底壶和歪把壶的造型最为独特。提梁凹底壶的整个壶身呈球状，器身保留着拉坯线痕，漏斗状壶口，口颈部往前移，靠近壶嘴，把手弯曲成提梁状，紧贴壶口，壶嘴与壶口平齐，壶口顶端用线割平，整齐锋利，壶底内凹有脐，整体造型圆润敦厚又不失生动。从功能上而言，凹底的壶更利于加热时吸收热量。壶嘴长且弯曲，使用时出水不徐不疾。斗状口部的边沿可防止注入时外溢，口内旋转向下的线痕更利于酒水的快速注入。（图7-37）

歪把壶的把手与壶嘴成90度角，这种侧把造型由来已久。在新石器时代的彩陶器中就曾出现过此类把手的酒水器，便于陶器加热时使用，倾倒时可避免烫手。管窑歪把壶的造型为盘口束颈，口沿外移，壶颈较短，肩部斜直，壶身或圆润或呈折腹状，底部内收，有足，整体比例协调，造型古朴大方。由此可见，民间日用器物的造型都是百姓在日常生活中根据使用需求渐渐总结、不断改进从而达到最为适用的形制后固定下来的。

民国年间，管窑另辟蹊径，生产狮形的烛台和油灯，将雕塑手法运用到器物制作中，造型别致，匠心独具。烛台在过去既是用于照明的器物，也是摆放于堂屋（厅堂）香案之上的陈设，位置重要，除实用之外兼有供人观赏的功能。

管窑生产的器物种类繁杂，风格多样，较之马口窑和麻城窑，整体造型更古朴，注重细微之处的变化，稳重质朴，简练生动。

图 7-37
清代
黄吊凹底水壶
私人藏

伍 第五节 装饰主题

清代至民国时期，汉川马口窑的装饰以“八仙”和传统人物题材为主，兼有花鸟，采用刻划花的手法，风格豪迈粗放；麻城蔡家山窑多以乡村生活、花鸟、戏曲人物为主，深受皮影和雕纸的影响，刻工细致传神，整体风格更为温馨喜庆；蕲春管窑在装饰工艺上受麻城的影响，结合了当地的人文风俗，多装饰以花鸟鱼虫和诗词佳句，民国时期善用写意手法描绘的简笔兰草分外洒脱俊逸。（图7-38）

图 7-38
当代
棕黄釉水花陶罐
湖北金水窑陶艺工作室藏

“少年罐”是管窑诗词装饰的代表作之一，罐身四面开光，其中两面分别刻着“少年心事好难猜”与“向（问）说不贪花与柳”，刻画者以竹刀作笔，刀刀见泥，有金石力度，笔画疏朗娟秀，骨肉匀停，于行楷之间，充满了信笔题书的味道，应非一般匠人所作，颇具文人意趣，反映出蕲春地区深

厚的文化积淀。此语描绘出一个青春少年的羞涩，在人生最美好的时节，有着内心的萌动和朦胧的情愫不愿诉说，旁人也猜不透，少年形象又耐人寻味。（图7-39）

另一件“万斛罐”上刻着“三封心事传青鸟”与“万斛闲愁锁翠娥（蛾）”两句，表现了女子痴情苦等，却迟迟未见回信的愁闷。其出自明末白话小说《警世通言》，可见明清世俗小说在民间的风靡程度。（图7-40）

管窑喜用文字装饰，除了诗词之外，吉语也是常见的主题。“福禄寿喜”罐的主体部分用斜网纹间隔出四个圆形开光，分别刻有“福禄寿喜”四个大字，与直接以竹刀在化妆土上书写文字不同，此罐是采用剔刻的手法，先勾出字的外形轮廓，再进行剔刻，因而字体规矩疏朗，笔画均匀挺直，显得稚拙工整。这种以吉祥文字作为主题装饰的形式在民间十分普遍，如“福寿双全”“五子登科”“状元及第”“连年有余”等吉语，多装饰于功能性器物上，酒器尤为常见，充分表达了百姓们的内心情感和美好愿望。

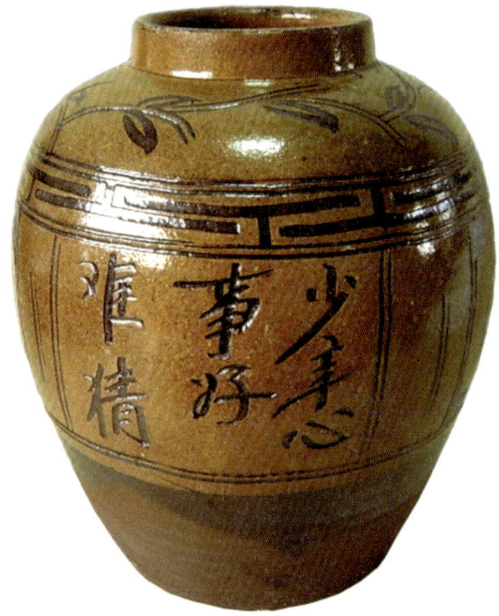

图 7-39
清代
刻花诗词罐
马口窑艺术工作室藏

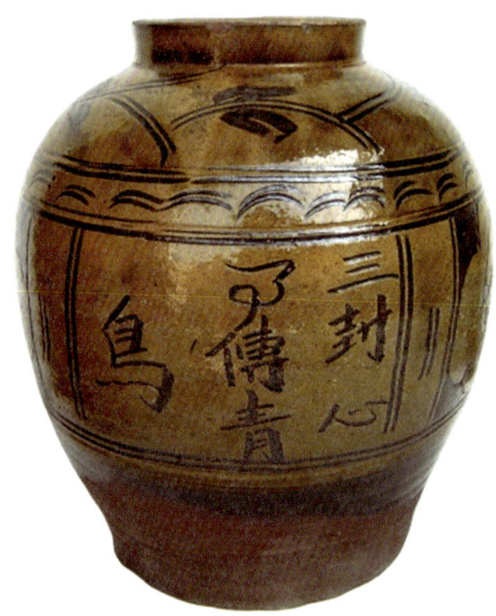

图 7-40
清代
刻花文字罐
私人藏

陆 第六节 釉色

管窑器物的种类众多，造型各异，体积差异大，针对不同功能和装饰的器物有着不同的施釉方式。粗陶大器如缸等，只简单用湖泥浆水浇淋，烧成后呈现金属光泽，胎体留有火的痕迹；黄吊需常挂于灶上加热，因而直接素胎烧制，不施化妆土和釉；提梁酒壶和歪把壶往往在上半部浸酱釉或黑釉，与下半部分的红色胎体相互映衬，既便于清洗，又可置于灶上加热；对于使用白色化妆土进行剔刻花和划花装饰的一类器物则罩以灰釉，烧成后釉面呈透明的暖黄色，与深褐色的陶胎形成对比。民国时期，管窑成功烧制出绿色玻璃釉，一经问世，广泛地使用在各式器物上，绿釉茶壶、绿釉狮形烛台、绿釉提梁酒壶、绿釉水花罐、绿釉泡菜坛、绿釉水缸等器物风靡一时，丰富了湖北民间陶的色彩，也成为管窑的特色之一。（图7-41、图7-42）

图 7-41
管窑特有的绿釉陶器

管窑历来使用传统天然的草木灰釉，当地人称之为“清釉”。它是将草木灰进行淘洗、过滤，去掉灰中的碱性，然后掺入赤西湖中的淤泥，按照一定比例配制研磨而成，在施于白色化妆土的陶胎上经龙窑1280℃左右高温烧成后，釉面呈黄绿相间的雨滴状，明亮稳重，是马口窑系最具代表性的釉色。

绿色一直是中国陶瓷史上令人瞩目的釉色之一，自汉代以来，中国便使用以氧化铜为着色剂，以铅作为熔剂烧制出的低温绿釉陶，釉色浓艳欲滴，但因含铅，只能作为明器，不能成为日用器皿。宋辽之时，高温绿釉烧造技艺成熟，绿釉得以进入人们的日常生活中，成为著名的单色釉，定窑的“绿定”、磁州窑的“绿磁州”，后世少见，弥足珍贵。清代中期，由于雍正对颜色釉的喜爱，景德镇烧成的绿釉品种繁多，有瓜皮绿、松石绿、葱心绿等，或青翠或沉静，光亮莹润，格调清新。

管窑绿釉别具一格，是以氧化铜为原料，加绿玻璃在柴窑中经高温烧成。据记载：“铜片煅烧淬火，然后刮取已氧化的碎末，再乳研成细末，称为铜花，使用时将黑色粉末调和少许泥浆，然后入窑烧造。”[①]由于管窑使用粗陶，胎土色泽深沉，而且表面有粗糙的颗粒感，为了更好地发色，先浇淋白色化妆土，烧成后，在流淌的绿色玻璃釉覆盖之下，形成深浅不一、绿白黑点相混合的独特釉面效果，绿迹斑斑，层次丰富，如同夏日里骤雨打过荷塘，独具民间的味道。

在民间同类的绿釉器物中，湖南铜官窑绿釉最为著名，与铜官窑的青翠欲滴不同，管窑的绿釉则呈现出深沉富于变化的效果，更为浑厚朴拙。20世纪50年代以后，管窑广泛使用熔块釉，传统的灰釉和玻璃绿釉渐渐淡出人们视野，消失在历史的滚滚长河之中。

①李正文．即将消逝的文明：湖北马口·麻城·蕲春民间陶艺研究 [M]．武汉：湖北美术出版社，2005：113.

图 7-42
近现代
绿釉双狮烛台
湖北金水窑陶艺工作室藏

柒

结语

马口窑系是明清时期湖北地区典型的民窑，其风格突出、独树一帜，三大窑场中的汉川马口窑与麻城蔡家山窑传世器物众多，特征明显，为人所熟知，其出产的精品广受收藏界的追捧。相较而言，蕲春赤西湖畔的管窑则显得冷清许多，一方面由于人们对管窑不甚了解，认为其生产的多是日用粗杂器，少见精心之作，另一方面则是因为许多管窑器物与麻城窑的装饰纹样接近，难以区分，有时难免“张冠李戴”。随着蕲春管窑越来越多代表性器物的出现，以及对当地制陶工艺深入的研究，管窑朦胧的面貌日渐清晰，向世人展示一个历史悠久、品类丰富、技艺超群、风格古朴、造型讲究、薪火不断的民间古窑场。（图7-43）

图 7-43
管窑旧址一景

精品赏析

QI
CHUN
YAO

四开光折枝花卉刻花坛

时期： 近现代
尺寸： 高 20 厘米，直径 20 厘米，口径 10 厘米
收藏： 私人收藏

此坛与前一件生产时间相距不远，同为民国晚期管窑出品。广口、短颈、弧形肩，肩部为交叉折纹，由点、线、面组成，颇具韵律。坛体为四开光，每个开光由一折枝花组成，花枝如在风中飘动，鸟儿正欲展翅高飞，其构想大胆、新颖。画面刻意留出大的空白，刻画的形象服从大的布局，整个陶罐明媚、光艳，如沐浴在阳光之中。

喜字寿纹罐

时期： 清代
尺寸： 高 23 厘米，直径 29 厘米，口径 10 厘米
收藏： 马口窑艺术工作室

喜字罐在民间风靡已久。此罐先通体施黑釉，再敷以白色化妆土，根据图案花纹，在化妆土上剔刻，最后施以黄釉，因此呈现出黄底黑花的装饰效果。肩部刻画对称舒展的团花，下接回纹。主体部分以细线隔出开光，内里分别以双喜字、寿字纹和喜鹊登梅的图案进行装饰，寓意吉祥，风格喜庆，为人们所喜爱。

刻花诗词罐

时期： 清代
尺寸： 高 37 厘米，直径 35 厘米，口径 14 厘米
收藏： 马口窑艺术工作室

此罐釉水薄亮，造型饱满，广口、丰肩、收足，于挺秀中见力度。肩部环绕以简洁的枝叶纹，转折处装饰一圈细回纹。罐身有四个开光，以剔刻手法装饰。其中两面是层层盛开的圆形团花，另外两面则分别刻着“少年心事好难猜”与“向（问）说不贪花与柳”两句。刻画者以竹刀作笔，刀刀见泥，有金石力度，笔画疏朗娟秀，骨肉匀停，于行楷之间，应非一般匠人所书，颇具文人意趣。

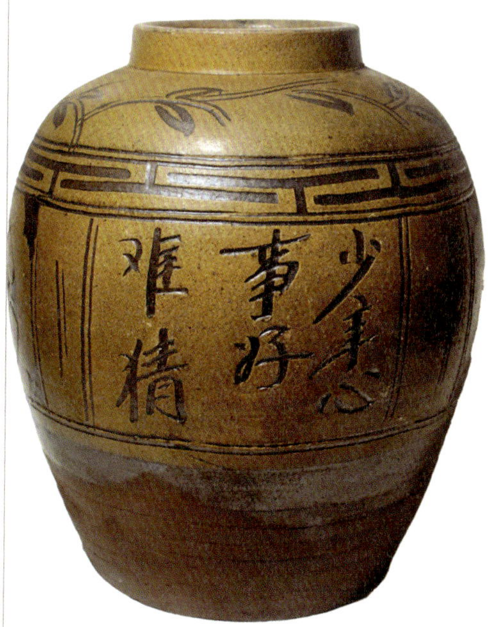

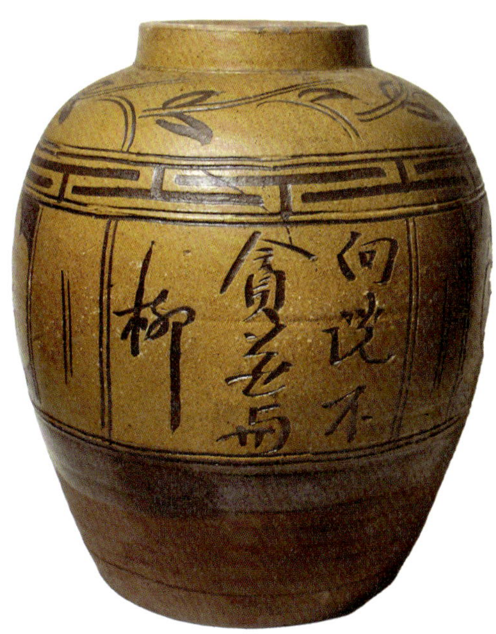

四开光花卉绘花罐

时期： 清代

尺寸： 高 45 厘米，直径 30 厘米，口径 15 厘米

收藏： 湖北陶瓷馆

此罐为清末民国初蕲春窑出品，系拉坯一次成型，底边略外凸。分析认为，是在拉坯前先做好底，然后再进行拉坯，因此罐身轻、薄。由于烧制时温度高，所以此罐子结实耐用。涂上一层深色底釉后，用白色化妆泥在罐上描绘缠枝菊，先描大形，然后用竹签划出菊瓣，最后再罩上透明灰釉。此罐精致、秀丽，美不胜收。

三里河窑刻花罐

时期： 近现代（1933 年）
尺寸： 高 21.4 厘米，直径 20 厘米，口径 6.2 厘米
收藏： 湖北陶瓷馆

此罐为蕲春三里河窑 1933 年烧制，其直口、圆肩、鼓腹、下收底，肩部刻有尖头云纹，罐体开光刻大花卉，亦有铭文“民国廿贰年六月”。整体风格粗放、有张力，与麻城陶器的细致工整恰成对比，为我们了解民国时期蕲春陶器提供了实物。

株林河窑刻花罐

时期： 近现代（1937 年）
尺寸： 高 24 厘米，直径 21 厘米，口径 11.5 厘米
收藏： 湖北陶瓷馆

此罐为蕲春株林河窑1937年烧制，直口、圆肩、鼓腹，在开光内剔刻有花鸟图案，在开光之间刻铭文“民国念廿六年九月十五圻（蕲）春县株林河窑”。此罐釉水明亮、造型规整。株林河窑距管窑不远，此时管窑也流行制作刻花陶器，与同时期麻城窑陶器有许多相似之处。

喜字花鸟刻花罐

时期：近现代（1930 年代）
尺寸：高 25 厘米，直径 35 厘米，口径 13.5 厘米
收藏：私人收藏

此罐平口、直颈、弧形肩、上大下小、体圆，为 20 世纪 30 年代管窑生产，其刻花技艺来自麻城窑，但也有自己的特点。在这件陶罐上，花卉刻画粗放、有力，纹饰自由，多种技法综合运用，有剔底刻花，有在白底上刻画花纹，也有双勾喜字，组合自然。采用天然植物灰釉，暖色调显得特别喜庆。

描菊花纹罐

时期：近现代
尺寸：高 28 厘米，直径 27 厘米，口径 9 厘米
收藏：老陶坊

此陶罐为管窑生产，直口、丰肩、小足，罐身用白色化妆泥大笔描绘出三朵大的写意菊花，用笔有力、自由。画面以一朵菊为中心，搭配散落花瓣，在深色背景下菊花及花瓣非常明显，这种装饰方式在民国以来常被用在陶罐、茶壶、小型陶缸等器物上。

四开光花卉刻花罐

时期：近现代

尺寸：高 37 厘米，直径 35 厘米，口径 14 厘米

收藏：马口窑艺术工作室

此罐直口、短颈、丰肩、敛足，造型挺拔。器身上分隔出四面开光，分别用白色化妆土细致描绘出四幅花卉，布局规整，疏密有致，线条纤细，整体风格清丽雅致。

四开光花卉纹刻花罐

时期：近现代
尺寸：高 37 厘米，直径 35 厘米，口径 14 厘米
收藏：马口窑艺术工作室

此罐刻画得十分细致，层次分明，从肩部的云头纹，到转折处的回纹，再到器身主体的花卉纹和底部的细斜回纹，整体布局主次分明，疏密有致。主题纹饰花卉纹分布于四面开光之中，有蝴蝶兰、梅花等。此罐华丽、精致，装饰风格与麻城窑异曲同工。

缠枝花描花罐

时期：近现代
尺寸：高 36 厘米，直径 24 厘米，口径 14 厘米
收藏：私人收藏

此罐为直口、丰肩、鼓腹、底足内收。其装饰方法为在陶罐上先上一层暗红色化妆土，然后在上面描绘缠枝花，最后上透明釉。此罐画法自由、潇洒，显得生趣盎然、活泼新颖。这种使用化妆土绘画的方式流行于清末民国初，深受百姓喜爱。使用简单的材料，达到最好的效果，是民间创造力的表现。

绿釉兰草球形罐

时期：清代
尺寸：高 23 厘米，直径 18 厘米，口径 9.5 厘米
收藏：岚头矶工艺陶器厂

这件绿釉兰草球形罐是清末民国初蕲春管窑的产品，它是蕲春窑绿釉陶器的代表作。罐体为手工拉坯，一次成型，胎薄、体圆，底有线割痕，未修坯，上有极薄的白色化妆土，短颈平口，圆腹，器型饱满。在混有绿、白、黑点的绿色釉面上，分别刻有三组兰草。兰草自由奔放，刻画的笔迹飞舞不拘。这组兰草并不拘泥于真实的物象，也不同于一般的国画表现，只见画面笔痕自由挥洒，粗放率真，激情飞扬，这是长期制作才能达到的境界，匠人非有十年以上的功力是不能做到的。

QI CHUN YAO

平口花边折肩划花罐

时期：近现代
尺寸：高 21 厘米，直径 23 厘米，口径 11 厘米
收藏：岚头矶工艺陶器厂

此罐平口，颈部塑有花边。肩部为在上好薄的化妆土，趁其未干时用刮刀来回刮画形成的自由肌理。肩体交会处强调转折，上下各有一条凹线。罐体到足为钵形，用单直线划分，在开光中随意勾画，如草书，如图画，是抽象的表现。整罐着天然灰釉，造型古拙、典雅、稳重，展现出管窑陶器的另一种风貌。

QI CHUN YAO

棕黄釉水花陶罐

时期：当代（1950 年代）
尺寸：高 20 厘米，直径 20 厘米，口径 10 厘米
收藏：湖北金水窑陶艺工作室

此陶罐丰肩、广口、下收底，有梅瓶的神韵。罐体两面有硕大的水花装饰，水花自由纵横驰骋，不受束缚，天马行空，与黄色草灰釉配合，美轮美奂，是当年蕲春管窑水花的代表性作品。

花鸟刻花罐

时期：近现代
尺寸：高 22 厘米，直径 24 厘米，口径 10 厘米
收藏：马口窑艺术工作室

此陶罐为丰肩、高颈、平口、鼓腹，肩部刻有回纹，罐体刻硕大花叶、小鸟。由于开光之间只用细线分隔，装饰性的花卉图像乍看似为一个整体。在大片的叶子下是灵动的小鸟与长颈鹭鸶，大片的花叶在黑底的衬托下明亮、厚实，具有很强的视觉冲击力。这是一件具有管窑特点，个性独特，又惹人喜爱的陶器。

太公钓鱼刻花罐

时期： 近现代
尺寸： 高 21 厘米，直径 20 厘米，口径 15 厘米
收藏： 湖北陶瓷馆

此罐器形小巧。罐身附有一耳，罐口在与耳对应处捏有撇口便于倒水。肩部和口沿处分别饰有规整的回纹和联珠纹，器身有别于一般装饰图案所采用的平铺式的布局和饱满对称的构图。画面中一长须老者头戴斗笠，携鱼篓坐于柳树之下，轻提鱼竿，一条大鱼跃出水面，水花四溅，静中有动，生趣盎然。作者以“太公钓鱼”的故事为主题进行绘画装饰，形象准确、构图严谨、笔法细致，将姜太公的胸有丘壑，从容淡定表现得淋漓尽致。

QI CHUN YAO

岚头矶工艺厂刻花陶罐

时期： 当代（1950 年代）
尺寸： 高 20 厘米，直径 20 厘米，口径 10 厘米
收藏： 吕枫韵

管窑何时引进麻城刻花技艺，尚无定论，推断大致在抗日战争时期。经过数十年的发展，管窑逐渐形成自己的风格，其大气不拘，充溢热情；造型严谨，自由而不逾矩。装饰图案如花草虫鱼都生机勃勃，有着强劲的生命活力。此罐釉水光洁，造型活泼，花卉绽放，惹人喜爱。

QI CHUN YAO

黄吊凹底水壶

时期：清代
尺寸：高 24 厘米，直径 16 厘米，口径 7 厘米
收藏：萧潇

这是清至民国管窑的传统产品，是农家日常用在灶头的煮水壶，器型较大。整个器身近似圆球状，通体无釉，胎呈红褐色。壶身留有平行拉坯痕，顶部装有便于挂吊于钩上的凸字形宽提梁。壶嘴粗短，与提梁呈一线，为避免嘴过于外扩而将其上部折捏，如牛鼻状。壶顶部侧面留有斗形注水口，底部呈内凹状，中心留有脐。清代至民国时期管窑生产的黄吊胎体轻薄，造型饱满稳健，整体比例匀称，底部内凹弧度大，制作技艺高超。

凹底酒壶

时期：近现代
尺寸：高 11 厘米，直径 12 厘米，口径 6 厘米
收藏：湖北金水窑陶艺工作室

此壶胎土呈深褐色，上半部施以酱釉，整个壶身近似完整的圆球，造型饱满挺拔。此壶整体重心偏上，胎体十分轻薄，保留着均匀的拉坯痕迹。口颈部往前移，把手弯曲成提梁状。壶嘴弯曲前伸，口部用线割平，手法齐整锋利、有力度。壶底部内凹有脐。壶体顶部的斗状注水口内有唇口和平行线痕，将功能与造型相结合，既实用又美观。

QI CHUN YAO

绿釉提梁壶

时期：近现代
尺寸：高 25 厘米，直径 15 厘米，口径 8 厘米
收藏：岚头矶工艺陶器厂

此壶为民国时期的绿釉提梁壶。壶盖与提梁现已缺失。壶身为广口、丰肩，口沿做成子母口样式，使用时不易晃动。肩部安有两个安装提梁的纽，腹部圆润，底部内收，壶嘴短直。壶身蘸以白色化妆土，形成两个自然的圆形开光，化妆土尚湿润时用竹签快速地画上菊花图案，整体布局讲究对称，壶身两面图案一致，均是一朵大菊花上伸出两朵小菊花，画意饱满，花繁枝轻，格调清新。

花卉刻花壶

时期：近现代
尺寸：高 13 厘米，直径 18 厘米，口径 8 厘米
收藏：湖北金水窑陶艺工作室

此壶表面呈黄绿色，釉面多处剥落。壁薄，露出赭红色的胎。壶体很轻，拉坯成型，底部内凹，体圆。壶颈高，壶嘴与口齐平。肩部平略下斜，上面刻满尖头云纹。壶身刻画的是变形的梅菊图案，花叶上部有蝴蝶状弯曲的弧形，构图在对称中求不对称，规矩中见自由。此壶厚重朴实，婀娜空灵。

球形喇叭口单把水花酒壶

时期：当代（1950 年代）
尺寸：高 20 厘米，直径 20 厘米，口径 10 厘米
收藏：湖北金水窑陶艺工作室

此壶球形，喇叭口，单把，釉水光洁，水花自由潇洒。由于在水花制作时泥浆被刮起，烧后立体感很强。其釉面为棕黄色，深沉耐看。整个壶制作精良，造型大方，十分难得。

嘉庆年款陶台

时期： 清代（1800 年）
尺寸： 高 45 厘米，直径 40 厘米
收藏： 李家窑村王亨发

此陶台由于上有铭刻，具有史料价值。因陶台为李窑做陶使用的传统工具，目前陶工做陶时仍在使用。陶台为无釉粗陶，上刻有“嘉庆伍年（1800 年）润（闰）四月初六日立张礼记书”，还刻有树叶形。陶台顶部有孔，下部有足，中间部分有四个树叶形手掌大小的孔洞，易于搬用。此发现说明早在清嘉庆时期李家窑已经从事制陶业。时光匆匆数百年，基本制陶方式、生存环境未曾大变，古老的窑场窑火未熄。

QI CHUN YAO

四系刻花烘篮

时期： 近现代
尺寸： 高 26 厘米，直径 20 厘米，口径 14 厘米
收藏： 湖北陶瓷馆

此件管窑烘篮为平底、鼓腹、敛口。上有四系提梁，口沿处装饰宽带状回纹。腹部弧形开光，内有简笔兰花，圆润饱满，刻画得利落干脆。釉色深沉呈金红色。器物既实用又美观。

单把刻花烘篮

时期：近现代

尺寸：高 26 厘米，直径 20 厘米，口径 14 厘米

收藏：湖北陶瓷馆

此件为单把烘篮，上刻兰草，简洁大方，为大众使用的普通物品。

QI CHUN YAO

游鱼刻花钵

时期：近现代
尺寸：高 21 厘米，直径 20 厘米，口径 15 厘米
收藏：岚头矶工艺陶器厂

此陶钵满刻荷花和游鱼，在摇曳的风荷和硕大的莲蓬下，水中的双鱼自在潜游，双鱼的背鳍张开，尾部摇晃，眼睛圆睁，嘴部紧闭，正在仔细寻觅食物，而背部连续向上的弧线表达出自由自在之态。匠人刻画功力深厚，图案生动传神。钵体近底三道横线呈波浪形，上部的斜回纹加强了动势。主体部分双鱼风荷生动、自然，富于韵味，画面疏密有致，旁边的水草在不经意间表达出湖乡之韵。整体风格朴实粗放、率真，画面充满了生命活力。

绿釉双狮烛台

时期：近现代
尺寸：高 19 厘米，直径 7 厘米，深 8 厘米
收藏：湖北金水窑陶艺工作室

烛台对当代年轻人来说已经很陌生了，其实在古代，用蜡烛照明，烛台是必不可少的用具。烛台制作的历史十分悠久。屈原《招魂》中有“室中之观，多珍怪些，兰膏明烛，华容备些”。两晋时社会上已经盛行狮形青瓷烛台，三国时有羊形烛台。过去一般农家堂屋正面挂有中堂和对联，靠墙为香案，案上左右摆放烛台，因为位置重要，除了实用之外，兼有装饰、供人观赏的功能，所以烛台是实用艺术品，平时陈列，年节时用。由于长期形成的观念，以往百姓认为狮形烛台有避邪的作用。此狮形烛台为管窑民国时期产品，施绿釉，狮子身姿挺拔，双目炯炯有神，憨态可掬。

黄绿釉双狮油灯

时期： 近现代
尺寸： 高 18 厘米，直径 11 厘米，口径 7 厘米
收藏： 毛宗泽工作室

此黄绿釉双狮油灯是蕲春管窑民国时期的产品，整个造型采取压坯成型，上部是昂首、张嘴、蹲坐的狮子，下部为空心印花底座。狮子主体采取模压制作，局部用手捏成型。狮子张嘴露齿，张开的大耳和卷曲的鬃毛，十分喜庆有动感。从侧面看，狮子后脚着地，上身跃起，头大身细，活泼愉快，稳中有动。

MA KOU YAO

第四章 湖北其他窑口概述

除了马口窑、麻城窑和蕲春窑之外，湖北还有其他的重要窑口：

漳河窑位于湖北南漳县内，主要窑场为九集镇泗渚河窑场，这里的陶器多采用模制成型，以几何凸线作为装饰，薄胎灰釉，造型质朴秀美。

目前发现此窑烧制的器物最早是民国时期的。由于漳河窑距马口窑较远，有自己独特的制陶工艺，小件器物多用模制成型，使用灰釉，罐、钵、壶清新优雅。

监利窑以监利窑与江陵郝穴窑所生产的绿釉陶器闻名，流传于江汉平原一带。郝穴窑目前发现多件窑器，包括清代及民国时期的绿釉陶器。绿釉刻花在湖北众窑口中独具特色，晶莹剔透、古朴耐看。

松滋的杨林窑也是明清以来的重要民窑，代表艺人有陈步卿，主要产品为花鸟缸、寿缸、罐、尺瓦、酱缸等，产品曾销往武汉、上海。可惜未发现实物，只见于文献记载。

宜昌窑包括远安窑、枝江善溪窑等民间传统土窑。

随州安居窑目前还存有民间土窑。此地为传统古窑场，目前尚存的石家窑与陈家窑主要生产钵、盆、提梁壶、缸、罐、烘篮，使用馒头型柴窑，用渗水法烧制渗水黑陶。

随州有洪山陶器厂。这里大洪山窑生产的陶罐用白色化妆土制作，肩部多为斜坡形，带纽盖，整体呈塔形，装饰图案生动自然，其风格与随州比较接近。

京山窑是湖北重要的民间土窑，自清至20世纪90年代一直都在生产，有着众多窑口，以烧制大型陶罐著称，有的高达70厘米以上，为乡镇百姓的日常用品。

从目前看到的，天门及周边窑口产品多受马口、麻城窑影响，它们属于一个窑系。

天门皂市窑陶罐为湖北马口窑普通样式，上半部化妆土着釉，下半部为素胎，上下对比强烈，坛体刻有“天门皂市陶器厂出品”，开张有力、毫不拘束、潇洒自然。天门石河蔡岭窑刻花提梁壶，整体比例协调，釉面光洁，刻工精致，为当时的精品陶器，整个壶有宽的拱形提把。

广水七一陶器厂四系罐在陶罐肩部刻有“广水七一陶器厂出品”。陶罐整体釉面为亮黄色，四开光，其装饰采取剪纸式的表现方法，其中有上、下相对的蝴蝶，也有石榴花形，开光上、下有折带纹。陶罐造型浑厚有力、刻花灵动，为20世纪60—70年代产品，可用来装酒与油。

孝感小河刻花陶罐多为球形着白色化妆土，坛体满饰刻花，风格清新活泼，稚拙可人。陶器上刻有“河陶一社出品”，约为20世纪60年代产品。

民间陶艺术及内涵浩如烟海，涉及社会、人文、艺术、历史，范围广阔，有待进一步研究。

根据史料记载，竹溪龙坝毛家窑为清代乾隆年间湖南宝庆府地皮冲制陶世家毛朝富所建，毛朝贵兄弟二人于大扒沟开办第一座陶器厂，称为毛家窑。随后又有龙家窑。其传承技艺为湖南青瓷传统，湘阴窑技艺，灰釉，高温造型，多为坛、缸、罐、钵。 据查，毛家窑不属于马口窑系，它属于北边的谷城窑，却受到麻城窑的影响。

谷城位于襄阳以北，距马口、麻城较远，但其制陶风格显而易见是受到麻城窑技艺的影响。 谷城窑陶坛造型为传统样式：陶坛肩部为工字纹，中间四开光，上刻桃、荷、梅、菊四季花卉，穿插飞鸟，生动活泼。坛体中间通常刻有“谷城地方国营”，应为20世纪60—70年代的产品。

黄陂大余湾窑地处于黄陂木兰山南麓的大余湾，距离最近的镇是研子岗，从研子岗到长轩岭，沿木兰川约9公里，滠水自北向南穿行其间。据窑工余永佛统计，曾有17座龙窑，全部就地取材，优质的红胶泥、黄胶泥是做陶的最佳原料，而山岗上的松树、杂木则是烧窑的燃料。这里窑业在20世纪60—70年代以前十分兴旺。

应城伍家山窑背靠清明河、府河，在历史上这里就盛产窑货，大到水缸、大罐、陶盆、陶钵，小到茶壶、手炉，精美、耐用。这里有位艺人名叫胡光荣，祖上四辈都是土陶制作手艺人，他从记事起便跟祖父、父亲学制陶，其祖上技艺来自黄陂师傅传授。老胡家的传统产品壶底阔大向内凹，稳而受热面大。他们在应城伍家山深处的一个土丘上有一个窑厂。

黄陂制陶手法细致，由于使用高黏度的红、黄胶泥，拉坯成型技艺高超，重造型，胎薄，有独特的创造，可惜流传下来的陶器多为20世纪60年代之后的，已经不是高峰盛期的产品，令人遗憾。

湖北地域广阔，湖北民间陶十分丰富，窑口众多，所产陶器数量巨大，但能留存下来的少之又少。由于年代久远，目前所能看到的窑口与留存的陶器很少，我们只能就目前十分有限的资料论述其概况。民间陶艺术及内涵浩如烟海，涉及社会、人文、艺术、历史，范围广阔，有待进一步深入研究。

MA KOU YAO

参考文献

[1] 田宗汉. 汉川图记征实[M].刻本. 汉川对古楼藏版，1895（清光绪二十一年）.

[2] 宋应星.天工开物[M].陶湘涉园刊本，1927.

[3] 张廷玉，等. 明史[M].北京：中华书局，1974.

[4] 彭定求. 全唐诗[M].北京：中华书局，1960.

[5] 李昉. 太平广记[M].北京：中华书局，1961.

[6] 朱衣. 嘉靖汉阳府志[M].天一阁藏明代方志选刊. 影印本. 上海：上海古籍书店，1963.

[7]邓椿，庄肃.画继 画继补遗[M].北京：人民美术出版社，1963.

[8] 李文杰.试论大溪文化与屈家岭文化、仰韶文化的关系[J].考古，1979(02)：161-164，185.

[9] 杨伯峻.论语译注[M].北京：中华书局，1980.

[10] 中国硅酸盐学会.中国陶瓷史[M].北京：文物出版社，1982.

[11] 张远栋.汉川南河汉墓清理简报[J].江汉考古, 1984(04)：48-57.

[12] Stephen W.Bushell.Oriental Ceramic Art[M].New York：D.Appleton，1897.

[13] 湖北省群众艺术馆.湖北民间美术探源[M].武汉：湖北美术出版社，1987.

[14] 杨永善.论民间陶瓷的属性与特征[J].新美术，1988(04)：27-32.

[15] 张远栋.湖北汉川严家山发现西晋墓葬[J].考古，1989(09)：804-806.

[16] 湖北省汉川县地方志编纂委员会.汉川县志[M].北京：中国城市出版社，1992.

[17] 新洲县志编纂委员会.新洲县志[M].武汉：武汉出版社，1992.

[18] 熊卜发.湖北省汉川县考古调查简报[J].考古，1993(08):694-700.

[19] 湖北省文物考古研究所.汉川乌龟山西周遗址试掘简报[J].江汉考古,1997(02)：10-13.

[20] 徐复观.中国艺术精神[M].上海：华东师范大学出版社，2001.

[21] 江苏省古籍出版社.中国地方志集成：湖北省府县志辑[M].南京：江苏古籍出版社，2001.

[22] 汈汊黄氏宗谱编委会.汈汊黄氏宗谱[M]. 汉川: 祁承欢承印，2001.

[23] 李泽厚.美的历程：修订彩图版[M].天津：天津社会科学院出版社，2002.

[24] 戴晓仪，邱月明，刘云平.马克思主义哲学原理[M].北京：北京工业大学出版社，2002.

[25] 李正文.即将消逝的文明：湖北马口 · 麻城 · 蕲春民间陶艺研究[M].武汉：湖北美术出版社，2005.

[26] 文军.汉川发现新石器环壕聚落遗址[N].湖北日报，2005-12-26(B01).
[27] 张成明.汉川市晒网台新石器时代遗址[M]//中国考古学会.中国考古学年鉴2006.北京：文物出版社，2006：302.
[28] 石涛.石涛画语录[M].俞建华，注释.南京：江苏美术出版社，2007.
[29] 汤用彤.儒学 · 佛学 · 玄学[M].南京：江苏文艺出版社，2009.
[30] 任双合，杨建国.磁州窑画谱[M].北京：文化艺术出版社，2009.
[31] 李桃元，汪艳明.湖北省汉川市马口黄家窑窑址[M]//中国考古学会.中国考古学年鉴2009.北京：文物出版社，2009.
[32] 刘义庆.世说新语[M].扬州：广陵书社，2009.
[33] 故宫博物院.故宫陶瓷图典[M].北京：紫禁城出版社， 2010.
[34] 柳宗悦.民艺四十年[M].石建中，张鲁，译.桂林：广西师范大学出版社，2011.
[35] 叶喆民.中国陶瓷史：增订版[M].北京：生活·读书·新知三联书店，2011.
[36] 马未都.瓷之色[M].北京：紫禁城出版社，2011.
[37] 刘兰华，张南南.中国古代陶瓷纹饰[M].北京：故宫出版社，2013.
[38] 马未都.瓷之纹[M].北京：故宫出版社，2013.
[39] 杨之水.从孩儿诗到百子图[M].北京：人民美术出版社，2014.
[40] 杨之水.宋代花瓶[M].北京：人民美术出版社，2014.
[41] 章利国，何鸿，李民，等.中国收藏学概论[M].杭州：中国美术学院出版社，2014.
[42] 许之衡.饮流斋说瓷[M].余光仁，评注.上海：上海人民美术出版社，2016.
[43] 樊枫，李正文.来自马口窑的对话[M].武汉：湖北美术出版社，2016.
[44] 矫克华.中国陶瓷艺术史图鉴[M].青岛：青岛出版社，2017.
[45] 国家图书馆出版社，国图日历 · 2019 · 版画千年[M].北京：国家图书馆出版社，2018.
[46] 李波.楚陶瑰宝：马口窑艺术研究[M].武汉：湖北美术出版社，2019.
[47] 饶嵩乔.孝感鸿泥[M].北京：团结出版社，2019.

马口窑

MA KOU YAO

佳美民艺馆 BESTFOLKARTGALLERY

聚焦中华优秀传统文化艺术，
注重文化价值，注重学术质量，注重唯美特色。

图书在版编目（CIP）数据

马口窑 / 李正文主编 . -- 武汉 : 湖北美术出版社，2025. 1. -- ISBN 978-7-5712-2575-9

Ⅰ . K876.32

中国国家版本馆 CIP 数据核字第 2024R7N507 号

出品人： 柯尊文

项目策划： 吴龙泉　徐怀芳

责任编辑： 刘　姗　迟天一

技术编辑： 杨经奎

书籍设计： 乐少辉（湖北科技学院）　刘姗　吴海燕

制版： 吴海燕

图片总监： 刘渝南

出版发行： 长江出版传媒　湖北美术出版社

地址： 武汉市洪山区雄楚大街 268 号 B 座

电话： (027) 87679530　87679525

印刷： 武汉精一佳印刷有限公司

开本： 889mm×1194mm　1/16

印张： 38

版次： 2025 年 1 月第 1 版

印次： 2025 年 1 月第 1 次印刷

定价： 498.00 元

其法得自前明隆庆间，
有应山老人来镇授之，
惜未记其姓字。
历今三百有年，
工日益精。
往者岁货远方，
归金数万计，
藉资生活者二三千人。

——〔清〕田宗汉

《汉川图记征实·物产·缶类》

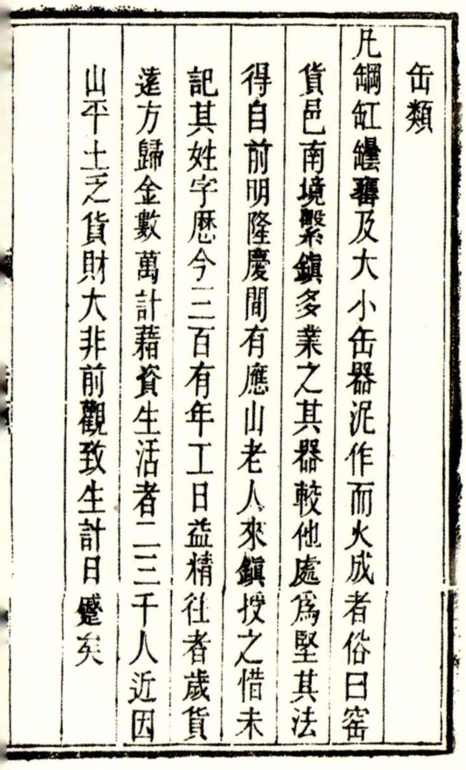

缶類

凡𦉪缸罎罋及大小缶器泥作而火成者俗曰窑貨邑南境繫鎮多業之其器較他處爲堅其法得自前明隆慶間有應山老人來鎮授之惜未記其姓字歷今三百有年工日益精往者歲貨遠方歸金數萬計藉資生活者二三千人近因山平土乏貨財大非前觀致生計日蹙矣